5. Arbeitsseiten

Auf den Arbeitsseiten erarbeitest du dir die Inhalte der einzelnen Themen. Die fett gedruckten Wörter sind **Fachbegriffe**. Ihre Bedeutung musst du dir besonders einprägen.

Die **INFO-Kästen** auf den Arbeitsseiten enthalten Informationen, die das Verständnis von bestimmten Zusammenhängen erleichtern.

In **ERSTAUNLICH**-Kästen erfährst du weitere, bemerkenswerte Fakten zu dem Thema.

Mithilfe der **Aufgaben** kannst du die Inhalte der einzelnen Themen erarbeiten.

Die Aufgaben **1.**, **2.** usw. bilden die Regelanforderungen und sollten von euch allen bearbeitet werden. Die blauen Pfeile an Aufgaben verweisen auf die passende Methodenseite im Anhang des Buches. **149**

W Dieses Zeichen bedeutet, dass es sich um eine **Wahlaufgabe** handelt. Wähle eine der angegebenen Möglichkeiten aus (**A**, **B**, ...).

E **Expertenaufgaben** sind zur vertiefenden Behandlung eines Themas gedacht. Sie sind manchmal etwas schwieriger und nicht immer mit dem Buch allein lösbar.

D Dieses Zeichen vor einer Aufgabe kennzeichnet **Digitalaufgaben** und bedeutet, dass du bei der Bearbeitung den Umgang mit Medien lernst bzw. anwendest.

WES-105367-016

QR-Code: Durch Scannen des QR-Codes oder durch Eingabe des Webcodes **WES-105367-xxx** unter westermann.de/webcode kannst du die Audioangebote und interaktiven Inhalte zu deinem Schulbuch nutzen.

Atlaslinks

Alle Karten aus deinem gedruckten Diercke Atlas Heimat und Welt für Nordrhein-Westfalen gibt es auch in digitaler Form. Durch Eingabe des Karten-Codes auf der Webseite schueler.diercke.de gelangst du auf die passende Seite im Atlas. Dort erhältst du Hinweise zu ergänzenden Atlaskarten mit Informationen zu den Karten sowie weiterführende Materialien. Den Code findest du ganz unten auf den Buchseiten. So sieht er aus: schueler.diercke.de | 100391-008-02

(100391 ist Teil der ISBN des Atlas, -008 verweist auf Seite 8 im Atlas und -02 steht für die dort abgebildete Karte Nummer 2.)

6. Hilfen im Anhang

Auf den Seiten 138 bis 175 erhältst du verschiedene Hilfen für die Arbeit mit diesem Buch.

Die **Methodenseiten** vermitteln dir Schritt für Schritt Methodenkompetenz. Die blauen Kästen sind die „Gebrauchsanweisungen" der Methoden.

Ab Seite 162 findest du **Hilfen**, um Aufgaben richtig zu verstehen und zu bearbeiten.

Im **Minilexikon** ab Seite 164 werden dir die Fachbegriffe in alphabetischer Reihenfolge erklärt.

Der **Kartenanhang** ab Seite 170 stellt dir die wichtigsten Karten für die Arbeit mit diesem Buch zur Verfügung.

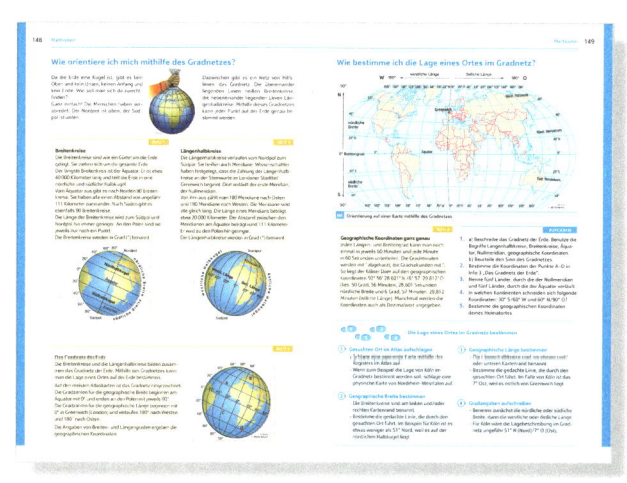

Mit Beiträgen von:

Matthias Bahr, Erik Elvenich, Peter Gaffga, Christine Kreuzberger, Marco Krönke, Wolfgang Latz, Friedrich Pauly, Rita Tekülve, Alexander Wiebel

westermann GRUPPE

© 2023 Westermann Bildungsmedien Verlag GmbH, Georg-Westermann-Allee 66, 38104 Braunschweig, www.westermann.de

Druck A[1] / Jahr 2023
Alle Drucke der Serie A sind im Unterricht parallel verwendbar.

Redaktion: Kristina Geist
Umschlaggestaltung: JANSSEN KAHLERT Design & Kommunikation GmbH, Hannover
Layout: JANSSEN KAHLERT Design & Kommunikation GmbH, Hannover
Druck und Bindung: Westermann Druck GmbH, Georg-Westermann-Allee 66, 38104 Braunschweig

ISBN 978-3-14-**105367**-8

Inhaltsverzeichnis

Wetter und Klima – wichtig für das Leben auf der Erde

Das Satellitenbild zeigt Wolkenfelder und unterschiedliche Farben auf den Kontinenten der Erde. Stelle Vermutungen an, was das Bild über Wetter und Klima in den verschiedenen Regionen der Erde aussagt.

Satellitenaufnahme der Erde

Die Erde – ein Himmelskörper

In klaren Nächten kannst du unzählige Himmelskörper sehen. Es sind meistens Sterne, die selbst leuchten. Auch unsere Erde ist ein Himmelskörper im Weltall, aber kein Stern. Wo befindet sich unsere Erde im Weltall?

W 1. Wähle aus:
   A Stern, Planet und Mond sind unterschiedliche Arten von Himmelskörpern. Erkläre (Text).
   B Erkläre die Begriffe Weltall, Galaxie, Stern, Sonne, Planet, Mond (Text, M1, M3).

2. Ordne die Planeten nach ihrer Größe (M5).

D 3. Recherchiere im Internet nach Aussehen, Eigenschaften und Besonderheiten eines Planeten deiner Wahl. Arbeitet in Gruppen. Dreht Dokumentationen zu den verschiedenen Planeten (Internet, Video mit Greenscreen-Technik). 138▶

4. a) Stellt das Sonnensystem auf eurem Schulgelände dar. Für die Größen findet ihr in M5 einen Vorschlag.
   b) Fertigt eine Wandzeitung zum Sonnensystem an. 141▶

D **E** 5. Im Planetarium oder in einer Sternwarte erhältst du viele Informationen über Himmelskörper. Plane mithilfe des Internets den Besuch eines Planetariums. 142▶

M2 Die Raumfähre Discovery im Landeanflug zur Erde

Die Erde – nur ein Staubkorn im Weltall

Für uns Menschen ist es nicht vorstellbar: Wir sind nur ein winziger Punkt in einem unendlich erscheinenden **Weltall**. Und dieses Weltall dehnt sich immer weiter aus.

Von einer Raumstation oder einer Raumfähre aus sieht man die Erde in ihrer kugelförmigen Gestalt. Die Erde leuchtet nicht selbst, sondern sie wird von unserer Sonne angestrahlt. Deshalb ist Erde ist kein **Stern**.

Die Erde ist ein **Planet**. Sterne (auch Sonnen genannt) sind Himmelskörper, die selbst leuchten. Unsere Erde ist Teil einer **Galaxie**. Zu einer Galaxie können zwischen einer Milliarde und einer Billion Sterne gehören. Die Galaxie, in der sich die Erde und unsere Sonne befinden, wird Milchstraße genannt.

Unsere Sonne ist das Zentrum eines **Sonnensystems**. Acht Planeten umkreisen die Sonne auf festen Bahnen. Einer davon ist unsere Erde. Um viele Planeten bewegen sich kleinere Trabanten („Begleiter"). Man nennt einen Trabanten **Mond**.

M1 Darstellung der Milchstraße, unserer Galaxie

schueler.diercke.de | 100391-190-01, 100391-190-02

M3 Die acht Planeten unseres Sonnensystems in der richtigen Reihenfolge und im richtigen Größenverhältnis

Das Weltall
©Westermann 36989EX_3

Durchmesser:
> 80 000 000 000 Lichtjahre

Unsere Galaxis – die Milchstraße
Durchmesser: 100 000 Lichtjahre

Unser Sonnensystem
Durchmesser inneres Sonnensystem: 11 Lichtstunden

Neptun
Sonne
Merkur
Venus
Erde
Mars
Uranus
Saturn
Jupiter

Erde und Mond
Entfernung Erde – Mond: 1,3 Lichtsekunden
Mond
Erdachse
Erde

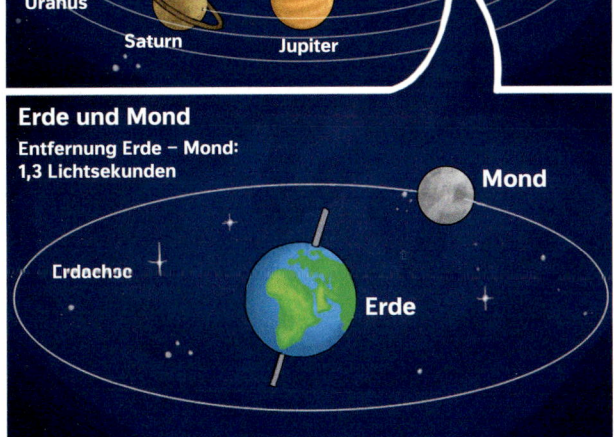

M4 Die Erde im Weltall

Planet	Mittlere Entfernung zur Sonne (in Mio. km)	Durchmesser (in km)	Entfernung zur Sonne im Modell (in m)	Durchmesser* im Modell (in cm)
Sonne	-	1 390 000	-	556,0
Merkur	58	4 879	5,80	2,0
Venus	108	12 104	10,80	4,8
Erde	150	12 756	15,00	5,1
Mars	228	6 794	22,80	2,7
Jupiter	778	142 984	77,80	57,2
Saturn	1 429	120 536	142,90	48,2
Uranus	2 870	51 118	287,00	20,4
Neptun	4 505	49 528	450,50	19,8

*nicht maßstabsgerecht, 40-mal vergrößert

M5 Die beiden linken Spalten: Entfernungen und Größenangaben zur Sonne und den Planeten in unserem Sonnensystem; die beiden rechten Spalten: Größenvorschlag für ein Modell unseres Sonnensystems auf dem Schulhof (Aufgabe 4)

Formulierungshilfen

zu Aufgabe 1A:
Man unterscheidet Himmelskörper danach, ob sie selbst leuchten oder nicht.
Himmelskörper, die ..., sind ...

Fachbegriffe

- das Weltall
- der Stern (die Sonne)
- der Planet
- die Galaxie
- das Sonnensystem
- der Mond

Planet Erde – was macht das Leben auf der Erde möglich?

Die Erde ist einer der unzähligen Himmelskörper im Weltall. Aber sie ist einzigartig. Nach unserem heutigen Wissen kennen wir keinen anderen Himmelskörper, auf dem es Leben gibt. Warum ist Leben auf der Erde möglich? Welche Bedingungen sind dafür nötig?

W **1.** Wähle aus:

    A Beschreibe, wie die Atmosphäre aufgebaut ist (M4).

    B Du wirst in einer Raumkapsel in die Exosphäre geschossen (M4). Schreibe einen Blog. Berichte über die Stufen der Atmosphäre, die du durchquerst. 162 ➜

2. a) Nenne Bedingungen, die das Leben auf der Erde möglich machen (M1, M2, Text).

    b) Erläutere die Bedeutung der Anziehungskraft der Erde und der Lufthülle für das Leben auf der Erde (M2, M3, Text).

    c) Erkläre, inwiefern die Entfernung der Erde von der Sonne eine Rolle für das Leben auf der Erde spielt (M5).

    d) Stelle Vermutungen an, was geschehen würde, wenn sich eine der Bedingungen verändern würde.

3. Stelle fest, in welchem Bereich der Atmosphäre sich das Wettergeschehen abspielt (M4).

E **4.** Der Abstand zwischen Sonne und Mars beträgt 228 000 000 Kilometer. Berechne, wie lange das Licht für die Strecke benötigt (Info).

M2 Die dünne Lufthülle (Atmosphäre) der Erde

Günstige Lebensbedingungen auf der Erde

Die Erde ist einer von acht Planeten, die um unsere Sonne kreisen. Sie ist in vielerlei Hinsicht begünstigt für ein vielfältiges Leben.

Die Erde besitzt genügend Anziehungskraft, damit sich eine Lufthülle, die **Atmosphäre**, bilden kann. Die Gase würden sonst in den Weltraum entweichen. Diese Lufthülle enthält das für unser Überleben wichtige Gas Sauerstoff. Ohne die Anziehungskraft der Erde könnten wir nicht auf der Erde leben.

Die Erde hat eine günstige Entfernung zur Sonne. Sonnenstrahlen erwärmen die Erdatmosphäre.

Die so erreichten Lufttemperaturen ermöglichen das Wachstum der Pflanzen und das Leben der Tiere und Menschen. Es ist nicht zu heiß und nicht zu kalt für die Lebewesen auf der Erde.

Die Temperaturen sorgen dafür, dass Wasser auf der Erde vor allem in flüssiger Form auftritt. Die Erde ist zu 71 Prozent von Ozeanen und Meeren bedeckt. Ohne Wasser könnten die Lebewesen auf der Erde nicht überleben.

Die Erde hat im Gegensatz zu vielen anderen Planeten eine feste Oberfläche. Auf ihr kann sich der Boden entwickeln, der für das Wachstum der Pflanzen lebenswichtig ist.

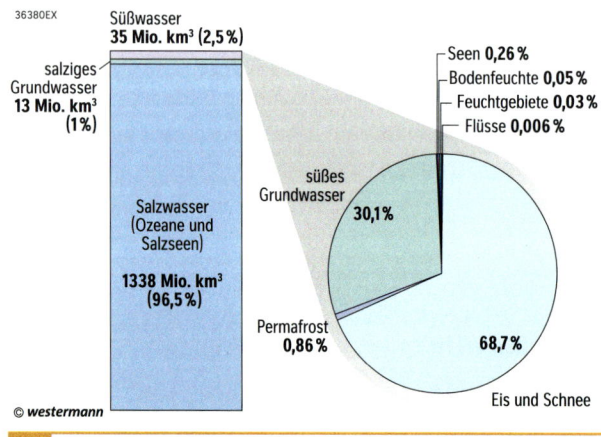

36380EX

Süßwasser 35 Mio. km³ (2,5 %)

salziges Grundwasser 13 Mio. km³ (1 %)

Salzwasser (Ozeane und Salzseen) 1338 Mio. km³ (96,5 %)

Seen **0,26 %**
Bodenfeuchte **0,05 %**
Feuchtgebiete **0,03 %**
Flüsse **0,006 %**

süßes Grundwasser **30,1 %**

Permafrost **0,86 %**

68,7 %

Eis und Schnee

© westermann

M1 Wasserplanet Erde

50 kg

8,5 kg

131,5 kg

Wenn das dein Gewicht auf der Erde wäre …

… würdest du … auf dem Mond wiegen …

… und … auf dem Jupiter wiegen.

M3 Die Anziehungskraft der Erde im Vergleich

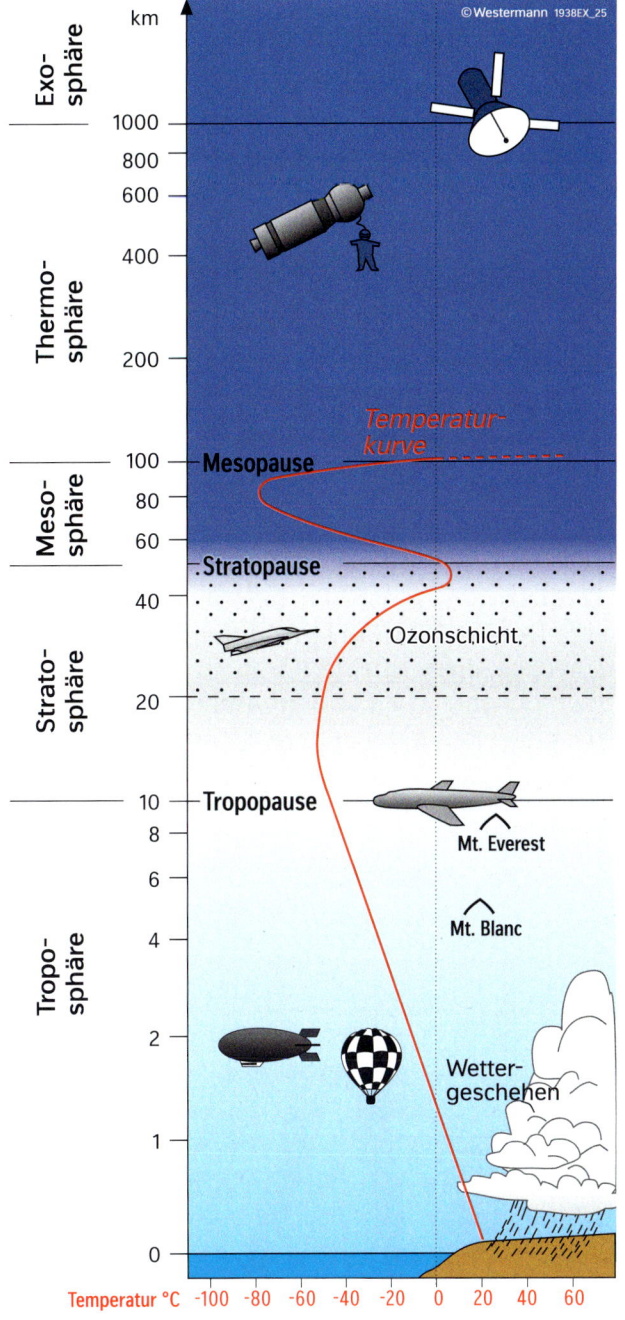

© Westermann 1938EX_25

M4 Aufbau der Atmosphäre

Lichtgeschwindigkeit und Lichtjahre

Wenn in einem Zimmer das Licht eingeschaltet wird, scheint es so, als wäre der Raum sofort mit Licht erfüllt.

Das stimmt aber nicht genau. Das Licht braucht eine winzige Zeitspanne, um von der Lampe bis zu den Wänden zu gelangen (Lichtgeschwindigkeit). Das Licht ist so schnell, dass wir diesen kleinen Moment nicht bemerken.

Bei größeren Entfernungen ist die Laufzeit des Lichtes länger. So benötigt das Licht für die Strecke von 150 000 000 Kilometer von der Sonne bis zur Erde etwas mehr als acht Minuten.

Die Entfernungen zwischen den einzelnen Himmelskörpern im Weltall sind so groß, dass es schwer ist, sie in Kilometern anzugeben. Deshalb wird die Längenangabe „Lichtjahr" benutzt. Ein Lichtjahr ist die Strecke, die das Licht in einem Jahr zurücklegt.

Lichtjahr:	9 460 800 000 000 Kilometer
Lichtstunde:	1 080 000 000 Kilometer
Lichtminute:	18 000 000 Kilometer
Lichtsekunde:	300 000 Kilometer

Die Erde ist vor etwa 4,6 Milliarden Jahren aus einer Gas- und Staubwolke entstanden. Im Zeitraum zwischen 4 und 2,5 Milliarden Jahren vor heute bildete sich eine feste Erdkruste, die sich heute immer noch verändert. Austretende Gase bildeten nach und nach eine Atmosphäre aus Stickstoff und Sauerstoff.

Die Lufthülle ist ungefähr 100 Kilometer mächtig.

Saturn   Neptun

Entfernung von der Sonne:
1433 Mio. km   4495 Mio. km

Durchschnittstemperatur:
-139 °C   -201 °C

M5 Entfernung von der Sonne / Durchschnittstemperatur

Formulierungshilfen

zu Aufgabe 1A:
Die Atmosphäre besteht aus ... Schichten.
Zwischen 0 und 10 km Höhe befindet sich ...
Darüber ...
Sie reicht bis in   km Höhe.

Fachbegriff

- die Atmosphäre

Wie orientiere ich mich auf der Erde?

Hilferuf von einem Schiff im Golf von Aden: Piraten drohen das Schiff zu entern. Kein Land ist in Sicht. Wie kann der Kapitän die genaue Position beschreiben?
Wie bestimme ich einen Ort auf der Erde?

1. a) Finde den Golf von Aden im Atlas, beschreibe die Lage und bestimme die Koordinaten. `140`
b) Bestimme in M4 die geographischen Koordinaten der markierten Orte A – D.

D 2. Recherchiere mit Diercke Globus oder Google Earth die exakten geographischen Koordinaten von deinem Zuhause, deiner Schule und von der Wohnung deiner besten Freundin oder deines besten Freundes. `146`

3. Finde mithilfe des Atlas je drei Länder heraus,
a) durch die der Nullmeridian verläuft,
b) durch die der Äquator verläuft,
c) durch die der 40. Breitengrad Nord verläuft.

D 4. Mitad del Mundo. Warum steht hier ein Denkmal? Erkläre (Internet, Mitad del Mundo). `138`

W 5. Was liegt wo im Gradnetz? Finde mithilfe des Atlas heraus und notiere die geographischen Koordinaten:
A Liegt London ungefähr auf derselben nördlichen Breite wie Berlin, Dortmund oder Flensburg?
B Liegt Hamburg ungefähr auf derselben östlichen Länge wie Stuttgart, München oder Ulm?

D 6. Bildet Kleingruppen. Versteckt pro Gruppe einen eigenen Geocache und lasst die Caches jeweils von den anderen Gruppen suchen (M6). `150`

Globus und Gradnetz

Die Erde hat eine Kugelgestalt. Die Lage der Kontinente und Ozeane auf der Erde zeigt anschaulich ein **Globus** (lat. „Kugel"; Plural: Globen). Ein Globus ist ein verkleinertes Abbild (Modell) der Erde. Er stellt die Wirklichkeit vereinfacht dar. Damit man sich auf der Erde orientieren kann, hat man sich auf Folgendes geeinigt:
Der **Nordpol** ist oben und der **Südpol** ist unten. Zwischen den Polen verläuft durch die Erde eine gedachte Linie. Sie stellt die **Erdachse** dar. Um sie dreht sich die Erde. Meistens sind auf dem Globus Linien zu sehen, die ihn wie ein Netz umschließen. Das hilft uns bei der Orientierung. Die waagerechten Hilfslinien heißen **Breitenkreise**, die senkrechten Längenhalbkreise (Meridiane). Sie bilden das Gradnetz.
Die Breitenkreise sind wie Gürtel um die Erde gelegt. Der längste Breitenkreis ist der **Äquator**. Er teilt die Erde in eine Nordhalbkugel und eine Südhalbkugel. Die **Längenhalbkreise** verbinden Nordpol und Südpol.

`M2` Der Nullmeridian in Greenwich (London)

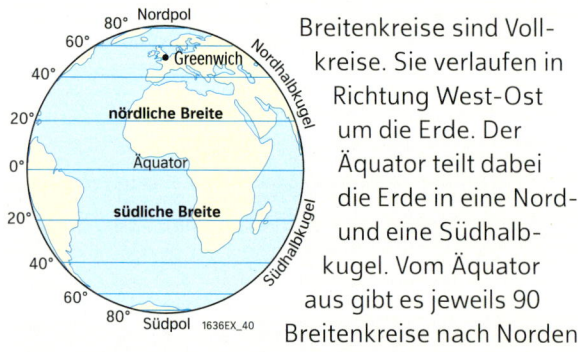

Breitenkreise sind Vollkreise. Sie verlaufen in Richtung West-Ost um die Erde. Der Äquator teilt dabei die Erde in eine Nord- und eine Südhalbkugel. Vom Äquator aus gibt es jeweils 90 Breitenkreise nach Norden bzw. Süden. Man bezeichnet die Breitengrade nach nördlicher und südlicher Richtung.

Den Nord- und den Südpol verbinden die Längenhalbkreise- (Meridiane). Sie sind gleich lang. Es gibt 360 Längenhalbkreise. Der **Nullmeridian** (0°) verläuft durch den Londoner Ortsteil Greenwich. Man bezeichnet die Längengrade nach westlicher und östlicher Richtung.

`M1` Breitenkreise umrunden die Erde.

`M3` Von Pol zu Pol – Längenhalbkreise

Geocaching

Mit Methoden der Erdkunde „Schätze" verstecken und „Schätze" suchen? Ja, das geht. Man nennt das Geocaching.

Deine Kenntnisse vom Koordinatensystem sind dabei besonders wichtig, denn die Verstecke werden durch Koordinaten angegeben.

Beim Geocaching kann man alleine oder in Gruppen Schätze verstecken und Schätze finden. Der Schatz ist meistens eine kleine Kiste oder Dose, die oft an besonders reizvollen Punkten versteckt ist. Möchtest du einen Schatz verstecken, bestimmst du mithilfe des Smartphones oder eines **GPS**-Gerätes die **geographischen Koordinaten** des Verstecks. Jeder, der diese Koordinaten kennt und eingibt, kann das Versteck suchen und finden.

Um einen Geocache zu finden, gibst du die geographischen Koordinaten des Verstecks in ein GPS-Gerät oder in eine Geocaching-App ein. Die geographischen Koordinaten erhältst du im Internet. In den Portalen sind weltweit Millionen Geocaches eingetragen. Auch du kannst einen Geocache dort eintragen. Allein in Deutschland gab es 2022 etwa 426 000 Caches. Weltweit sind es mehr als 3 332 000 aktive Geocaches.

Im Jahr 2022 gab es in Deutschland rund 380 000 aktive Geocacher.

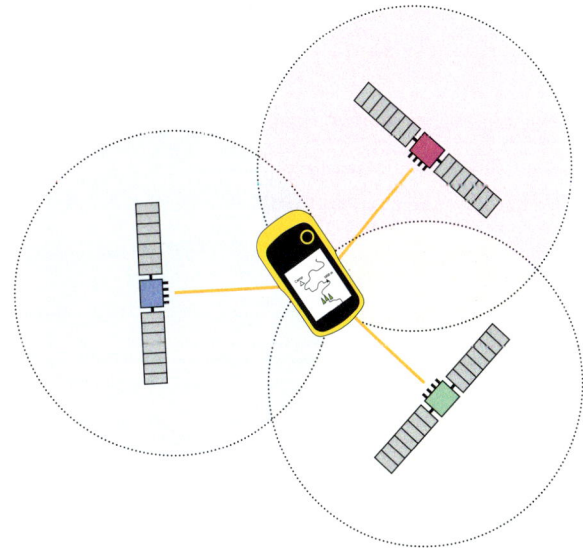

M5 Tausende Satelliten umkreisen die Erde. Davon sind 31 für das GPS zuständig (Stand 2017). Ein GPS-Gerät misst die Entfernung zum Satelliten. Für eine eindeutige Bestimmung der geographischen Koordinaten benötigt man Kontakt zu mindestens drei, in der Praxis vier Satelliten.

Für einen Geocache braucht ihr eine wetterfeste Dose (z. B. Kaffeedose oder Plastikbox mit Deckel). In einem Geocache befindet sich immer ein Logbuch, in das man den Fund eintragen kann. Echte Geocacher tragen hinter ihrem Namen und dem Datum des Fundes noch TFTC (Thanks for the cache) oder TFTH (Thanks for the hunt) ein. Im Cache selbst befinden sich meistens Gegenstände (z. B. kleine Spielsachen). Hat man den Cache gefunden, darf man etwas tauschen. Daher sollte man bei einer Geocaching-Tour selbst kleine Gegenstände zum Tausch mitnehmen.

M6 Tipps für eine Geocaching-Tour

INFO

Beim GPS (Global Positioning System) handelt es sich um ein satellitengestütztes System zur weltweiten Positionsbestimmung und Zeitmessung. Ein Navigationsgerät im Auto kann damit die geographischen Koordinaten erfassen und dadurch den genauen Standort des Autos anzeigen und seine Geschwindigkeit berechnen.

Formulierungshilfen

zu Aufgabe 1a):
Der Golf von Aden liegt zwischen dem … Ozean und dem … Meer.
… liegt südlich von … und nördlich von …
… zwischen den Kontinenten … und …

Fachbegriffe

- der Globus
- der Nordpol
- der Südpol
- die Erdachse
- der Breitenkreis
- der Äquator
- der Längenhalbkreis
- (der Meridian)
- der Nullmeridian
- das GPS
- die geographischen Koordinaten
- das Gradnetz

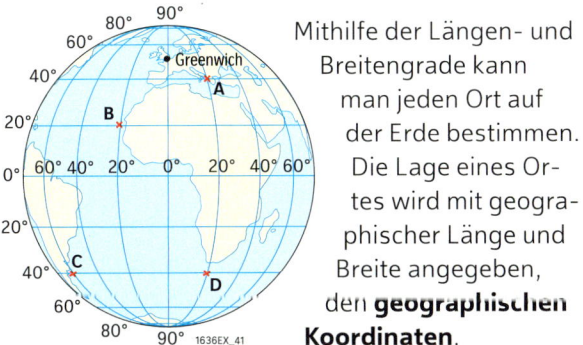

Mithilfe der Längen- und Breitengrade kann man jeden Ort auf der Erde bestimmen. Die Lage eines Ortes wird mit geographischer Länge und Breite angegeben, den **geographischen Koordinaten**.

Beispiel: Ort A: 40° N (nördliche Breite) 20° O (östliche Länge).

M4 Das **Gradnetz** der Erde

Warum gibt es unterschiedliche Zeitzonen?

„Hallo Olaf", ruft Heiko aus Köln seinen Bruder in Berlin an. „Wir sitzen auf der Terrasse und sehen einen tollen Sonnenuntergang. Ich wollte mal hören, ob ihr den auch genießt?"
„Nein, bei uns ist die Sonne vor einer halben Stunde untergegangen", entgegnet Olaf. Wie kann das sein?
Wie entstehen überhaupt Tag und Nacht? Und wie weiß ich, wie spät es ist?

Ⓦ 1. Arbeite mit der Zeitzonenkarte (M3):
A Ermittle das Land mit den meisten Zeitzonen und die Zeitzone mit den meisten Staaten.
B Du hast gehört, dass deine Lieblingsband um 20 Uhr Ortszeit in Sydney auftritt. Du willst sie live im Internet verfolgen. Um wie viel Uhr musst du am Computer sitzen? Begründe.
C Du möchtest mit deiner Cousine in New York telefonieren. Bei dir ist es 15 Uhr. Ermittle, wie spät es bei deiner Cousine ist.

2. a) Ermittle die Namen der Orte in M1 (Atlas).
b) Ergänze die fehlenden Uhrzeiten in M1 (M3).

3. Erkläre, warum es auf der Erde eine Datumsgrenze gibt (M2, M3, M4, M5).

4. Stelle fest, ob zur Zeit der Aufnahme in İstanbul die Sonne aufgeht oder untergeht (M2, Atlas). Begründe.

Ⓔ 5. Überlege, wie man mithilfe von Globus und Taschenlampe den Wechsel von Tag und Nacht darstellen kann.

M2 Tag-Nacht-Grenze

Unterschiedliche Zeitzonen

Die Erde steht nicht fest im Weltall. Sie bewegt sich. Die Erde dreht sich in 24 Stunden einmal um die Erdachse. Die Erdachse verläuft zwischen Nordpol und Südpol. Diese Bewegung um die eigene Achse bezeichnet man als **Erdrotation**.
Dabei wird immer nur eine Hälfte der Erde von der Sonne beschienen. Dort ist dann Tag. Auf der von der Sonne abgewandten Seite ist Nacht. Auf der Erde haben wir den Eindruck, dass sich die Sonne über den Himmel bewegt. In Wirklichkeit dreht sich die Erde von Westen nach Osten. Deshalb sehen wir die Sonne im Osten aufgehen und im Westen untergehen.
Auf der Erde ist zur gleichen Zeit in einem Land Abend und in einem anderen Land Morgen. So ist es zum Beispiel in Rio de Janeiro Abend, wenn es in Düsseldorf schon tiefe Nacht ist. Also muss es unterschiedliche Uhrzeiten auf der Erde geben.
So wurden auf der Erde 24 **Zeitzonen** festgelegt. Sie verlaufen vom Nordpol zum Südpol (s. Info).

INFO

Eine Zeitzone ist ein international festgelegter Bereich auf der Erde, in dem dasselbe Datum und dieselbe Uhrzeit gelten. Die Zeitzonen orientieren sich in ihrem Verlauf grob an den Längengraden. Bei der Festlegung der Zeitzonen wurde allerdings auch darauf geachtet, dass die Grenzen zwischen Zeitzonen nicht ungünstig durch ein Land hindurch verlaufen oder die Zonen zu breit sind. Auch die Zusammengehörigkeit bestimmter Gebiete wurde beachtet (z. B. Mitteleuropa).

4:00

S. F.   T.

M.   ...

Lo.

14038EX_3

...   ...

M1 Zum selben Zeitpunkt an verschiedenen Orten auf der Erde

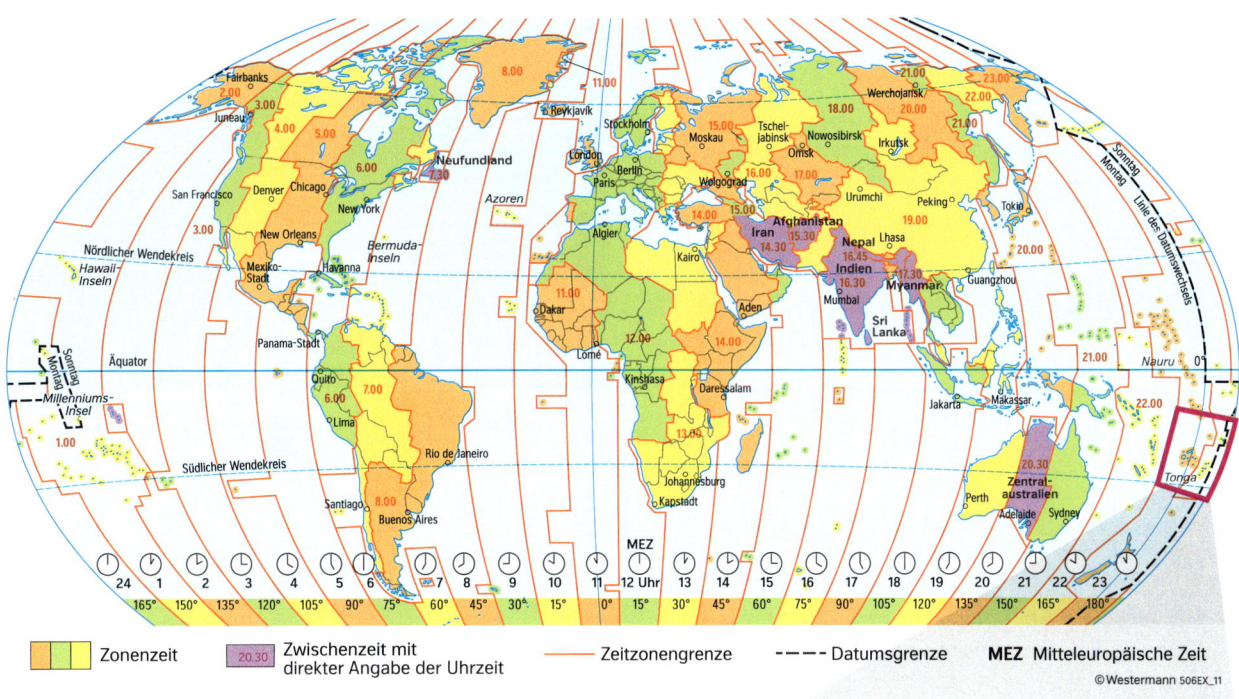

Zonenzeit | **20.30** Zwischenzeit mit direkter Angabe der Uhrzeit | — Zeitzonengrenze | - - - Datumsgrenze | **MEZ** Mitteleuropäische Zeit

© Westermann 506EX_11

M3 Die Zeitzonen der Erde (schematisch)

Silvester oder schon Neujahr?

Die gleiche Uhrzeit, aber andere Tage: Tonga und Niue in der Südsee liegen auf verschiedenen Seiten der **Datumsgrenze**. So kommt es, dass man zweimal innerhalb von zwei Tagen ins neue Jahr feiern könnte. Zunächst wird auf Tonga ins neue Jahr gefeiert. Nach dem Neujahrsfrühstück fliegt man nun von Tonga auf die ca. 600 km entfernte Insel Niue und kommt dort an Silvester an. Man hat die Datumsgrenze überflogen.

Würde man umgekehrt starten, würde man leider den Jahreswechsel verpassen. Touristen nutzen diese Lage an der Datumsgrenze manchmal auch, um zweimal ihren Geburtstag zu erleben.

M4 Urlaub an der Datumsgrenze

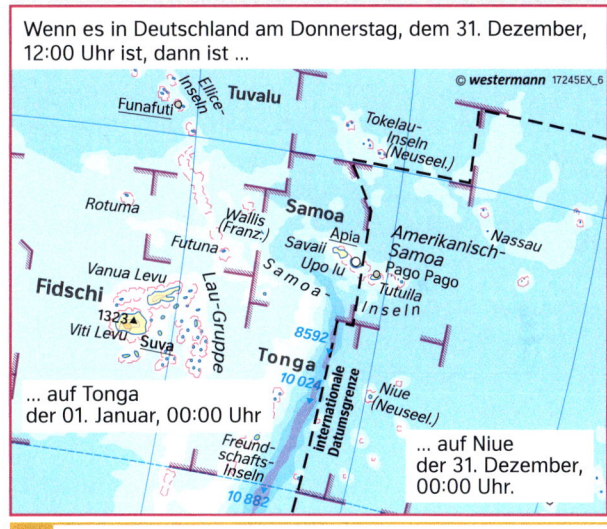

Wenn es in Deutschland am Donnerstag, dem 31. Dezember, 12:00 Uhr ist, dann ist …

© **westermann** 17245EX_6

… auf Tonga der 01. Januar, 00:00 Uhr

… auf Niue der 31. Dezember, 00:00 Uhr.

M5 Jahreswechsel unter Palmen

ERSTAUNLICH 1

Im Jahr 1995 wurde die Datumsgrenze auf Wunsch des Landes Kiribati verlegt. Durch die Verlegung der Datumsgrenze hat der kleine Inselstaat jetzt dasselbe Datum wie Australien. Für den Handel ist dies ein großer Vorteil. Bis dahin kamen Aufträge oder Mails, die in Kiribati am Freitag abgeschickt wurden, in Australien am Samstag und somit Wochenende an. Sie wurden immer erst am Montag bearbeitet.

ERSTAUNLICH 2

Bis 1893 gab es in Mitteleuropa keine einheitliche Uhrzeit. Dann wurde sie für das Deutsche Reich per Gesetz bestimmt.

Formulierungshilfen

zu Aufgabe 3:
Die Tag-Nacht-Grenze wandert mit dem Sonnenstand …
Ohne Datumsgrenze wüsste man nicht, …
Man braucht eine Datumsgrenze, um …
Diese wurde … festgelegt.

Fachbegriffe

- die Erdrotation
- die Zeitzone
- die Datumsgrenze

Wie entstehen die Jahreszeiten?

Der Tag der Sommersonnenwende wird in einigen Ländern besonders gefeiert, zum Beispiel in Norwegen. Auch in Deutschland werden in einigen Orten Sonnenwendfeuer entzündet. Es ist der längste Tag des Jahres. Ab diesem Datum werden die Tage wieder kürzer bis zur Wintersonnenwende. Warum ist das so? Warum gibt es überhaupt Sommer und Winter?

1. Beschreibe die Beleuchtungszonen der Erde (M1).

2. Die Fotos A – D in M3 wurden auf der Nordhalbkugel aufgenommen. Ordne sie den Jahreszeiten zu.

3. Notiere: Wie oft steht die Sonne im Verlauf eines Jahres im Zenit
   a) zwischen den Wendekreisen?
   b) an den Wendekreisen?
   c) bei uns?

4. Lege eine Tabelle mit drei Spalten an. Trage ein:
   Jahreszeiten, Datum des Beginns auf der Nordhalbkugel, Ort des Zenitstands der Sonne (M4, M5). Fülle die Tabelle aus. **140**▶

D **W** 5. Recherchiert im Internet: Wie feiern die Menschen die Sommersonnenwende in
   A Schweden? **138**▶
   B Dänemark und Norwegen? **138**▶

M2 Feier der Sommersonnenwende in Schweden

Die Erde im Verlauf eines Jahres

Die Erde bewegt sich mit einer Geschwindigkeit von 30 Kilometern pro Sekunde um die Sonne. Nach 365,25 Tagen hat sie eine Umrundung geschafft. Die Bewegung um die Sonne nennt man **Erdrevolution**.

Das allein ist aber nicht die Ursache dafür, dass es bei uns Jahreszeiten gibt. Die Schrägstellung der Erdachse ist entscheidend. Dadurch ist im Juni die Nordhalbkugel der Sonne zugewandt und im Dezember die Südhalbkugel. Dies wirkt sich auf die Erwärmung der Erde durch die Sonnenstrahlen aus. Es entstehen die Jahreszeiten.

Je senkrechter die Sonnenstrahlen auf die Erdoberfläche treffen, desto stärker ist die Erwärmung. Nur zwischen den Wendekreisen, in den Tropen, gibt es Tage, an denen die Sonne senkrecht am Himmel steht. Man sagt, sie steht im **Zenit**. Dann siehst du deinen Schatten genau unter dir. Der Zenitstand der Sonne wandert im Jahresverlauf zwischen den Wendekreisen. Wenn die Sonne am nördlichen Wendekreis (23,5° nördliche Breite) im Zenit steht, ist bei uns Sommersonnenwende.

Polare Zone: kein Zenitstand; Sonnenstrahlen treffen höchstens in flachem Winkel auf die Erdoberfläche. Zwei Jahreszeiten: Polartag, Polarnacht	am Nordpol ein halbes Jahr Tag (Polartag) und ein halbes Jahr Nacht (Polarnacht)
Mittelbreiten (gemäßigte Zone): kein Zenitstand, es gibt Jahreszeiten. Sonnenstrahlen treffen in flachem bis steilem Winkel auf die Erdoberfläche.	lange Tage im Sommer, kurze Tage im Winter
Nur in den **Tropen** kann die Sonne im Zenit stehen. Sonnenstrahlen fallen in steilem bis rechtem Winkel auf die Erde. Es gibt keine Jahreszeiten.	fast immer 12 Stunden Tag und 12 Stunden Nacht
Mittelbreiten (gemäßigte Zone): kein Zenitstand, es gibt Jahreszeiten. Sonnenstrahlen treffen in flachem bis steilem Winkel auf die Erdoberfläche.	lange Tage im Sommer, kurze Tage im Winter
Polare Zone: kein Zenitstand; Sonnenstrahlen treffen höchstens in flachem Winkel auf die Erdoberfläche. Zwei Jahreszeiten: Polartag, Polarnacht	am Südpol ein halbes Jahr Tag (Polartag) und ein halbes Jahr Nacht (Polarnacht)

M1 Die **Beleuchtungszonen** der Erde

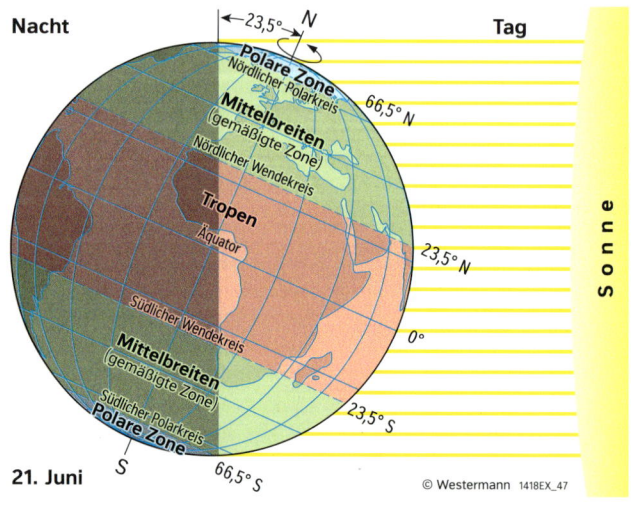

Nacht — Tag

Sonne

Polare Zone, Nördlicher Polarkreis — 66,5° N
Mittelbreiten (gemäßigte Zone)
Nördlicher Wendekreis — 23,5° N
Tropen
Äquator — 0°
Südlicher Wendekreis — 23,5° S
Mittelbreiten (gemäßigte Zone)
Südlicher Polarkreis, Polare Zone — 66,5° S

23,5° N

21. Juni

© Westermann 1418EX_47

M3 Jahreszeiten bei uns

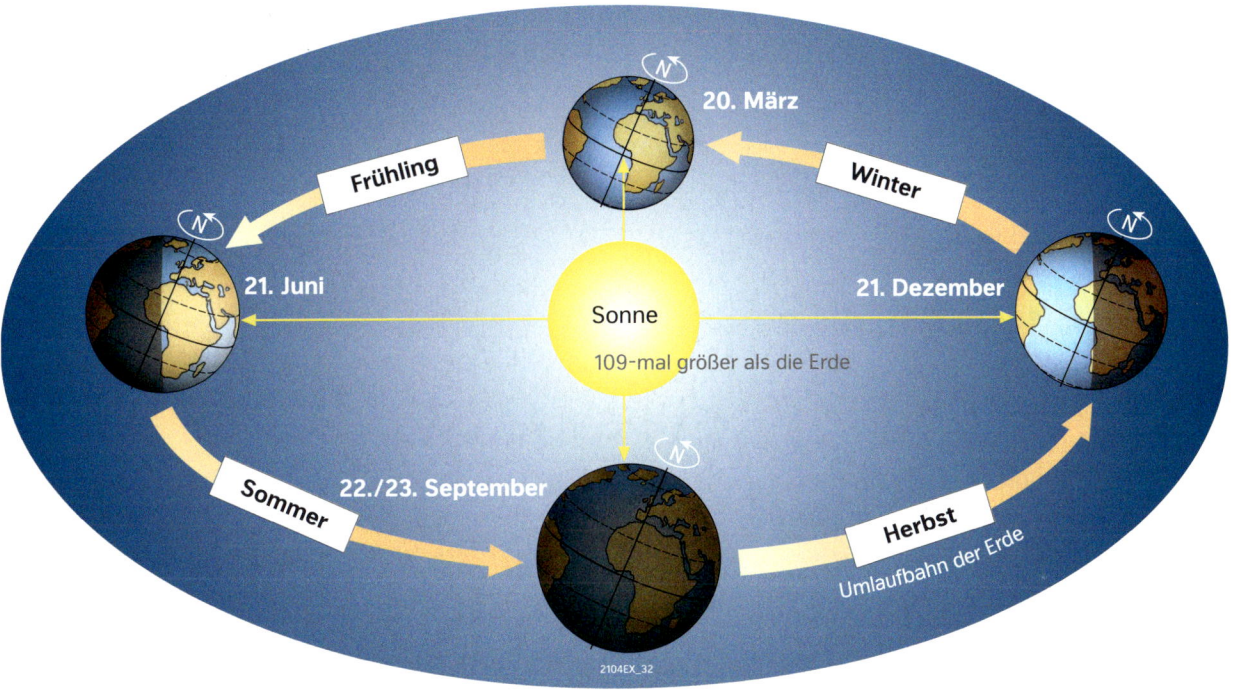

M4 Die Bahn der Erde um die Sonne mit den Jahreszeiten der Nordhalbkugel

Jahr	Frühling	Sommer	Herbst	Winter
2022	20.3.	21.6.	23.9.	21.12.
2023	20.3.	21.6.	23.9.	22.12.
2024	20.3.	21.6.	22.9.	21.12.
2025	20.3.	21.6.	22.9.	21.12.
2026	20.3.	21.6.	23.9.	21.12.
2027	20.3.	21.6.	23.9.	22.12.
2028	20.3.	20.6.	22.9.	21.12.

M5 Beginn der Jahreszeiten

Formulierungshilfen

zu Aufgabe 1:

Es gibt … unterschiedliche Beleuchtungszonen.
Die Sonnenstrahlen fallen unterschiedlich steil oder flach …
In den … gibt es …
Hier kann die Sonne (nicht) im Zenit stehen.
In der … treffen die Sonnenstrahlen …

INTERNET

Du kannst dir die Entstehung der Jahreszeiten als Animation im Internet ansehen.

WES-105367-016

Fachbegriffe

- die polare Zone
- die Mittelbreiten (die gemäßigte Zone)
- die Tropen
- die Beleuchtungszone
- die Erdrevolution
- der Zenit

Wetter und Klima – was ist das?

„Wie wird das Wetter?" Das ist häufig die Frage, bevor ein Spaziergang, eine Gartenparty oder eine Freizeitaktivität geplant wird. Im Fernsehen, im Radio und in den Tageszeitungen gibt es Wettervorhersagen. Wie entsteht Wetter? Was unterscheidet das Wetter vom Klima?

1. Liste wichtige Wetterelemente (M1) auf, die in den Fotos A – C (M2) jeweils das Wetter beeinflussen.

Ⓦ **2.** Wähle aus:
   A Beschreibe das Wetter, das sich folgende Personen wünschen: ein Urlauber am Meer, eine Radfahrerin, ein Gärtner, der gerade Rasen ausgesät hat.
   B Liste Berufe auf, die vom Wetter abhängig sind. Begründe.

3. Wähle drei Orte aus der Wetterkarte M3 aus und bestimme das Wetter.

4. Beschreibe das Wetter heute an deinem Schulort oder an deinem Wohnort.

5. Erkläre den Unterschied zwischen den Begriffen „Wetter" und „Klima" (Info).

Ⓓ Ⓦ **6.** Vergleiche die Wettervorhersagen von zwei verschiedenen Wetter-Apps für deinen Heimatort. Was stellst du fest. Wähle aus:
   A Wettervorhersage für heute und morgen.
   B Wettervorhersage für die kommenden 10 Tage.

Ⓓ **7.** Suche dir eine Wetter-App aus. Bewerte sie mithilfe der Kriterien (M4).

Ⓓ **8.** Früher haben sich die Landwirte an Bauernregeln orientiert. Recheriert im Internet. Was bedeuten die Regeln (M5). 138 ▶

© Westermann 22928EX_6

M1 Die Wetterelemente

M2 Die Wetterelemente wirken sich auf das Wetter aus.

Wetter und Klima

Alle reden vom **Wetter**. Das Wetter bestimmt unser Leben: Klassenausflüge werden wegen des Wetters verschoben. Unterricht fällt aus, weil Sturm und Starkregen oder heftiger Schneefall angekündigt wird.
Fernsehen und Radio senden Wetterberichte. Aber was versteht man unter „Wetter"?
Fünf Wetterelemente sind am Wettergeschehen beteiligt. Diese werden in Wetterkarten abgebildet. Eine Wetterkarte gilt aber nur für einen kurzen Zeitraum, denn das Wettergeschehen ändert sich schnell.
Das **Klima** eines Ortes bezieht sich auf einen langen Zeitraum. Die Wetterelemente werden über mindestens 30 Jahre gemessen. Daraus wird der Mittelwert errechnet. Diese Werte werden in Klimakarten berücksichtigt.

INFO

Als Wetter bezeichnet man den Zustand der Atmosphäre zu einem bestimmten Zeitpunkt an einem bestimmten Ort. Dabei macht man Angaben über die Wetterelemente, also die Temperatur, den Niederschlag, die Bewölkung, den Luftdruck und den Wind. Auf vielen Smartphones sind Wetter-Apps vorinstalliert.
Das Klima ist der langjährige Mittelwert aller Wetterelemente an einem Ort. Die täglichen Werte werden über einen längeren Zeitraum gemessen.

M3 Wettervorhersage mithilfe einer Wetterkarte in einer Tageszeitung

Damit die Wetterdienste dir „kostenlos" Wettervorhersagen zur Verfügung stellen können, vermieten sie in ihrer App Plätze für Werbung. Außerdem geben sie teilweise auch persönliche Daten weiter, die du in die App eingibst, z. B. deinen Standort oder dein geplantes Urlaubsziel.

„Abendrot Gutwetterbot' –
Morgenrot mit Regen droht."

„Der Nordwind ist ein rauher Vetter,
doch bringt er beständig's Wetter."

„Wenn die Sonne scheint sehr bleich,
ist die Luft an Regen reich."

„Wenn Schäfchenwolken am himmel stehen,
kann man ohne Schirm spazieren gehen."

M5 Bauern haben das Wetter über viele Jahre beobachtet und Wetterregeln aufgestellt.

Zeit und Ort
Über welche Zeiträume macht die App Vorhersagen?
Kann man die App auch für Urlaubsländer nützen (z. B. Reisewetter)?

Wetterelemente
Welche Wetterelemente werden vorhergesagt?

Zusatzangebote
Werden Angaben zu Auswirkungen des Wetters auf die Gesundheit gemacht (z. B. Pollenflug)?
Gibt es zusätzliche Informationen (z. B. Klimawandel, Unwetterwarnungen, besondere Wettererscheinungen)?

Darstellung
Kann man sich Informationsfilme anschauen?
Werden die Wetterelemente als Diagramme oder in Karten dargestellt?
Gibt es Werbeunterbrechungen?

Zuverlässigkeit/Genauigkeit
Wie genau sind die Vorhersagen in einem ausgewählten Zeitraum?

Formulierungshilfen

zu Aufgabe 4:
In … beträgt die Temperatur … °C.
Es ist sonnig/heiter/wolkig/bedeckt.
Es regnet/gibt Schauer.

Formulierungshilfen zu Aufgabe 5:
Der entscheidende Unterschied zwischen „Wetter" und „Klima" ist wie folgt:
„Wetter" nennt man …
Als „Klima" bezeichnet man …

Fachbegriffe
■ das Wetter   ■ das Klima

M4 Nach diesen Kriterien kannst du eine Wetter-App bewerten.

PROJEKT VOR ORT # Wetterelement Lufttemperatur

Auf dieser und den folgenden beiden Doppelseiten sollen die Wetterelemente untersucht werden. Mithilfe von Versuchen erfahrt ihr, wie die Wetterelemente zusammenwirken.
Auf dieser Doppelseite geht es um das Wetterelement Temperatur. Wie erwärmt sich die Luft? Wie kann ich das Wetterelement Temperatur untersuchen?

1. Erklärt, wie sich Luft in der Atmosphäre erwärmt (M6, Text).

W 2. Wählt aus:
A Berechnet die Tagesmitteltemperaturen für die Orte A, B und C in M4 nach der Anleitung in M1.
B Messt an eurem Wohnort die Temperaturen zu den in M4 angegebenen Zeiten. Berechnet die Tagesmitteltemperatur nach der Anleitung von M1.

3. a) Erstellt ein Temperaturtagebuch nach dem Muster von M1. Messt dafür täglich die Temperatur zu den angegebenen Zeiten.
b) Errechnet jeweils die Tagesmitteltemperatur.
c) Stellt diese Tagesmitteltemperaturen in einem Liniendiagramm dar (M1).

4. Führt den Versuch M3 durch. Was beobachtet ihr? Welche Bedeutung in der Natur haben die Teile im Versuch?

5. Listet jeweils fünf Fragen zum Wetterbaustein Lufttemperatur auf. Beantwortet die Fragen in der Gruppe.

M2 Ablesen der Lufttemperatur in einer Wetterstation

Energie von der Sonne

Die Energiequelle für unser Wetter ist die Sonne. Die Sonnenstrahlen erwärmen die Erdoberfläche und die Wasserflächen. Boden, Steine, Pflanzen, Häuser und Wasser geben diese Wärme an ihre Umgebung ab.
Land und Wasser erwärmen sich unterschiedlich. Wasser heizt sich nur langsam auf. Es kühlt aber auch nur langsam wieder ab. Die Landflächen erwärmen sich schneller als Wasser. Sie kühlen auch schneller wieder ab. Helle Flächen erwärmen sich langsamer als dunkle Flächen. Eisflächen zum Beispiel reflektieren die auftreffenden Sonnenstrahlen.
Die Lufttemperatur misst man mit einem Thermometer. Man misst im Schatten in einer Höhe von zwei Metern. Früher wurde aus drei Messungen zu verschiedenen Tageszeiten der Mittelwert für den Tag errechnet. Heute zeichnen die Messgeräte in Wetterstationen die Temperatur im Abstand von Sekunden auf.

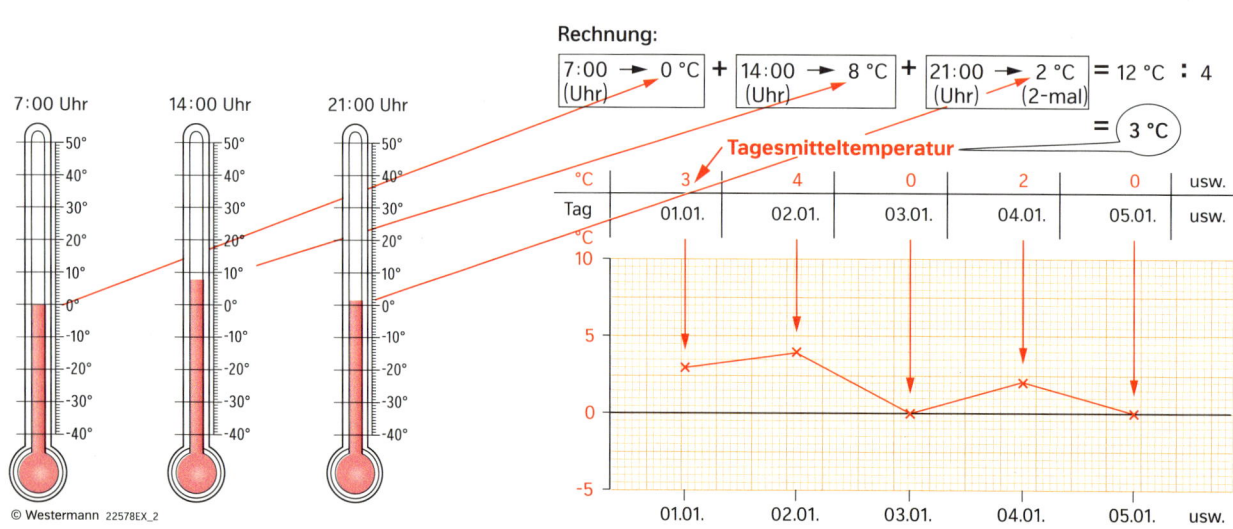

M1 Ablesen, Berechnen und Zeichnen von Tagesmitteltemperaturen

Das braucht ihr:

- Kühlschrank
- Plastikflasche
- Luftballon
- Schüssel
- warmes Wasser

So geht ihr vor:

1. Lasst eine leere Plastikflasche eine Stunde lang im Kühlschrank abkühlen.
2. Streift über den Flaschenhals der kalten Flasche einen Luftballon.
3. Füllt eine Schüssel mit heißem Wasser und stellt die Flasche hinein.
4. Was passiert? Beobachtet genau.
5. Warum ist das so? Erklärt.
6. Stellt die Flasche mit dem Luftballon nun wieder zurück in den Kühlschrank. Wartet 15 Minuten.
7. Nehmt die Flasche wieder aus dem Kühlschrank. Was stellt ihr fest?
8. Warum ist das so? Erklärt.
9. Überlegt gemeinsam: Was passiert, wenn die Sonne die Luft erwärmt.

M3 Versuch

Zeit	Ort A	Ort B	Ort C
7:00 Uhr	7 °C	8 °C	11 °C
14:00 Uhr	13 °C	18 °C	29 °C
21:00 Uhr	10 °C	13 °C	18 °C

M4 Temperaturmesswerte an verschiedenen Orten

Monat: Juni	1. Juni	2. Juni	30. Juni
Temperatur um 7:00 Uhr	10 °C	12 °C	9 °C
Temperatur um 14:00 Uhr	22 °C	24 °C	25 °C
Temperatur um 21:00 Uhr	16 °C	18 °C	17 °C
Tagesmitteltemperatur	16 °C	18 °C	17 °C

M5 Temperaturmesswerte an einem Ort zu verschiedenen Zeiten (Beispiel für ein Temperaturtagebuch)

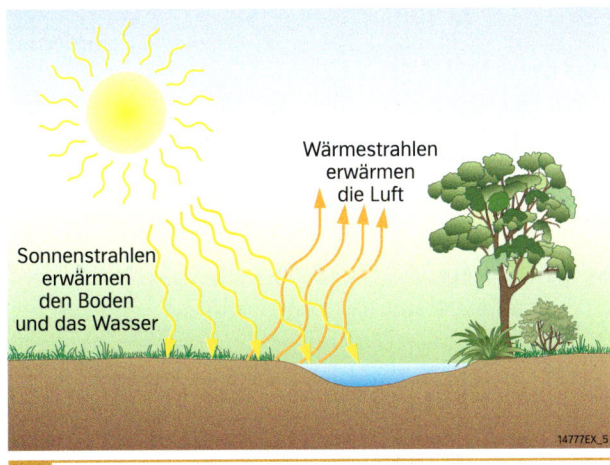

M6 Sonnen- und Wärmestrahlen

Formulierungshilfen

zu Aufgabe 1:
Die Energiequelle ...
Die Sonnenstrahlen ...
Der Boden ... reflektiert/reflektieren ...
Die Wärmestrahlen ...

zu Aufgabe 4:
Zu beobachten ist, dass ...
Wenn man ...
Wenn Luft erwärmt wird, ...
Wenn sich Luft abkühlt, ...

Wetterelemente Bewölkung und Niederschlag

Auf drei Doppelseiten sollen die Wetterelemente untersucht werden. Mithilfe von Versuchen erfahrt ihr, wie die Wetterelemente zusammenwirken.

Auf dieser Doppelseite geht es um die Wetterelemente Bewölkung und Niederschlag. Warum regnet es? Wie bilden sich Wolken? Wie kann ich die Wetterelemente Bewölkung und Niederschlag untersuchen?

1. a) Wie entstehen Wolken? Verwendet dabei die Begriffe Wasserdampf, Verdunstung, Kondensation, Wassertröpfchen, Abkühlung der Luft (Text, M2).

b) Wie kommt es zu Niederschlag (Text)?

W **2.** Wähle aus:

A Ordne in M5 die Niederschlagsarten den Zeichnungen zu.

B Ordne die Tropfengrößen (M4) den Niederschlagsarten zu: Nieselregen, Nebel, Wolkenbruch, Landregen.

3. a) Beschreibt die Wolken in M3. Geht dabei auf Form, Farbe und Größe ein.

b) Ordnet folgende Begriffe einer Wolkenart in M3 zu: Schleierwolken, Wolkenturm, Schönwetterwolken, Unwetter, Eiswolken, dunkelgrau.

D c) Informiert euch: Was sagen Wolken über das Wettergeschehen aus (M3, Internet)? **138**

4. Führt die Versuche in M1 durch. Erklärt die Vorgänge.

E **5.** Messt über einen längeren Zeitraum mit einem Messbecher täglich den Niederschlag. Zeichnet ein Diagramm dar (M4). **141**

M2 Entstehung von Wolken

Ohne Wolken kein Niederschlag

An heißen Sommertagen kannst du beobachten, wie sich **Wolken** bilden. Wolken bestehen aus Wasserdampf. Wenn die Sonnenstrahlung die Erdoberfläche erwärmt, verdunstet Wasser. Aus Wasser wird Wasserdampf. Je wärmer die Luft ist, desto größer ist die **Verdunstung**. Die Luft kann aber nur eine bestimmte Menge an Wasserdampf aufnehmen. Warme Luft kann mehr Wasserdampf aufnehmen als kalte Luft. Solange die Luft Wasser aufnehmen kann, bleibt der Wasserdampf unsichtbar.

Kühlt feuchte Luft ab, kommt es zur **Kondensation**. Die Wassertröpfchen werden sichtbar, es bilden sich Wolken. Die Tröpfchen werden immer größer, bis schließlich **Niederschlag** fällt. Die Grundbedingung für Niederschlag ist also, dass sich feuchte Luft abkühlt. Das passiert, wenn erwärmte Luft in kühlere Luftschichten aufsteigt, zum Beispiel an einem heißen Sommertag. Das passiert auch, wenn warme Luft an Gebirgen aufsteigt.

(A)

Das braucht ihr:
- Kühlschrank
- Handspiegel

So geht ihr vor:
1. Legt einen Handspiegel in den Kühlschrank.
2. Nehmt ihn heraus und haucht auf die kalte Spiegelober-fläche.
3. Notiert eure Beobachtungen und erklärt sie.

(B)

Das braucht ihr:
- heißes Wasser
- Metallschale
- Eiswürfel
- Glas

So geht ihr vor:
1. Füllt eine Metallschale mit Eiswürfeln.
2. Stellt sie auf ein Glas mit heißem Wasser.
3. Notiert eure Beobachtungen und erklärt sie.

M1 Zwei Versuche (Ⓐ, Ⓑ): Wasser in der Luft

Federwolken: Vorboten schlechten Wetters

Wolken in großer Höhe (7–12 km)

Haufenwolken: schönes Wetter

Wolken in mittlerer Höhe (2–7 km)

Schichtwolken: Regenwetter

Wolken in niedriger Höhe (Bodennähe bis 2 km)

Gewitterwolken: Gewitter mit Blitz/Donner

M3 Stockwerke des „Wolkenhauses" in der Troposphäre (siehe S. 11, M4)

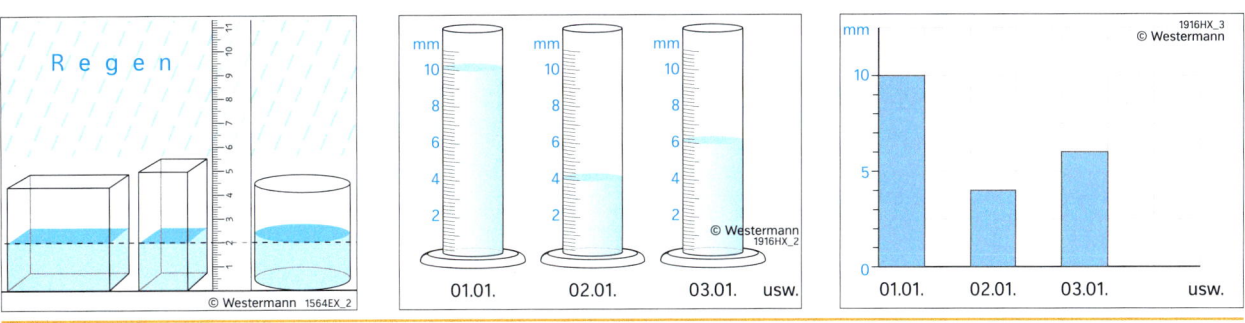

M4 Messen und Zeichnen von Niederschlagsmengen: Steht das Wasser 1 Millimeter hoch, hat sich 1 Liter Regenwasser über einer Fläche von 1 m² verteilt.

0,01 – 0,1 mm

0,1 – 0,5 mm

0,5 – 4 mm

4 – 8 mm

M4 Tropfengrößen des Niederschlags

M5 Zu den Niederschlagsarten zählen Hagel, Tau, Regen, Raureif, Nebel und Schnee.

Formulierungshilfen

zu Aufgabe 1:
Wolken bestehen aus ...
Wenn Wasser verdunstet, wird aus ...
Warme Luft ...
Kühlt feuchte Luft ab, ...
Die Wassertröpfchen in der Luft ...
Die Tröpfchen werden ..., bis schließlich ... fällt.

Fachbegriffe

- die Wolke
- die Verdunstung
- die Kondensation
- der Niederschlag

PROJEKT VOR ORT — Wetterelemente Luftdruck und Wind

Auf dieser Doppelseite geht es um die Wetterelemente Luftdruck und Wind. Warum weht der Wind? Warum weht er unterschiedlich stark?

1. Wind hilft uns, Wind schadet uns. Stelle zusammen, wie wir Windkraft nutzen können und wann der Wind Schäden anrichtet (Text, M2, M5).

2. Die Luft hat ein Gewicht. Erkläre den Luftdruck (Text, M8).

W 3. Wähle aus:

A Schreibe einen Bericht darüber, wie Wind entsteht unter dem Titel: „Die Sonne treibt den Wind an" (Text, M1). `162`

B Fertige eine Kausalkette an, die zeigt, wie Wind entsteht (Text, M1). `154`

4. a) Erläutere, wovon die Windstärke abhängt (Text, M1).

D b) Fertige einfache Zeichnungen an: Sie sollen die Folgen der Windstärken 0,7 – 8 und 11 – 12 zeigen (Internet, M5). `138`

5. Bestimme die Himmelsrichtungen im Foto M4 (Text).

6. Führt den Versuch M6 nach der Anleitung durch. Erklärt die Vorgänge.

E 7. Heißluftballons machen sich warme Luft zunutze (M7). Erkläre den Vorgang.

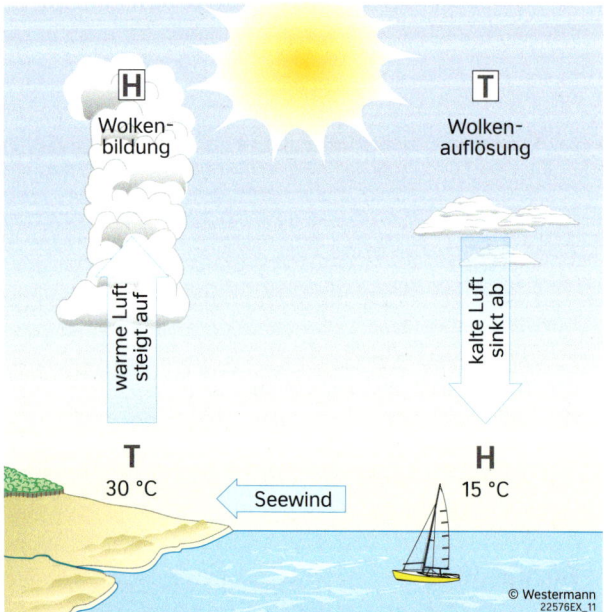

M1 Entstehung von Tiefdruck, Hochdruck und Wind

M2 Nutzung von Windkraft zur Stromerzeugung

Die Luft ist in Bewegung

Die Erde ist von einer Lufthülle umgeben. Luft ist zwar ein unsichtbares Gasgemisch, hat aber ein Gewicht. Eine riesige Luftsäule lastet auf jedem Punkt der Erdoberfläche. Das ist der **Luftdruck**. Man misst den Luftdruck mit einem **Barometer** und gibt den Wert in Hektopascal (hPa) oder Millibar (mbar) an. Der Normaldruck auf Meereshöhe beträgt 1013 hPa. Der Luftdruck nimmt mit steigender Höhe ab.

Der Luftdruck ändert sich durch die Sonnenstrahlung. Wird Luft erwärmt, dehnt sie sich aus. Die Luftteilchen steigen nach oben. Das Gewicht der Luft am Boden verringert sich. Der Luftdruck sinkt: Es herrscht Tiefdruck oder **Tief** (T).

Sinkt kühle Luft von oben nach unten ab, erwärmt sie sich. Der Luftdruck am Boden nimmt zu: Es herrscht Hochdruck oder **Hoch** (H).

Luft strömt immer von einem Gebiet mit hohem Luftdruck zu einem Gebiet mit niedrigem Luftdruck. Diese Luftbewegung nehmen wir als **Wind** wahr. Wind ist also nichts anderes als ein Druckausgleich zwischen Hoch und Tief. Je größer der Druckunterschied ist, desto stärker weht der Wind.

Windfahnen oder Windsäcke zeigen die Windrichtung an. Winde werden immer nach der Himmelsrichtung benannt, aus der sie kommen. Die Windstärke wird mit einem Windmesser (Anemometer) gemessen.

M3 Barometer

M4 Vom Wind verformte Bäume in Deutschland

M7 Heißluftballons: Warme Luft steigt auf.

Wind-stärke	Bezeichnung	Auswirkung
0	Windstille	Rauch steigt senkrecht auf
1 – 2	Zug	Blätter bewegen sich
3 – 4	Brise	Zweige bewegen sich
5 – 6	Wind	Äste bewegen sich
7 – 8	stürmischer Wind	Bäume werden gebogen
9 – 10	Sturm	Bäume werden entwurzelt
11 – 12	Orkan	Zerstörung und Verwüstung

M5 Windstärken und ihre Auswirkungen

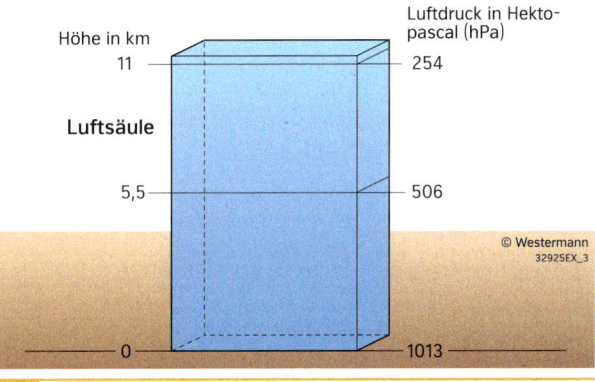

M8 Luftdruck und Höhe

Das braucht ihr:
- einen dünnen Stab
- zwei Luftballons
- Schere
- Schnur
- Klebeband
- Nadel

So geht ihr vor:
1. Bindet ein Stück Schnur in der Mitte eines dünnen Stabes fest. Er muss anschließend waagerecht an der Schnur hängen.

2. Blast zwei Luftballons auf und verknotet sie einzeln.
3. Klebt je einen Luftballon an jedes Ende des Stabes. Der Stab sollte waagerecht hängen bleiben. Verändert deshalb, falls nötig, die Schnurbindung.
4. Klebt dann auf einen der Luftballons ein Stück Klebeband.
5. Stecht mit einer Nadel durch das Klebeband in den einen Ballon, sodass die Luft langsam entweichen kann.
6. Notiert eure Beobachtungen und erklärt sie.

M6 Versuch zum Luftdruck

Formulierungshilfen
zu Aufgabe 4a:
Der Wind ist nichts anderes als ... zwischen ... und ...
Ist der ... groß, weht der Wind stark.
Ist der ... klein, weht nur ein schwacher Wind.
... entstehen durch die Sonnenstrahlung.

Fachbegriffe
- der Luftdruck
- das Barometer
- das Tief
- das Hoch
- der Wind

Extreme Wetterereignisse

Entwurzelte Bäume, abgedeckte Dächer und Überschwemmungen – das sind Folgen von extremen Wetterereignissen. Der Deutsche Wetterdienst rechnet in Zukunft mit mehr Stürmen und extremen Regenfällen, aber auch Hitzeperioden. Viele Klimaforscher nehmen an, dass das mit den steigenden globalen Temperaturen zu tun hat. Wann und warum können extreme Wetterereignisse gefährlich werden? Welche Maßnahmen kann man zur Vorsorge treffen?

1. Berichte über gefährliche Wettersituationen, die du schon erlebt hast.

2. Beschreibe die Folgen des Unwetters,
   a) die in M2 zu sehen sind.
   b) die in M3 zu sehen sind.

W 3. Wähle aus:
   A Beschreibe, welche Gebiete in NRW von extremen Wetterereignissen gefährdet sind (M5).
   B Vergleiche die Lage der Gebiete in Deutschland, die von extremen Wetterereignissen gefährdet sind (M5, Atlas).

D 4. Erstellt einen Reportage über die Tornados, die am 20. Mai 2022 Paderborn und Bad Lippspringe trafen (Internet). **162** **138** ▶

5. Erkläre, warum ein Tornado gefährlich ist (Text, M4).

E 6. a) Erörtere die Vorsorgemaßnahmen gegen Hochwasser (M1).
   b) Beurteile die Maßnahmen im Hinblick auf die Möglichkeiten im Ahrtal (M1).

M2 Flutkatastrophe an der Ahr nach starkem Dauerregen im Juli 2021

Wie gefährlich sind extreme Wetterereignisse?

Starkregen oder Dauerregen sind nicht an sich gefährlich. Sie werden aber zu einer Gefahr für Siedlungs- und Wirtschaftsräume, wenn die enormen Wassermassen nicht abfließen können. Kann zum Beispiel das städtische Kanalsystem die Wassermassen nicht aufnehmen, dann werden die Straßen und die Keller der Häuser überflutet. Bäche und Flüsse, deren Verlauf vom Menschen begradigt wurde, können die Wassermassen nicht aufnehmen. Sie treten über die Ufer und überschwemmen die Siedlungen am Ufer.

Bei einem Sturm sind es vor allem die Böen, die große Schäden anrichten können. Herabfallende Trümmer und herumfliegende Gegenstände verursachen die meisten Todesfälle bei einem Sturm.

Zu den extremen Wetterereignissen gehören auch Hitzewellen. Bei Hitzewellen wie im Sommer 2022 steigt die Zahl der Todesfälle. Bleiben Niederschläge über einen längeren Zeitraum aus, kommt es zu Dürren. Die landwirtschaftliche Produktion ist gefährdet und die Waldbrandgefahr steigt.

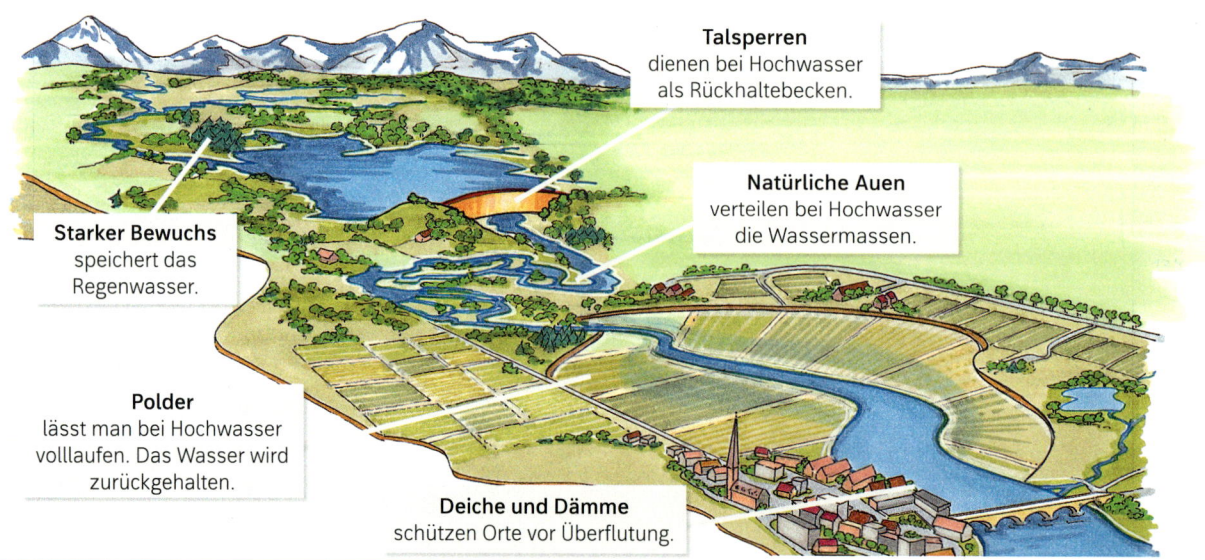

Talsperren dienen bei Hochwasser als Rückhaltebecken.

Natürliche Auen verteilen bei Hochwasser die Wassermassen.

Starker Bewuchs speichert das Regenwasser.

Polder lässt man bei Hochwasser volllaufen. Das Wasser wird zurückgehalten.

Deiche und Dämme schützen Orte vor Überflutung.

M1 Hochwasserschutz

M3 Paderborn nach dem Tornado im Mai 2022

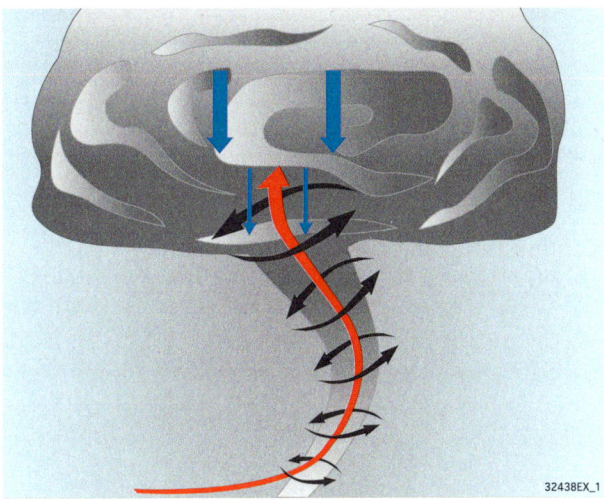

Tornados entstehen immer über Land.

1. Über dem Erdboden befindet sich feuchtwarme Luft. Sie steigt schnell auf und kühlt sich ab.
2. Der Wasserdampf kondensiert in der Höhe. Es bilden sich riesige, über zehn Kilometer hohe Gewitterwolken.
3. Die feuchte warme Luft trifft auf trockene, kalte Luft in der Höhe. Es entsteht ein heftiger Windwirbel.
4. Die kalte Luft stürzt als Fallwind nach unten.
5. Gleichzeitig strömt neue feuchtwarme Luft mit einer Geschwindigkeit von etwa 150 km/h spiralförmig nach oben.
   Sie kondensiert an der kalten herabstürzenden Luft. Dabei wird die Drehbewegung des Luftschlauches immer schneller. Es bildet sich ein Tornadorüssel.

M4 So entsteht ein Tornado.

INTERNET

Du kannst im Internet weitere Informationen recherchieren. Verwende folgende Suchbegriffe:
→ Deutscher Wetterdienst Warnungen aktuell
→ Unwetterereignisse Deutschland Unwetterzentrale
→ Planet Wissen Hitze und Dürre
→ br Wissen Extremwetter

Sturmfluten
03.02. – 25.02.1825
Februarflut
16.02.1962
Hamburger Flut
03.01. – 04.01.1976
Januarflut

© Westermann 17476EX_3

Elbehochwasser
August 2002

Hochwasser in den
Tälern der Eifel 2021

	Sturmgefahr hoch bis mäßig		extreme Hochwassergefahr	**Region mit besonders schweren Naturkatastrophen**
	Sturmgefahr sehr hoch bis hoch		Waldbrandgefahr	Überschwemmungen / Sturm / Hagel / Blitzeinschläge

M5 Extreme Wetterereignisse: gefährdete Gebiete

Ein Tornado hinterließ in Paderborn eine 300 Meter breite und fünf Kilometer lange Schneise der Verwüstung quer durch die Stadt. Bäume und Ampeln knickten wie Streichhölzer um, Leitplanken flogen wie Papierschnipsel durch die Luft, Dachziegel flogen herum, Scheiben gingen zu Bruch. Mehr als 100 Gebäude wurden beschädigt, 43 Menschen wurden verletzt.

M6 Bericht über den **Tornado** vom 21. Mai 2022

Formulierungshilfen

zu Aufgabe 5:
Feuchtwarme Luft …
Kalte Luft …
Dadurch entsteht eine extrem starke …, die immer schneller wird.
Ein Tornado kann …

Fachbegriff

▪ der Tornado

Die Temperaturen auf der Erde – große Unterschiede

Am 12. Juni um 15.00 Uhr liegt die Temperatur in der Demokratischen Republik Kongo bei 31 °C, auf der norwegischen Insel Spitzbergen bei 0 °C. Es gibt Gebiete auf der Erde, die das ganze Jahr über sehr kalt sind. Andere sind immer warm. Woran liegt das? Wie kommt es zu den Unterschieden bei den Temperaturen auf der Erde?

1. Das Foto M2 wurde in Deutschland aufgenommen. Bestimme die möglichen Tageszeiten und begründe.

2. Miss die Länge der Sonnenstrahlen in der Zeichnung M1 innerhalb der Atmosphäre am nördlichen Polarkreis und nördlich des Äquators. Erkläre die Bedeutung des Ergebnisses für die Temperaturen an diesen Orten.

3. Schreibe einen Bericht zum Thema: „Warum erwärmen die Sonnenstrahlen die Erde unterschiedlich?" (Text, M1, M4). `162`

W 4. Wähle aus:
   A Beschreibe die Temperaturverteilung zwischen Polargebiet und Äquator (M3). `151` Notiere die Durchschnittstemperaturen der eingetragenen Orte (M5). `151`
   B Ermittle die Differenz zwischen höchster und tiefster Temperatur der Orte in M5. `151`

D 5. Vergleiche den Sonnenstand im Jahresverlauf in Berlin, Spitzbergen und Bamako. Nutze den angegebenen QR-Code (Internet).

M2 Die Sonnenstrahlen treffen flach auf die Erdoberfläche. Dann wärmen sie nur wenig.

Licht und Wärme – der Winkel entscheidet

Die Sonnenstrahlen erwärmen die Erde. Allerdings wird nicht jeder Ort zu jeder Zeit gleichmäßig beschienen und erwärmt. Wie kommt das? Die Erde hat die Form einer Kugel. Dadurch ist die Erdoberfläche gekrümmt. Aufgrund der Erdkrümmung treffen die Sonnenstrahlen in unterschiedlichen Winkeln auf die Erdoberfläche. Dadurch verteilt sich die Energiemenge der Sonnenstrahlen auf unterschiedlich große Flächen.

An den Polen fallen die Strahlen flach ein und verteilen sich deshalb auf eine große Fläche. Außerdem haben sie einen besonders langen Weg durch die Atmosphäre. Daher beleuchtet und erwärmt die Sonne die Polregionen weniger stark als andere Regionen.

Am Äquator fallen die Sonnenstrahlen steil auf die Erde und bestrahlen eine kleine Fläche. Wenn sie senkrecht auftreffen, steht die Sonne im Zenit. Der Weg durch die Atmosphäre ist kurz. Deshalb ist es dort wärmer als in anderen Regionen der Erde.

M1 Unterschiede bei der Sonneneinstrahlung

Nördlicher Polarkreis 66,5°
Sonnenstrahlen
- langer Weg durch die Atmosphäre
- verteilen sich auf eine große Fläche
- treffen flach auf die Erdoberfläche

Atmosphäre

Nördlicher Wendekreis 23,5°

Äquator 0°
Sonnenstrahlen
- kurzer Weg durch die Atmosphäre
- verteilen sich auf eine kleine Fläche
- treffen steil auf die Erdoberfläche

1918EX_5 © Westermann

INTERNET

WES-105367-028

Hier kannst du den Sonnenstand an verschiedenen Orten zu unterschiedlichen Jahreszeiten miteinander vergleichen.

ERSTAUNLICH

Die Sonne strahlt in etwas mehr als 30 Minuten mehr Energie auf die Erde, als die gesamte Menschheit in einem Jahr verbraucht.

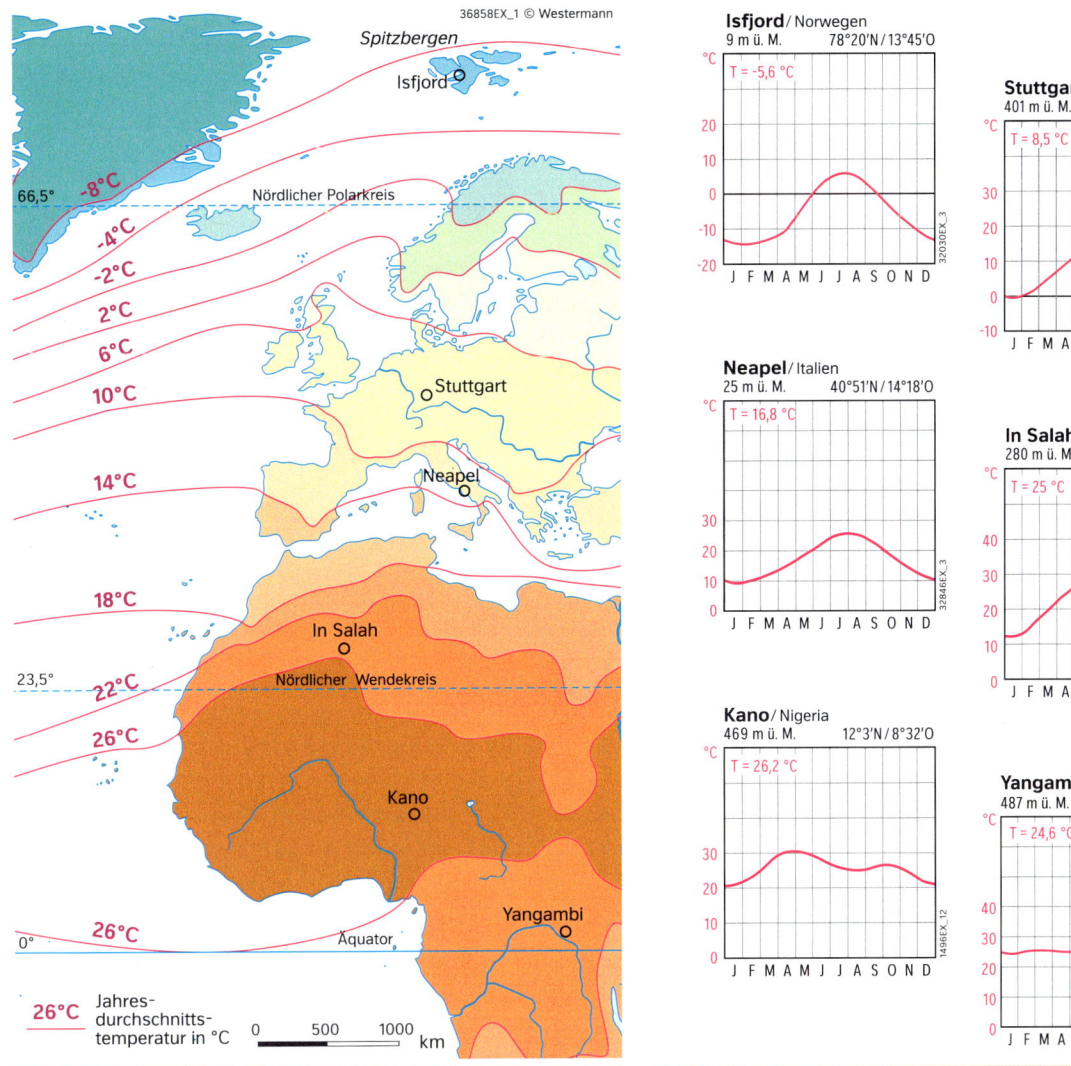

M3 Durchschnittstemperaturen vom nördlichen Polargebiet bis zum Äquator

M5 Jahresgang der Temperaturen verschiedener Orte

Station	Datum	Einfallswinkel der Sonne um 12.00 Uhr	Temperatur (Monatsmittel)
Isfjord (Norwegen)	21.06.	34,82°	2,1 °C
	21.12.	keine Sonneneinstrahlung	- 6,9 °C
Stuttgart (Deutschland)	21.06.	59,57°	16,4 °C
	21.12.	20,76°	1,6 °C
Yangambi (D.R. Kongo)	21.06.	66,58°	25,2 °C
	21.12.	63,96°	24,8 °C

M4 Wirkung des Einfallswinkel der Sonnenstrahlen auf die Lufttemperatur

INFO

Sonnenstand und Jahreszeit

Der Einfallswinkel der Sonnenstrahlen auf die Erdoberfläche reicht von 0° bis 90° (Zenit). Im Laufe des Jahres pendelt der Zenitstand zwischen dem nördlichen und südlichen Wendekreis (siehe S. 43): Am 21. Juni steht die Sonne bei 23,5° N um 12.00 Uhr mittags im Zenit. Dieser Tag bedeutet auf der Nordhalbkugel Sommeranfang. Am 21. Dezember steht die Sonne bei 23,5° S im Zenit. Das bedeutet auf der Nordhalbkugel Winteranfang.

Formulierungshilfen

zu Aufgabe 2:
Das Modell in M1 veranschaulicht ...
Im Modell beträgt die Länge der Sonnenstrahlen in der Atmosphäre am ...
Das Ergebnis zeigt, dass der Weg der Sonnenstrahlen durch die Atmosphäre am .... länger ist als am ...
Die Folge davon ist, dass ...

Niederschläge und ihre Verteilung

Bei uns in Deutschland regnet es oft. Wir freuen uns, wenn es nicht regnet. In vielen anderen Regionen der Erde ist das nicht so. Manchmal tanzen die Leute dort auf der Straße, wenn es regnet, weil sie sich so darüber freuen.
Wie kommt es, dass es an einigen Orten viel und an anderen wenig regnet?

1. Beschreibe die Wettersituation in M2. Vergleiche sie mit dem aktuellen Wetter in Deutschland.

2. Beschreibe den Wasserkreislauf (M1).

W 3. Wähle aus:
   A Erstelle ein Wirkungsgefüge zur Entstehung von Regen (M1). `154`
   B Erkläre die Entstehung von Steigungsregen (Text, M4)

4. Beschreibe die räumliche Verteilung der Niederschläge zwischen Pol und Äquator (M3, M5). `151`

5. Vergleiche die Niederschlagswerte und deren Verteilung über das Jahr von Yangambi und Stuttgart (M5). `151`

D **E** 6. a) Beschreibe die Lage des Golfs von Mexiko (Erstaunlich 2, Atlas, Internet). `138`
   b) Ermittle die Wassertemperatur im Golf von Mexiko (Internet). `138`

M2 Hoffnung auf Regen

Wasser in der Luft – warum regnet es?

Das Wasser der Erde befindet sich ständig in einem großen, weltweiten **Wasserkreislauf**. Die Sonnenstrahlung erwärmt die Erdoberfläche. Wasser aus dem Meer, aus Flüssen und Seen sowie von der Erdoberfläche verdunstet. Die warme Luft steigt auf in kühlere Luftschichten. Der Wasserdampf in der Luft kondensiert. Es entstehen Wolken und schließlich fällt Niederschlag. Das Wasser fließt in Bächen, Flüssen und im Grundwasser wieder zum Meer ab. Wird die Erdoberfläche stark erwärmt wie am Äquator, verdunstet viel Wasser und es regnet täglich.
Besonders niederschlagsreich sind Gebiete, über denen sich häufig feuchte Luft abkühlt. Das sind zum Beispiel Gebirge. Hier kommt es zu **Steigungsregen**. Auch wenn sich warme und kalte Luftmassen treffen, bilden sich Niederschläge.

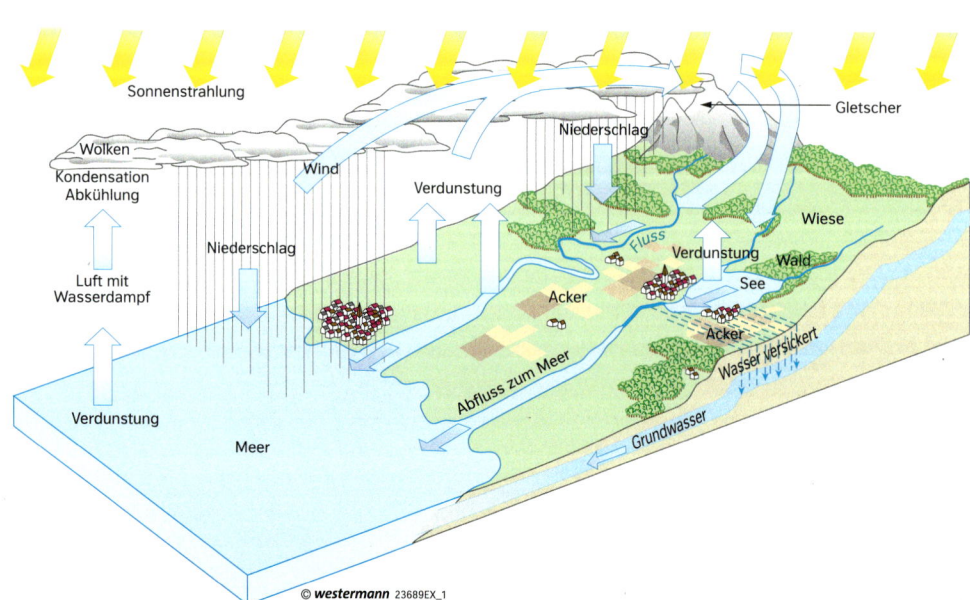

© **westermann** 23689EX_1

ERSTAUNLIICH 1

Könnte man eine große Gewitterwolke auswringen, würden sich mehrere Millionen Liter Wasser ergeben. Schon eine kleine Wolke enthält bis zu 10000 Liter Wasser.

M1 Der Wasserkreislauf: durch Verdunstung, Kondensation und Niederschlag befindet sich Wasser weltweit in einem ständigen Kreislauf. Dieser Kreislauf wird von der Sonne angetrieben.

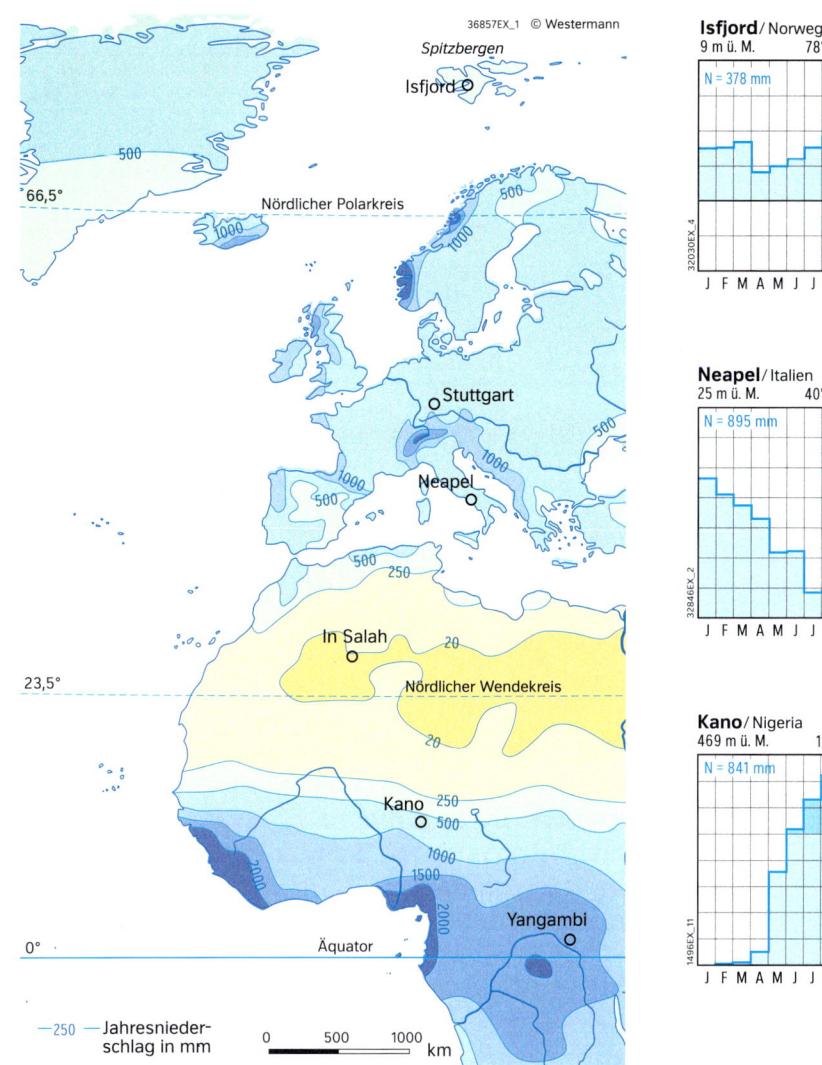

M3 Jährlicher Niederschlag vom Polargebiet zum Äquator

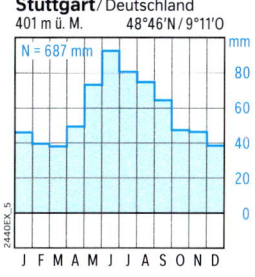

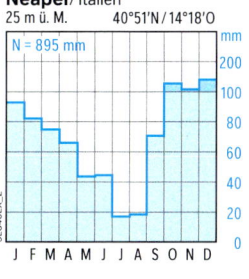

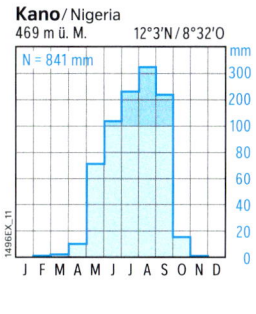

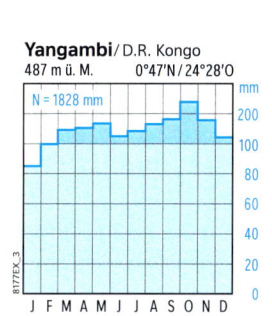

M5 Jahresgang der Niederschläge verschiedener Orte

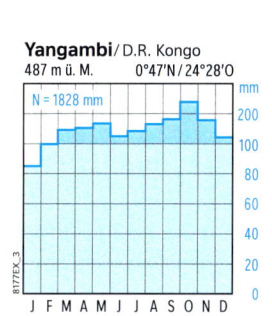

M4 So entsteht Steigungsregen.

Über dem Golf von Mexiko kann die Lufttemperatur auf über 40 °C steigen. Dann wird auch das Meerwasser sehr warm und es verdunsten dort stündlich 21 Mrd. Liter . Das ist die Menge von 840 000 Tanklastwagen.

Formulierungshilfen

zu Aufgabe 1:
Der Boden, der in der Abbildung zu sehen ist, ist
...
Daraus kann man schlussfolgern, dass ...
Am Himmel sieht man ...
Die Wettersituation kann sich möglicherweise ...

Fachbegriffe

- der Wasserkreislauf
- der Steigungsregen

ORIENTIERUNG

Die Klimazonen der Erde

Gebiete mit ähnlichem Klima werden zu Klimazonen zusammengefasst. Wir leben in den Mittelbreiten, die auch gemäßigte Zone genannt werden. Welche Klimazonen gibt es noch? Wie unterscheiden sie sich?

1. Beschreibe die Lage der Klimazonen auf der Erde (M1, M3).

2. a) Begründe, warum sich die Klimazonen ungefähr parallel zu den Breitenkreisen erstrecken (S. 28/29).
b) Erkläre, warum die Klimazonen nicht immer den Breitenkreisen in Ost-West-Richtung folgen (Text).

W 3. a) Beschreibe die Landschaften in M4.
b) Wähle aus:
A Ordne die Klimadiagramme in M2 den Klimazonen zu (M1, M3). 151▶
B Ordne die Fotos (M4) dem jeweils passenden Klimadiagramm (M2) zu. 151▶

4. Recherchiere mithilfe des Atlas und der Koordinaten in M4, 148▶ 149▶
a) in welchen Ländern,
b) in welchen Klimazonen
die Fotos in M4 aufgenommen wurden.

D 5. Rufe das Diercke Lernmodul auf (Internet) und werde zum Klimaexperten.

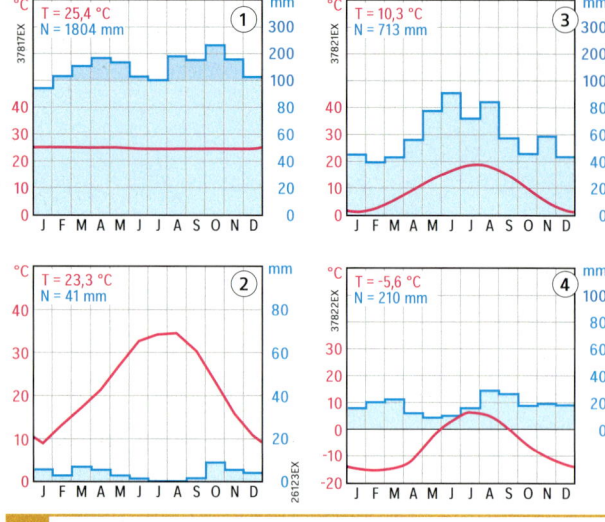

M2 Klimadiagramme der Orte von M4

Das Klima in Streifen

Das Klima einer Region wird durch die durchschnittliche Lufttemperatur und die Summe der Niederschläge bestimmt. Regionen mit ähnlichen Klimawerten bilden **Klimazonen**. Diese ziehen sich wie Gürtel um die Erde. Man unterscheidet die **Polarzone**, die **Subpolarzone**, die **Mittelbreiten** (**gemäßigte Zone**), die **Subtropen** und die **Tropen**. Welches Klima ein Ort hat, ist insbesondere von der geographischen Breite abhängig. Deshalb verlaufen die Klimazonen ungefähr parallel zu den Breitenkreisen. Jedoch ragen sie zum Teil in benachbarte Zonen hinein. Das liegt daran, dass auch die Lage des Ortes Einfluss auf das Klima hat. Das Klima am Meer unterscheidet sich beispielsweise von dem Klima in einem küstenfernen Gebiet im Inland. Außerdem wirken sich die kalten und warmen Meeresströmungen und die hohen Gebirge auf das Klima aus.

In den **Polarzonen** ist es das ganze Jahr über kalt. Es gibt sehr ausgeprägte Jahreszeiten mit großen Temperaturunterschieden. Der wenige Niederschlag fällt als Schnee. Die Polarzonen werden ungefähr von den Polarkreisen und den Polen begrenzt.

Die *Subpolarzone* ist eine Übergangszone.

In den **Mittelbreiten** (**gemäßigten Zonen**) herrschen in der Regel gemäßigte Temperaturen. Es gibt ausgeprägte Jahreszeiten. Das ganze Jahr über fallen Niederschläge, im Winter als Schnee.

Die *Subtropenzone* ist eine Übergangszone. Hier befinden sich besonders viele trockene Gebiete.

In der **Tropenzone** ist es das ganze Jahr über warm. Es gibt keine kalten Winter und damit auch keine Jahreszeiten. Weite Gebiete der Tropen werden von Regen- und Trockenzeiten geprägt. Die Tropenzone wird ungefähr von den Wendekreisen begrenzt.

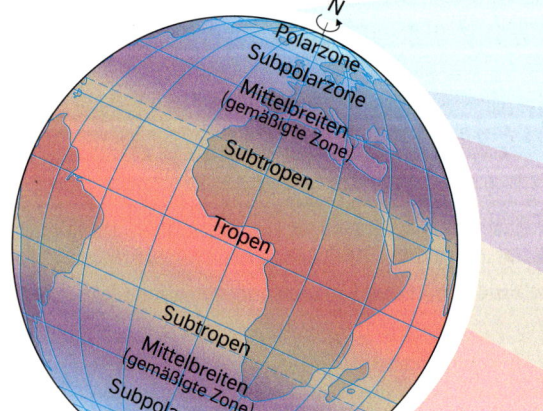

© Westermann 1418EX_55

M1 Klimazonen der Erde und ihre Kennzeichen

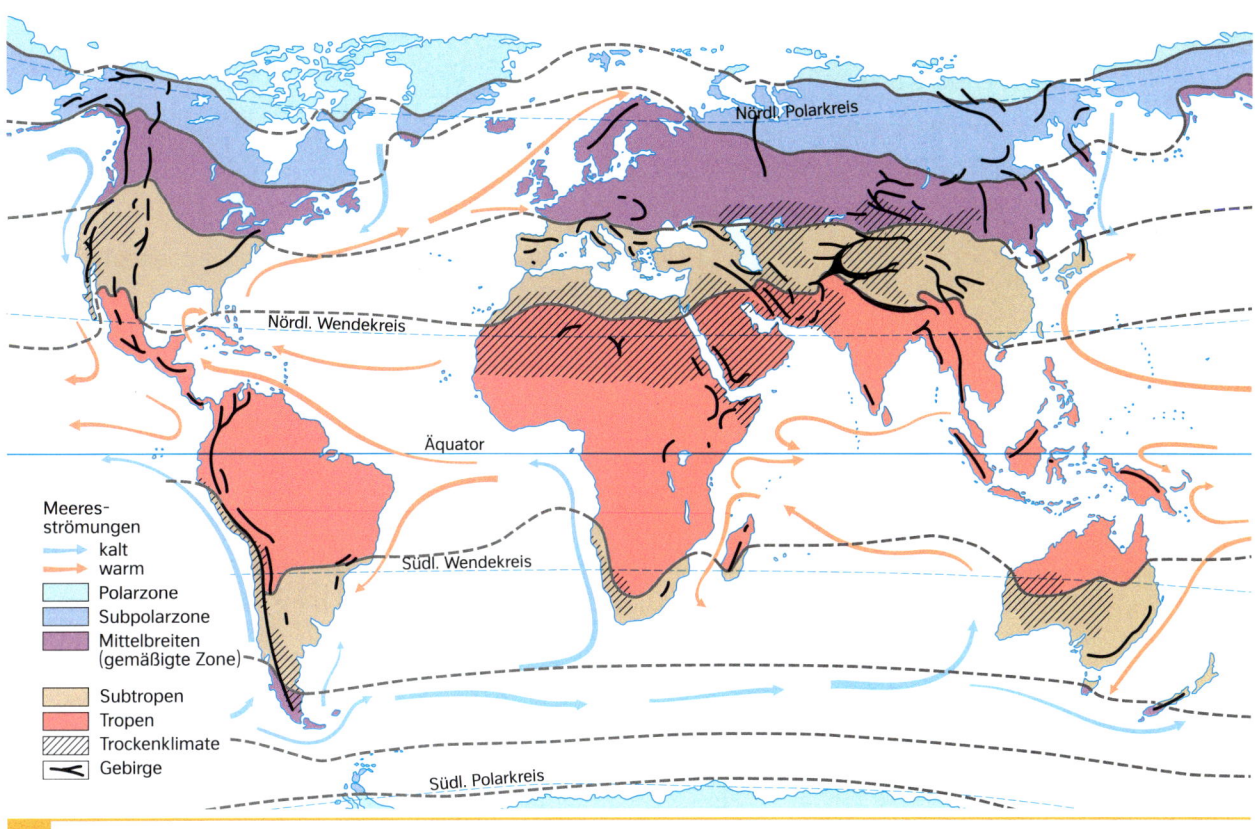

Meeres-strömungen
- → kalt
- → warm
- Polarzone
- Subpolarzone
- Mittelbreiten (gemäßigte Zone)
- Subtropen
- Tropen
- Trockenklimate
- Gebirge

Nördl. Polarkreis
Nördl. Wendekreis
Äquator
Südl. Wendekreis
Südl. Polarkreis

M3 Klimazonen der Erde

Bei 48° N / 7° 50' O

Bei 78° N / 15° O

Bei 3° S / 60° W

Bei 32° N / 5° O

M4 Landschaften in verschiedenen Klimazonen

INTERNET

Diercke Lernmodul
Auf der folgenden Webseite findest du alle Materialien und Aufgaben, die du brauchst, um ein Klimaexperte zu werden. Du wirst Klimadiagramme einer Klimazone zuordnen können.

WES-105367-032

Formulierungshilfen

zu Aufgabe 1:
Die Klimazonen ziehen sich wie ... um die Erde.
Die Klimazonen erstrecken sich ungefähr parallel zu ...
Es gibt allerdings Abweichungen.
Die Ursachen für die Abweichungen sind ...

Fachbegriffe
- die Klimazone
- die Polarzone
- die Subpolarzone
- die Mittelbreiten (die gemäßigte Zone)
- die Subtropen
- die Tropen

ORIENTIERUNG — Die Landschaftszonen der Erde

Ohne Licht, Wärme und Wasser können Pflanzen nicht wachsen, aber nicht überall auf der Erde sind diese Bedingungen für das Wachstum gleich. Wie haben sich die Pflanzen angepasst?

1. Unternimm eine Flugreise vom nördlichen Polarkreis über Düsseldorf bis zum Äquator in Afrika. Notiere, welche Vegetationszonen das Flugzeug überfliegt (M1).

2. Erkläre an einem Beispiel, wie sich die Geofaktoren gegenseitig beeinflussen (M3).

W 3. Wähle aus:
   A Notiere zu jeder Landschaftszone mindestens zwei Länder (M2, Atlas).
   B Notiere die Namen der Städte in M2 (Atlas).

4. Erkläre Vegetation und Nutzung des nördlichen Nadelwalds (M4).

5. Tiere passen sich ebenfalls an das Klima und die Vegetation an. Recherchiere im Internet und präsentiere deine Ergebnisse in einem Kurzvortrag über **138**
   a) das Kamel,
   b) den Orang-Utan,
   c) den Eisbären.

Unterschiedliches Klima – verschiedene Landschaften

Klima, Boden, Gewässer, Vegetation, Tierwelt, aber auch der Mensch sind **Geofaktoren**, die sich gegenseitig beeinflussen. Diese Gefüge aus Geofaktoren nennt man **Ökosysteme**.

Verändert sich ein Geofaktor, wirkt sich das auf das Ökosystem aus. Die Pflanzenwelt verändert sich zum Beispiel, wenn sich das Klima verändert. Das wirkt sich dann auf den Boden und die Tierwelt aus.

Gebiete mit gleicher oder ähnlicher Pflanzenwelt werden in **Vegetationszonen** zusammengefasst. In einer Vegetationszone sind also die Geofaktoren ähnlich.

Die Menschen nutzen ihren jeweiligen Lebensraum, sie passen ihre Nutzung den natürlichen Bedingungen an und sie verändern den Naturraum. Es entstehen Landschaften. Gleichartige Landschaften fasst man zu **Landschaftszonen** zusammen. In einer Landschaftszone sind die Geofaktoren Klima, Vegetation, Tierwelt, Gewässernetz und Böden ähnlich und die landwirtschaftliche Nutzung ist ähnlich beziehungsweise vergleichbar.

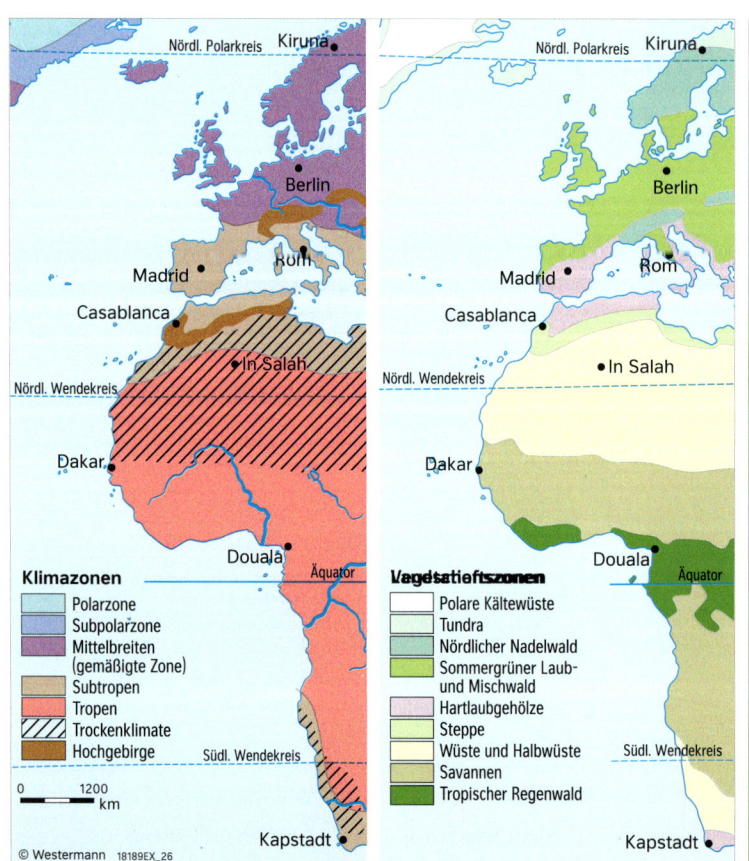

Klimazonen
- Polarzone
- Subpolarzone
- Mittelbreiten (gemäßigte Zone)
- Subtropen
- Tropen
- Trockenklimate
- Hochgebirge

Vegetationszonen
- Polare Kältewüste
- Tundra
- Nördlicher Nadelwald
- Sommergrüner Laub- und Mischwald
- Hartlaubgehölze
- Steppe
- Wüste und Halbwüste
- Savannen
- Tropischer Regenwald

In der Polarzone liegt die polare Kältewüste (kein Pflanzenwuchs).

In der Subpolarzone liegt die **Tundra**. Hier wachsen nur niedrige Pflanzen auf dem Boden, der im Sommer oberflächlich auftaut.

Die nördlichen Nadelwälder bestehen überwiegend aus Nadelbäumen (z. B. Fichten, Lärchen und Kiefern).

In den Mittelbreiten mit ihren gemäßigten Temperaturen wachsen Laub- und Mischwälder.

Wenn es in den Mittelbreiten weniger regnet, entstehen Graslandschaften, die Steppen.

Die Subtropen sind durch Trockenheit im Sommer gekennzeichnet. Die Landschaft wird durch Hartlaubgehölze geprägt.

Wenn es in den Subtropen und Tropen ganzjährig zu wenig regnet, können Pflanzen nicht wachsen. Es entstehen **Wüsten**.

Die **Savannen** liegen in den Tropen. Der Pflanzenwuchs ist durch die Regenzeiten geprägt.

Wenn es in den Tropen das ganze Jahr über warm ist und täglich Regen fällt, entsteht dichter **tropischer Regenwald**.

© Westermann 18189EX_26

M1 Klima- und Vegetationszonen (Ausschnitt)

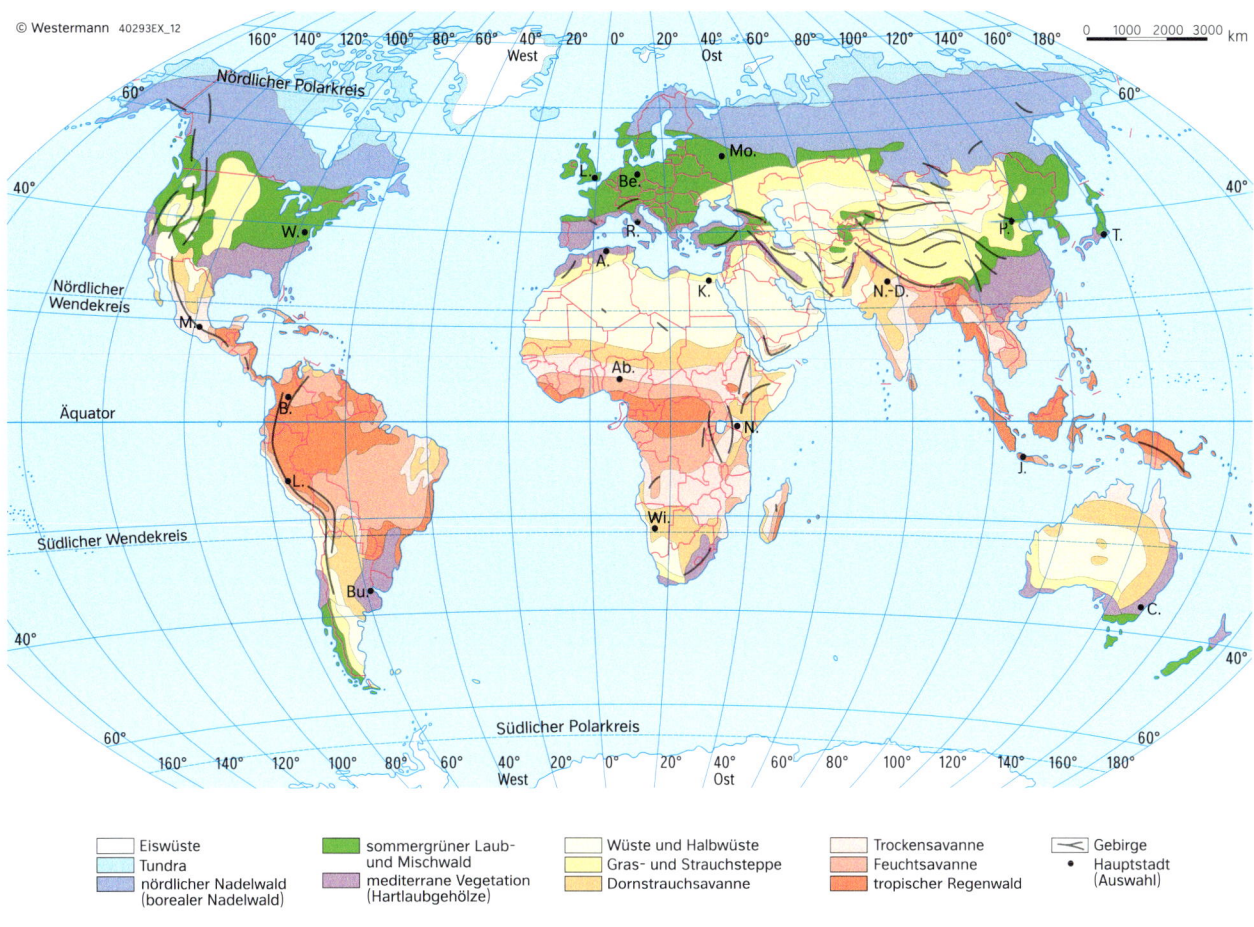

© Westermann 40293EX_12

Legende:

Eiswüste	Wüste und Halbwüste	Trockensavanne
Tundra	Gras- und Strauchsteppe	Feuchtsavanne
nördlicher Nadelwald (borealer Nadelwald)	Dornstrauchsavanne	tropischer Regenwald
sommergrüner Laub- und Mischwald		Gebirge
mediterrane Vegetation (Hartlaubgehölze)		Hauptstadt (Auswahl)

M2 Die Landschaftszonen der Erde

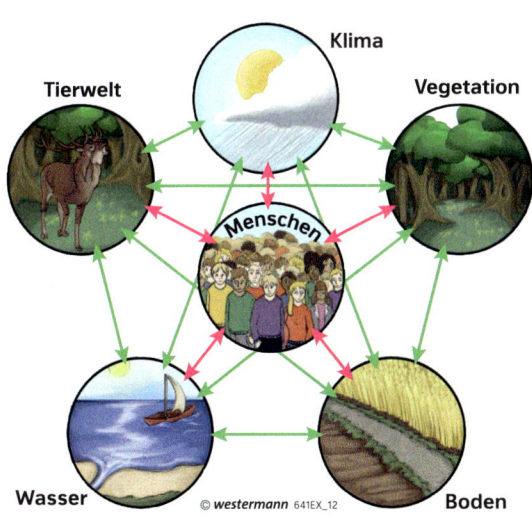

Klima, Boden, Gewässer, Vegetation, Tierwelt und auch der Mensch – alle Geofaktoren beeinflussen sich gegenseitig. Wird der eine verändert, verändern sich auch alle anderen. Dieses Gefüge der Geofaktoren, die in Wechselwirkung zueinander stehen, bezeichnet man als Ökosystem.

M3 Wechselspiel der Geofaktoren – das Ökosystem (Modell)

Vegetation:
Lärchen, Fichten, Moose

Anbauprodukte:
(Ackerbau eingeschränkt durch die Kälte)
Getreide, Kartoffeln, Raps

Viehhaltung:
Rinder, Schweine

M4 Nördlicher Nadelwald

Formulierungshilfen

zu Aufgabe 4:
Die Vegetation des ... besteht aus ..., weil ...
Die Nutzung ist eingeschränkt, weil ...
Man kann nur ...

Fachbegriffe

- der Geofaktor
- das Ökosystem
- die Vegetationszone
- die Landschaftszone

Die Landschaftszonen der Erde im Überblick

Klimazonen	polare Zone	subpolare Zone	Mittelbreiten (gemäßigte Zone)		Subtropen
Landschaftszonen	**Tundra und polare Kältewüste**	**nördlicher Nadelwald**	**sommergrüner Laub- und Mischwald**	**Steppe**	**Hartlaubgehölze der Subtropen**
Vegetation	Zwergsträucher	Lärchen, Fichten, Moore	Eichen, Buchen, Tannen	bis übermannshohes Gras	mediterrane Vegetation wie Zypressen und Pinien
Jahreszeiten	ausgeprägte Jahreszeiten				
	über 8 Monate Winter	6 bis 8 Monate Winter	milde Winter, warme Sommer	kalte Winter, heiße Sommer	deutliche Temperaturunterschiede zwischen Sommer und Winter
Jahresdurchschnittstemperatur	unter -10 °C	-10 °C bis 0 °C	0 °C bis 12 °C		12 °C bis 24 °C
Niederschlag	weniger als 300 mm	weniger als 600 mm	mehr als 600 mm	weniger als 600 mm	400–1000 mm, im Sommer trocken, im Winter Niederschlag (Winterregen)
mögliches Wachstum	weniger als 30 Tage	30–180 Tage	mehr als 180 Tage	weniger als 180 Tage	mehr als 150 Tage
Pflanzenwachstum eingeschränkt durch		Kälte			
Anbaumöglichkeiten	zu kalt, Dauerfrostboden	nur vereinzelt	eine Ernte	eine Ernte, dürregefährdet	z.T. mit Bewässerung (z.T. Versalzung)
Anbauprodukte		häufig Forstwirtschaft	Roggen, Kartoffeln, Mais, Weizen	Weizen, Zuckerrüben, Sonnenblumen	Wein, Oliven, Obst, Zitrusfrüchte, Reis
Viehhaltung	Rentiere (Nomadismus)		Rinder, Schweine	Schafe, Rinder	Schafe, Ziegen

M1 Die Landschaftszonen vom Pol bis zum Äquator

	Tropen				Klimazonen
	wechselfeucht			immerfeucht	
Wüste und Halbwüste	Dornstrauch-savanne	Trockensavanne	Feuchtsavanne	tropischer Regenwald	Landschafts-zonen
vegetationslos oder vereinzelte Zwerg-sträucher, Gräser	kniehohes Gras, Sträucher, vereinzelt Bäume	brusthohes Gras, Bäume	mannshohes Gras, Baumgruppen, Wälder		Vegetation
	keine Jahreszeiten				Jahreszeiten
deutliche Temperatur-unterschiede zwischen Sommer und Winter					
	über 24 °C				Jahresdurch-schnitts-temperatur
weniger als 250 mm, sehr kurze Regenzeit, oft Dürre	250–500 mm, bis 4 Monate Regenzeit, oft Dürre	500–1000 mm, 4–6 Monate Regenzeit	über 1000 mm, 6–10 Monate Regenzeit	über 1500 mm, ganzjährig feucht	Niederschlag
weniger als 60 Tage	weniger als 180 Tage	mehr als 180 Tage	mehr als 300 Tage	ganzjährig	mögliches Wachstum
Trockenheit					Pflanzen-wachstum eingeschränkt durch
nur mit Bewässerung (z.T. Versalzung)	nur mit Bewässerung (z.T. Versalzung)	eine Ernte, dürregefährdet	zwei Ernten, z.T. schlechte Böden	ununterbrochener Anbau, z.T. schlechte Böden	Anbau-möglichkeiten
Oasenkulturen, Baumwolle, Reis	Reis, Baumwolle	Hirse, Mais, Erdnüsse, Baumwolle	Maniok, Mais, Erdnüsse, Baumwolle	Maniok, Bananen, Kakao, Kaffee, Zuckerrohr, Edel-hölzer; (Wirtschafts-formen: Plantagen, Agroforstwirtschaft, Brandrodungsfeldbau)	Anbauprodukte
Kamele, Schafe	Schafe, Ziegen, Rinder, Kamele (Nomadismus)	Rinder, Schafe	Rinder		Viehhaltung

Trockengrenze des Regenfeldbaus

16080EX_32

Wetter und Klima – wichtig für das Leben auf der Erde

1. Interpol sucht Räuber – wer kennt den Aufenthaltsort? Löse die Aufgaben.

In den tropischen Regenwäldern auf Borneo wurde die Wunderpflanze „Eznalfprednuwa" gestohlen. In Verdacht steht ein gewisser Richy, der Interpol schon seit langem bekannt ist. Der Gangster hinterlässt sein Zeichen an den Tatorten: einen verknoteten Schnürsenkel. Interpol bittet, bei der Verfolgung des Täters zu helfen.

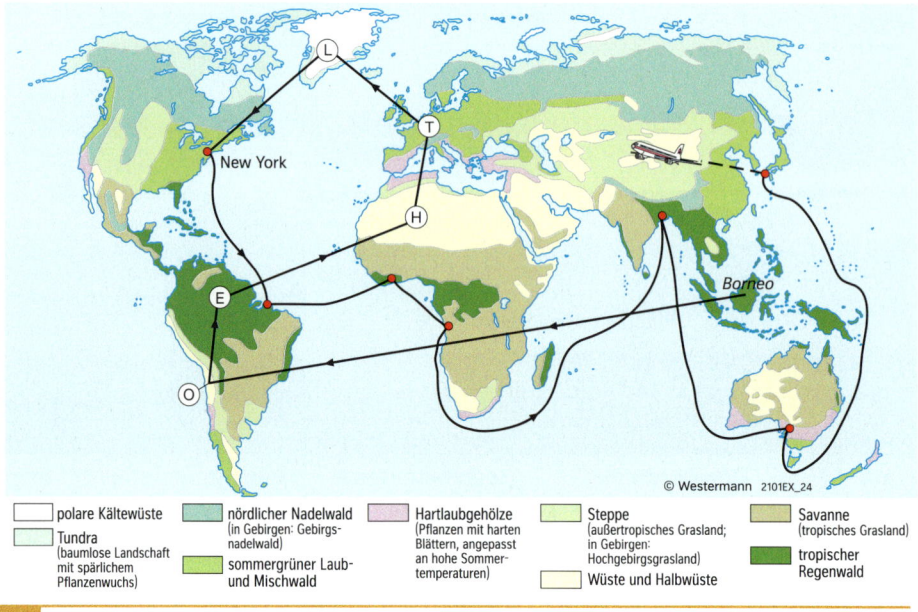

© Westermann 2101EX_24

polare Kältewüste

Tundra (baumlose Landschaft mit spärlichem Pflanzenwuchs)

nördlicher Nadelwald (in Gebirgen: Gebirgsnadelwald)

sommergrüner Laub- und Mischwald

Hartlaubgehölze (Pflanzen mit harten Blättern, angepasst an hohe Sommertemperaturen)

Steppe (außertropisches Grasland; in Gebirgen: Hochgebirgsgrasland)

Wüste und Halbwüste

Savanne (tropisches Grasland)

tropischer Regenwald

M1 Fluchtroute von Räuber Richy

Spur 1:

In New York ließ der Räuber Richy sein Smartphone mit fünf Bildern zurück, die er auf seiner Flucht aufgenommen hat. Wenn man die Bilder in der Reihenfolge 1 – 5 den Buchstaben der jeweiligen Aufnahmeorte (M1) zuordnet, erhält man den ersten Teil des Aufenthaltortes.

Spur 3:

Jetzt musst du die folgenden Fragen richtig beantworten. Der jeweils angegebene Buchstabe ergibt dann den letzten Teil des Verstecks von Richy.

a) Wodurch wird auf Grönland das Pflanzenwachstum eingeschränkt? (Umlaut als 1 Buchstabe!; 4. Buchstabe)
b) In welcher Landschaftszone wachsen die abgebildeten Pflanzen? (5. Buchstabe)

Spur 2:

In einem verschlüsselten Funkspruch nennt Richy Hafenstädte, in denen er bei seiner Flucht war (M1). Die ersten Buchstaben der Städte geben einen weiteren Hinweis auf Richys Aufenthaltsort.

STOP --- MELBE --- STOP --- JADINAB --- STOP --- DANLAU --- STOP --- TAKKALUT --- STOP --- LIDAEDAE --- STOP --- GANASIKA --- STOP

c) In welcher Landschaftszone wachsen nur niedrige Sträucher, Moose und Flechten? (5. Buchstabe)
d) In welcher Landschaftszone wächst mannshohes Gras? (8. Buchstabe)
e) Welche Landschaftszone hat Richy gemieden, weil er keine Nadeln mag? (1. Buchstabe)
f) Welche Gehölze wachsen im Mittelmeerraum? (2. Buchstabe)

Am Meer. „Ich leg mich nahe ans Wasser. Da weht immer ein leichter Wind."

2. Stimmt die Aussage in der Sprechblase? Erkläre.
Schülerbuch Seiten 24 – 25

Die Kabine eines Jumbo-Jets dehnt sich beim Aufsteigen in eine Flughöhe von 10 000 m über 10 cm aus.

4. Kaum zu glauben, aber wahr. Begründe.
Schülerbuch Seiten 24 – 25

Sommer: 30° im Schatten. Die Sonne brennt. Du bist im Schwimmbad. Die Betonplatten um das Schwimmbecken sind glühend heiß. Du nimmst Anlauf, springst – das ist Abkühlung! Herrlich!

5. a) Beschreibe die Fotos und ordne sie einer Landschaftszone zu (M2).
b) Werte die Klimadiagramme aus.
c) Ordne die Klimadiagramme den Fotos zu. Begründe deine Zuordnung.
Schülerbuch Seiten 36 – 37

3. Wieso sind die Platten so heiß und das Wasser kühl? Erkläre.
Schülerbuch Seiten 20 – 21

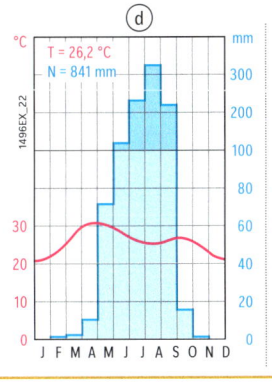
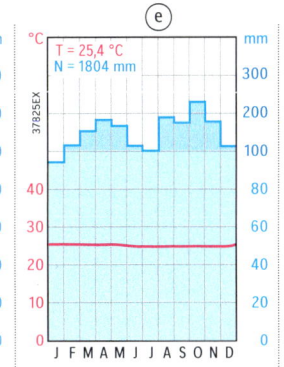
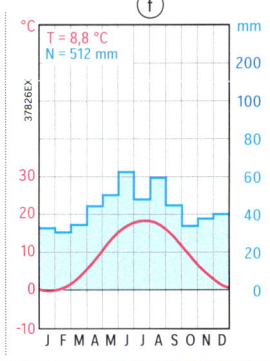

a b c d e f

M2 Vegetation ... ... und Klima passen zusammen.

Fachbegriffe

- der Äquator
- die Atmosphäre
- das Barometer
- die Beleuchtungszone
- der Breitenkreis
- die Datumsgrenze
- die Erdachse
- die Erdrevolution
- die Erdrotation
- die Galaxie
- der Geofaktor
- die geographi-
- schen Koordinaten
- der Globus
- das GPS
- das Gradnetz
- das Hoch
- das Klima
- die Klimazone
- die Kondensation
- der Längenhalbkreis (Meridian)
- die Landschaftszone
- der Luftdruck
- die Mittelbreiten (gemäßigte Zone)
- der Mond
- der Niederschlag
- der Nordpol
- der Nullmeridian
- das Ökosystem
- der Planet
- die Polarzone
- das Sonnensystem
- der Steigungs-
- regen
- der Stern (die Sonne)
- die Subpolarzone
- die Subtropen
- der Südpol
- das Tief
- der Tornado
- die Tropen
- die Vegetationszone
- die Verdunstung
- der Wasserkreis-
- lauf
- das Weltall
- das Wetter
- der Wind
- die Wolke
- die Zeitzone
- der Zenit

WES-105367-038

Leben und Wirtschaften in unterschiedlichen Klimazonen

Dieser Lastkahn fährt auf dem afrikanischen Fluss Kongo durch den tropischen Regenwald. Der Kongo ist eine wichtige Schifffahrtsstraße. Ungefähr 3 000 km sind schiffbar. Überlege, was der Lastkahn geladen haben könnte. Welche Güter aus dem tropischen Regenwald kennst du bereits? Was würdet ihr die Menschen auf dem Lastkahn fragen? Tauscht Vermutungen darüber aus, wie die Menschen im tropischen Regenwald leben und wirtschaften.

Am Kongo in der Demokratischen Republik Kongo. Der Kongo ist der zweitlängste und wasserreichste Fluss Afrikas.

Jugendliche aus vier Klimazonen

Das Leben von Ole in Norwegen, von Christian in Deutschland, von Aischa in Tunesien und Sasive in Kamerun unterscheidet sich.
Was hat das mit dem Klima zu tun?

1. a) Notiere, in welchen Klimazonen die Kinder leben (M1, S. 34 M1).

b) Zeichnet die Klimadiagramme von Folldal, Hamburg, Kairouan und Duala. Arbeitet in Gruppen und teilt euch die Arbeit auf.  152

c) Vergleicht das Klima in den vier Orten (Texte M2 – M5).

W 2. Wähle aus:

A Notiere weitere Informationen über das Klima in den vier Orten (M2 – M5).

B Beschreibe, wie das Klima das Leben der Menschen beeinflusst (M2 – M5).

3. Überprüfe, ob es einen Zusammenhang zwischen dem Klima und den Freizeitaktivitäten von Christian und Ole gibt (M2, M4).

D E 4. Sucht euch eines der Länder aus, aus denen die Kinder kommen.

a) Sucht im Internet nach Fotos aus dem Land. Gestaltet eine Diashow (Internet). 138

b) Recherchiert im Internet und dreht eine Reportage (Internet, Video mit Greenscreen-Technik) 138 143

c) Präsentiert eure Ergebnisse und gebt euch ein Feedback. 160

	°C	mm
J	1,7	68
F	2	54
M	4,5	59
A	9,1	54
M	13,3	69
J	16,3	77
J	18,5	90
A	18,1	82
S	14,9	64
O	10,5	60
N	6	59
D	3	68

Christian lebt in Hamburg. Hamburg ist eine Großstadt mit über 1,8 Millionen Einwohnern. Christian fährt gerne Fahrrad. Er erkundet die Stadt und das Umland auf seinen Fahrradtouren. Bei längeren Fahrten nimmt er manchmal auch den Zug, die S-Bahn oder den Bus. Es gibt viel zu entdecken im Gebiet an der Elbe. Christian stört sich nicht am Hamburger „Schmuddelwetter". Es regnet häufig, aber die Temperaturen fallen meistens nicht unter 2° Celsius. Dafür werden im Sommer selten Temperaturen von mehr als 22° Celsius erreicht. Es ist weder sehr heiß, noch sehr kalt. Regen gibt es zu jeder Jahreszeit.

M2 Christian lebt in Hamburg (Deutschland).

Das Klima beeinflusst das Leben

Ole, Christian, Aischa und Sasive haben eines gemeinsam: Sie wohnen in einem Ort, der auf dem Längengrad 10° Ost liegt. Ihr Leben ist aber sehr unterschiedlich. Ihre Wohnorte liegen auf unterschiedlichen Breitengraden. Deshalb ist das Klima anders. Das Klima beeinflusst das Leben der Jugendlichen.

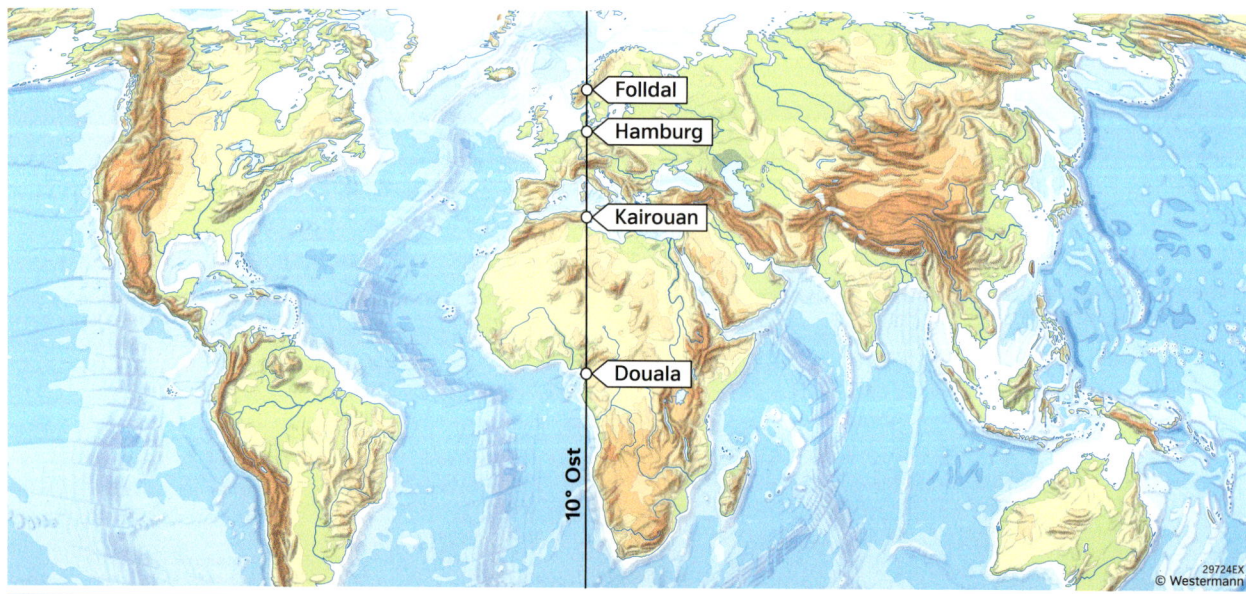

M1 Orte, in denen die vier Jugendlichen leben. Sie liegen alle auf dem Längengrad 10° Ost.

	°C	mm
J	26,6	82
F	26,9	107
M	26,8	227
A	26,5	294
M	26,1	313
J	25,2	310
J	24,5	370
A	24,4	358
S	24,7	352
O	25,2	377
N	25,7	271
D	26,4	113

Sasive lebt in Douala. Das ist eine Stadt in Kamerun mit fast zwei Millionen Einwohnern. Sasive lebt mit ihrer Familie in einer einfachen Hütte. Die Familie ist arm. Das Dach der Hütte wurde besonders sorgfältig erstellt, denn es regnet fast täglich, manchmal auch sehr heftig. Das ganze Jahr über ist es sehr warm. Die Familien treffen sich abends auf der Straße.
Sasive durfte als erste in ihrer Familie zur Schule gehen. Das Schulgeld zahlt die Caritas, eine Hilfsorganisation. Sasive möchte eine selbstständige Frau werden mit eigener Wohnung und Arbeit als Friseurin.

M3 Sasive lebt in Douala (Kamerun).

	°C	mm
J	10,8	33
F	11,4	24
M	14,4	36
A	17,6	27
M	21,6	20
J	26,2	7
J	29,3	2
A	29,1	10
S	25,4	35
O	21,3	41
N	15,9	27
D	12	25

Aischa lebt mit ihrer Familie in Kairouan. Das ist eine Stadt in Tunesien mit rund 118 000 Einwohnern. Wenn Aischa und ihr Bruder in der Altstadt einkaufen möchten, richten sie sich nach den Tagestemperaturen. Mittags ist es oft über 40° Celsius heiß, sodass Aischa und ihr Bruder erst nach 15 Uhr losgehen. Abends trifft man viele Menschen in den Restaurants und Cafés an. Sie sitzen dann meistens draußen. Es regnet selten im Sommer. Die meisten Niederschläge fallen im Winter. Im Winter sind die Temperaturen angenehm. Sie sinken selten unter 10° Celsius.

M5 Aischa lebt in Kairouan (Tunesien).

	°C	mm
J	-9	29
F	-6	17
M	-4	30
A	0	22
M	5	30
J	10	48
J	14	67
A	12	56
S	8	31
O	1	28
N	-4	20
D	-7	27

Ole und seine Schwester Svenja leben in Folldal, einer kleinen Stadt in Norwegen mit 1666 Einwohnern. Im Sommer machen sie Ausflüge, wandern in den Bergen oder fischen in den Seen. Sie haben sieben Wochen Sommerferien. Die Temperaturen können dann manchmal über 20° Celsius steigen. Sie müssen aber immer Regenkleidung mitnehmen, denn es regnet oft.
Im Winter sind die Tage kurz und die Temperaturen können auf unter -40° Celsius fallen. Ole und Svenja trainieren dann Ski-Langlauf, eine beliebte Sportart in Norwegen. Sie müssen das kurze Tageslicht nutzen und die Tage, an denen es nicht zu sehr schneit.

M4 Ole und seine Schwester Svenja leben in Folldal (Norwegen).

Formulierungshilfen

zu Aufgabe 1c:
Die Temperaturen sind im Verlauf des Jahres in ...
Am wärmsten ist es im ...
Am kältesten ist es im ...
Die maximale Monatsdurchschnittstemperatur in ... beträgt ...
Der Unterschied zwischen der höchsten und niedrigsten Monatsdurchschnittstemperatur beträgt in ...
Die Jahresdurchschnittstemperatur in ... beträgt ...
Niederschläge gibt es in ... in den Monaten ...
Es regnet häufig/wenig in ...
Die meisten Niederschläge fallen in ... im ...
Die geringsten Niederschläge fallen ...
Der Jahresniederschlag in ... beträgt ...

Die Gliederung der tropischen Zone

Die Tropen sind die Klimazone mit den höchsten Temperaturen auf der Erde. Was die Vegetation betrifft, so gibt es innerhalb der Tropen erhebliche Unterschiede.
Wie kommt es zu diesen Unterschieden?

1. Wähle aus:

A Ordne die Fotos in M2 den richtigen Landschaftszonen in M5 zu.

B Beschreibe die Merkmale der drei Landschaftszonen in M2.

2. Nenne drei Staaten, die in den trockenen Tropen und drei Staaten, die in den immerfeuchten Tropen Afrikas liegen (M3, Atlas).

3. Erkläre den Begriff „wechselfeuchte Tropen" (Text, M1, M3).

W 4. Wähle aus:

A Schreibe einen Bericht über das Wandern des Zenitstandes der Sonne über Afrika im Jahresverlauf (M1, Info). `162`

D **B** Erstelle ein Erklärvideo über das Wandern des Zenitstandes der Sonne über Afrika im Jahresverlauf (M1, Info). `145`

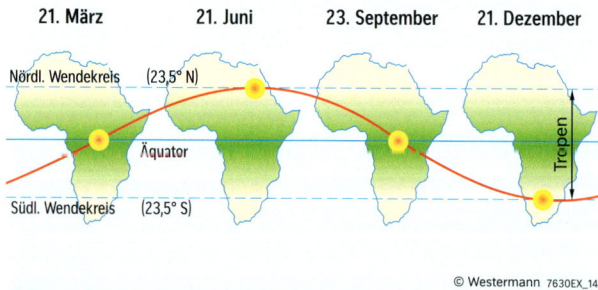

21. März   21. Juni   23. September   21. Dezember

Nördl. Wendekreis (23,5° N)
Äquator
Südl. Wendekreis (23,5° S)

Tropen

© Westermann 7630EX_14

M1 Das Wandern des Zenitstandes der Sonne über Afrika im Jahresverlauf

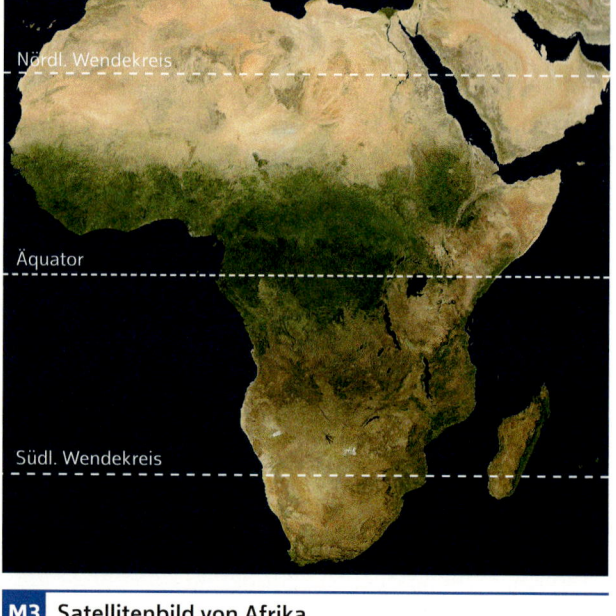

Nördl. Wendekreis
Äquator
Südl. Wendekreis

M3 Satellitenbild von Afrika

Die tropische Zone

Die tropische Zone liegt zwischen dem nördlichen und dem südlichen Wendekreis. Nur in den Tropen kann die Sonne im Zenit stehen. Das bedeutet, dass sie genau senkrecht auf die Erdoberfläche einstrahlt. Der wandernde Zenitstand beeinflusst die jährlichen Niederschläge.

Zwischen 10° nördlicher und 10° südlicher Breite ist es immer feucht und heiß. Man spricht von den immerfeuchten Tropen. Hier befinden sich die tropischen Regenwälder.

Nördlich und südlich der immerfeuchten Tropen liegen die wechselfeuchten Tropen. Typisch für diese Zone sind die nahezu ganzjährig gleichbleibenden hohen Temperaturen und die ausgeprägten Trocken- und Regenzeiten. Die Dauer der Regenzeit wird zu den Wendekreisen hin immer kürzer. Die Trockenzeit wird länger.

Auf der Höhe der Wendekreise regnet es kaum noch. Man spricht hier von den trockenen Tropen. Da kaum noch Pflanzen wachsen können, sind hier Wüsten entstanden.

A

B

C

M2 Typische Landschaftszonen der Tropen

M4 Regenzeit in der Trockensavanne

M6 Trockenzeit in der Trockensavanne

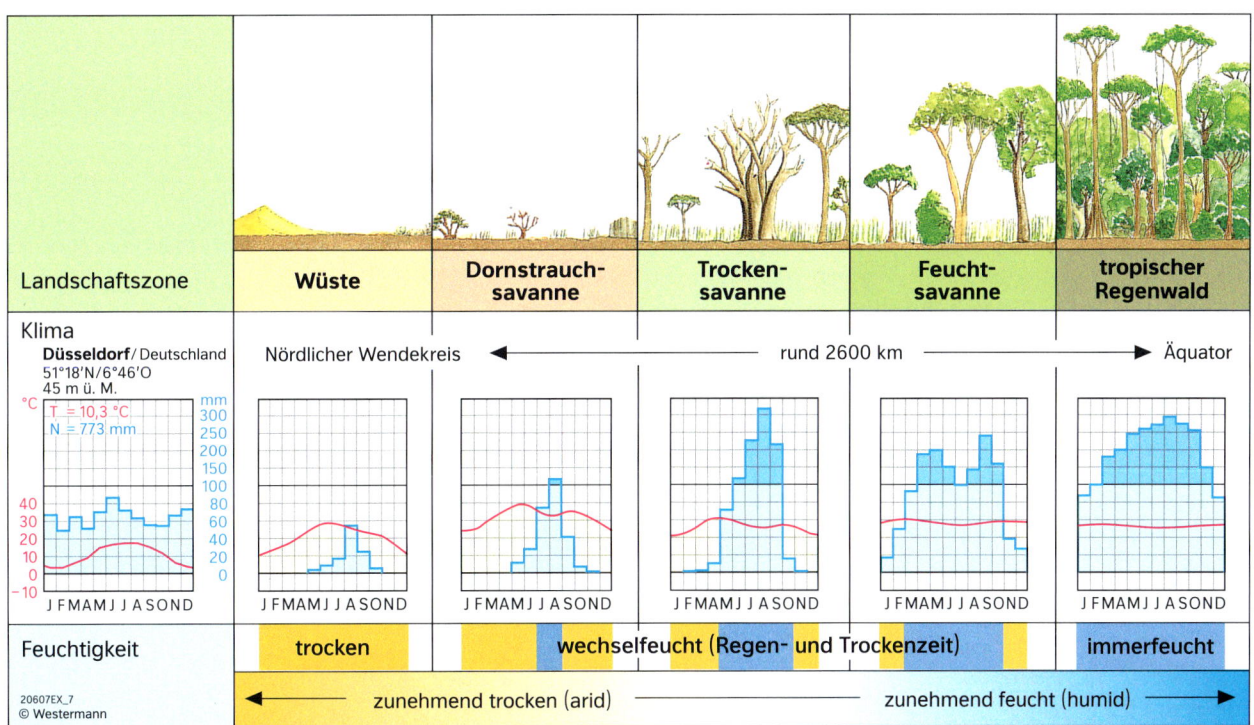

M5 Die Landschaftszonen der Tropen und ihre jeweiligen klimatischen Bedingungen

Wendekreise

Im Gradnetz der Erde wird ein Breitenkreis als Wendekreis bezeichnet, über dem die Sonne genau einmal im Jahr mittags senkrecht im Zenit steht. Es gibt den *nördlichen Wendekreis* auf der Nordhalbkugel. Er liegt auf 23,5 Grad nördlicher Breite. Auf der Südhalbkugel gibt es den *südlichen Wendekreis*. Dieser liegt auf 23,5 Grad südlicher Breite. Innerhalb der beiden Wendekreise steht die Sonne an zwei Tagen im Jahr mittags genau im Zenit.

Formulierungshilfen

zu Aufgabe 3:
Wechselfeucht bedeutet, dass es ... und ... Monate gibt.
In den Tropen gibt es Zonen mit ... und ... Monaten Regenzeit/ Trockenzeit.
Das sind die
... Tropen.
Sie liegen
zwischen ...

Der Naturraum tropischer Regenwald

Im tropischen Regenwald gibt es mehr als die Hälfte aller Pflanzenarten auf der Erde. Mindestens 25 000 Orchideenarten wachsen hier und 30 Millionen Tierarten leben im tropischen Regenwald. Der tropische Regenwald mit seiner üppigen Vegetation wächst auf schlechtem Boden. Inga ist erstaunt, als sie das erfährt. Wie kann das sein? Wie sieht der Naturraum tropischer Regenwald aus?

1. Beschreibe, wo es tropischen Regenwald gibt (Atlas, vgl. S. 34/35).

W 2. Wähle aus:

   A Schreibe eine Erlebniserzählung: Ein Tag im tropischen Regenwald. Bringe darin alle wichtigen Informationen über das Wetter ein (M1, M4). **162**

D   **B** Erstelle eine Reportage über einen Tag im tropischen Regenwald (M4, Internet, Video mit Greenscreen-Technik). **162** **143**

3. Der Boden des tropischen Regenwalds hat nur eine dünne Humusschicht. Erkläre, wieso trotzdem eine so üppige Vegetation wachsen kann (M3).

4. a) Beschreibe den Stockwerkbau des tropischen Regenwalds (M2).
   b) Vergleiche den tropischen Regenwald mit dem Wald in Deutschland (M2, M7).

E 5. Vergleiche das Klima in Manado mit dem von Köln-Wahn (M6).

Urwaldriesen (bis 60 m)

obere Baumschicht (bis 40 m)

mittlere Baumschicht (bis 20 m)

untere Baumschicht (bis 15 m)

Strauch- und Krautschicht (bis 10 m)

M2 Der Stockwerkbau des tropischen Regenwaldes

Ein Wald mit Stockwerken

Die Pflanzen im tropischen Regenwald wachsen in **Stockwerken**: Über der Kraut- und Strauchschicht folgen drei Baumschichten unterschiedlicher Höhe. Das dichte Blätterdach der oberen Baumschicht wird von einzelnen Bäumen, den Urwaldriesen, überragt. Man spricht vom Stockwerkbau des tropischen Regenwaldes. Die Bäume haben **Brettwurzeln**. Das macht sie standfester im feuchten Boden.

Tag in den Tropen (am Äquator) - ganzjährig

Tag in Deutschland am 21. März (Frühjahrsbeginn)

Tag in Deutschland am 21. Juni (Sommeranfang)

Tag in Deutschland am 23. September (Herbstbeginn)

Tag in Deutschland am 21. Dezember (Winteranfang)

142EX_34 © Westermann

M1 Vergleich von Tageslängen in der gemäßigten Zone und im tropischen Regenwald

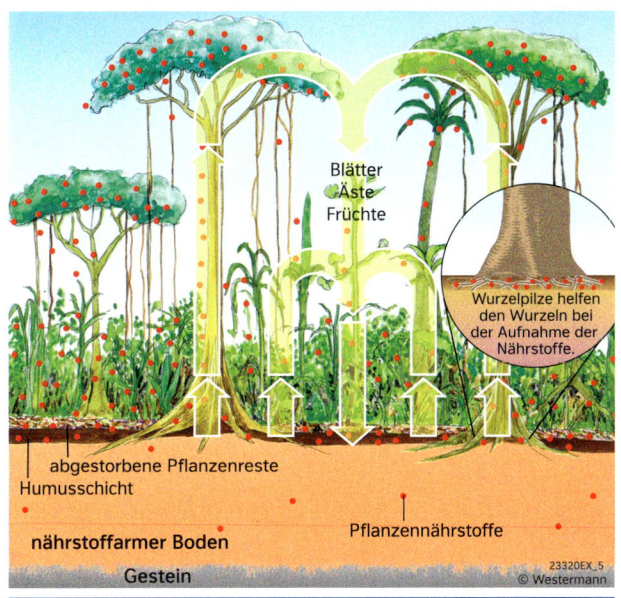

M3 Der geschlossene Nährstoffkreislauf im tropischen Regenwald

M5 Brettwurzeln

Der Nährstoffkreislauf des tropischen Regenwaldes

Im feuchtheißen Klima können Pflanzen gut wachsen. Es gibt keinen Herbst und Winter. Die Pflanzen wachsen ständig und werfen fortwährend Blätter und Äste ab. Ameisen, Käfer und Würmer zerkleinern die Pflanzenteile in nur wenigen Tagen. Pilze und Kleinstlebewesen im Boden zerlegen die Teilchen weiter. Es entsteht Humus. Darin sind Nährstoffe enthalten. Sie werden von den Wurzeln der Pflanzen mithilfe von Wurzelpilzen aufgenommen.

Der **Nährstoffkreislauf** ist geschlossen. Der Regenwald lebt also von sich selbst.

Außerdem schützt das Blätterdach den Boden. Die Regentropfen prallen nicht so hart auf den Boden. Das dichte Geflecht aus Wurzeln hält den Boden fest. So kann er nicht fortgeschwemmt werden.

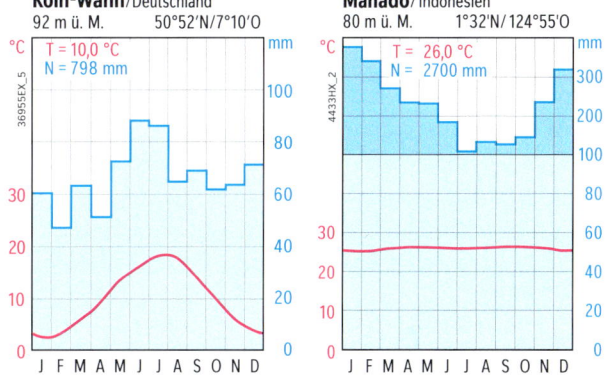

M6 Klimadiagramme von Köln und Manado im Vergleich

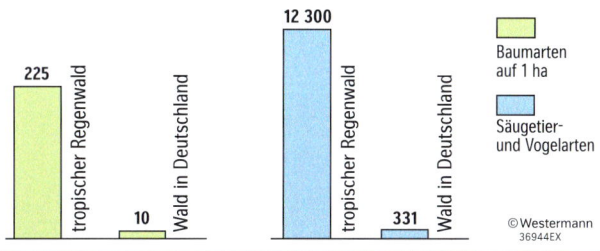

M7 Baum- und Tierarten in einem Wald in Deutschland und im tropischen Regenwald im Vergleich

Formulierungshilfen

zu Aufgabe 3:
Die Nährstoffe im tropischen Regenwald …
Die Pflanzen entnehmen dem Boden …
Da die Bäume das ganze Jahr hindurch Blätter abwerfen, entsteht fortwährend …

Fachbegriffe
- der Stockwerkbau
- die Brettwurzel
- der Nährstoffkreislauf

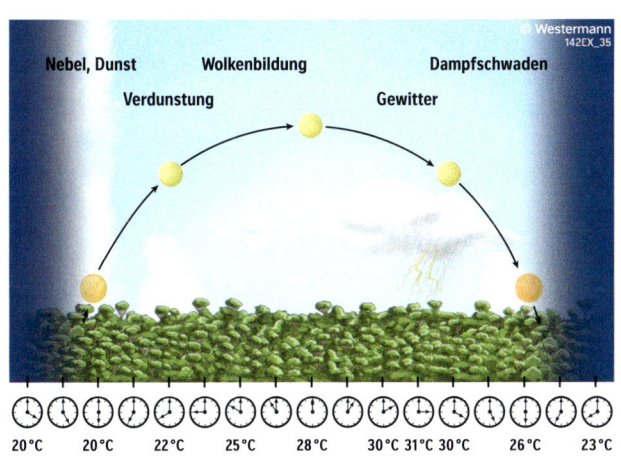

M4 Täglicher Ablauf des Wetters im tropischen Regenwald

Ackerbau im tropischen Regenwald

Seit Jahrtausenden leben Menschen im tropischen Regenwald. Sie ernähren sich von der Jagd und dem Sammeln von Früchten, aber auch vom Ackerbau. Wie betreiben die Bauern im tropischen Regenwald Ackerbau? Warum gibt es heute Probleme beim traditionellen Ackerbau?

W 1. Wähle aus:
Beschreibe den Ackerbau im tropischen Regenwald. **138**
A Liste die einzelnen Schritte nacheinander auf (M1, Text)
B Berichte aus der Sicht des Mannes in M1.

2. Erkläre, warum schon nach wenigen Jahren immer weniger geerntet werden kann (M6).

3. Beurteile, ob der Wanderfeldbau eine nachhaltige Nutzung des tropischen Regenwalds ist (M3, Text).

4. a) Beschreibe die Landwechselwirtschaft (M4).
b) Überlege, wie bei der der Landwechselwirtschaft die Felder im 5. Jahr genutzt werden. Erstelle eine Skizze (M4).
c) Beurteile diese Form der Landwirtschaft im Vergleich zum Wanderfeldbau (M2, M3, M4).

5. Beschreibe den Vorgang der Bodenerosion am Beispiel des tropischen Regenwaldes (Info).

E 6. Erkläre, wovon die Stärke der Bodenerosion abhängig ist (Info).

M1 Bevor angebaut werden kann, muss das Feld in mühevoller Arbeit angelegt werden.

Wanderfeldbau mit Brandrodung – eine angepasste Nutzung im tropischen Regenwald?

Die Ackerbauern im tropischen Regenwald betreiben **Wanderfeldbau**. Sie bauen Früchte für den Eigenbedarf an. Das nennt man **Subsistenzwirtschaft**.

Um ein Feld anlegen zu können, muss zuerst der Wald abgeholzt und abgebrannt werden. Das nennt man **Brandrodung**. Die Asche ist ein guter Dünger. Auf dem Feld können allerdings nur wenige Jahre Früchte angebaut werden, weil der Nährstoffkreislauf unterbrochen ist. Die Nährstoffe werden mit den Früchten abtransportiert, neue Nährstoffe gelangen nicht in den Boden.

Ist der Boden ausgelaugt, legen die Bauern ein neues Feld im Wald an. Wenn der Weg zum neuen Feld zu weit wird, verlagern die Bauern auch das Dorf.

Auf dem alten Feld wächst Wald nach. Lässt man dem Wald genug Zeit, um sich zu erholen, ist der Wanderfeldbau eine angepasste Nutzung des tropischen Regenwalds. Allerdings leben heute viel mehr Menschen im tropischen Regenwald als früher. Es werden immer mehr Flächen für den Anbau von Nahrungsmitteln benötigt. Die aufgegebenen Felder werden zu früh wieder genutzt. Der Wald kann sich nicht erholen.

INFO

Bodenerosion

Menge der Abtragung
(in Tonnen pro Jahr bei einer Fläche von 4000 m²)

dichter Wald mit Unterholz — 0 Tonnen

Mais — 30 Tonnen

keine Pflanzendecke — 60 Tonnen

2813EX_3 © westermann

Bodenerosion ist die Abtragung von Böden, die durch menschliche Eingriffe in die Landschaft verursacht wird. Die Abtragung geschieht durch Wasser, Wind oder Eis. Sie passiert dort, wo die schützende Pflanzendecke, z. B. durch Abholzung oder Überweidung, entfernt wurde. Werden der Boden und seine Humusschicht abgetragen, können nach wenigen Jahren keine Pflanzen mehr an dieser Stelle wachsen.

ERSTAUNLICH

Costa Rica (nur ein Beispiel) verliert jährlich etwa 860 Millionen Tonnen an wertvollem Mutterboden. Madagaskar, verliert so viel Boden durch Erosion, dass die Flüsse blutrot sind und den indischen Ozean verfärben. Astronauten können das sogar vom Weltraum aus sehen.

M2 Gerodete und abgebrannte Fläche im tropischen Regenwald

M5 Maisanbau auf einer gerodeten Fläche im tropischen Regenwald

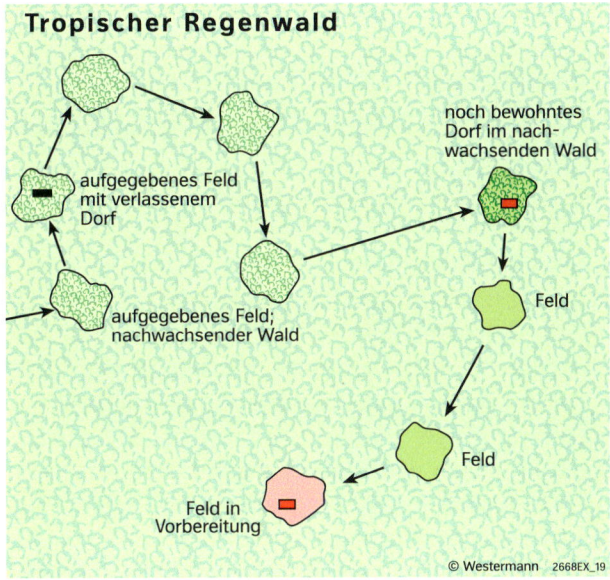

M3 Das Prinzip des Wanderfeldbaus im tropischen Regenwald (modellhaft dargestellt)

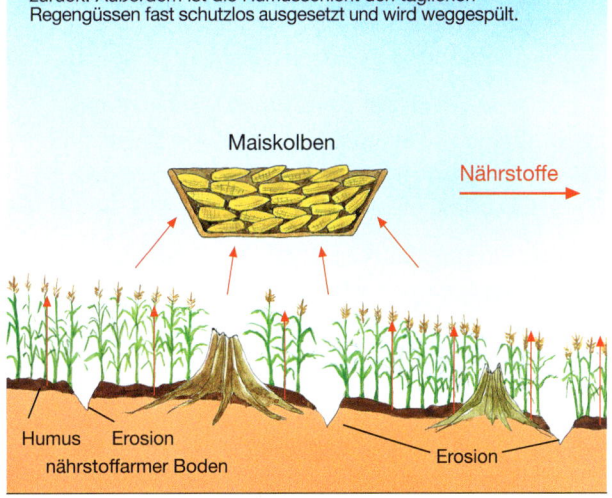

Die Nährstoffe werden mit den Früchten, z.B. Maiskolben, abtransportiert und gelangen nicht wieder in den Boden zurück. Außerdem ist die Humusschicht den täglichen Regengüssen fast schutzlos ausgesetzt und wird weggespült.

M6 Unterbrochener Nährstoffkreislauf im tropischen Regenwald

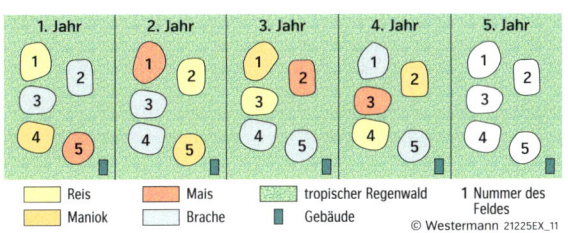

In vielen Gebieten des tropischen Regenwalds sind die Bauern zur **Landwechselwirtschaft** übergegangen. Im Gegensatz zum Wanderfeldbau werden dieselben Felder im Wechsel bearbeitet und die Dörfer bleiben an einem Ort. Die Bauern legen mehrere Felder an. Die Anbaufrüchte wechseln auf den Feldern und zwei Felder liegen immer brach. So kann sich der Boden erholen.

M4 Das Prinzip der Landwechselwirtschaft im tropischen Regenwald

Formulierungshilfen

zu Aufgabe 3:
Der Wanderfeldbau ist eine nachhaltige Nutzung, wenn …
Da aber …
Der Grund dafür ist, dass …
Der Wald kann sich also …
Deshalb ist der Wanderfeldbau heute …

Fachbegriffe

- der Wanderfeldbau
- die Subsistenzwirtschaft
- die Brandrodung
- die Landwechselwirtschaft

Nachhaltig wirtschaften im tropischen Regenwald

Heute leben viel mehr Menschen als früher im tropischen Regenwald. Sie alle müssen sich ernähren. Es wird aber immer schwieriger, neue Flächen für den Anbau zu finden. Außerdem sollen die Böden viele Jahre lang nutzbar sein. Wie kann man nachhaltig auf derselben Fläche Ackerbau betreiben?

1. Beschreibe die Lage von Ruanda (Atlas).

2. Beschreibe, wie man bei der Agroforstwirtschaft den natürlichen Nährstoffkreislauf des Waldes nutzt (M2, M3). **138**

W 3. Wähle aus:
Erkläre die Agroforstwirtschaft, indem du
A ein Wirkungsgefüge erstellst (M3, Text). **154**
B ein Erklärvideo erstellst (M3, Text). **145**

4. Überprüfe, ob die Agroforstwirtschaft nachhaltig ist. Berücksichtige dabei die Sicherung der Ernährung für die Bevölkerung und den Schutz des Regenwaldes (M1, M2, M3, Text).

5. Erstelle eine Tabelle mit den Vor- und Nachteilen der Agroforstwirtschaft (M1 – M4, Text). **140**

1200 Frauen waren am Projekt des FÖLT-Partnervereins Nyiramilimo („die fleißige Frau") beteiligt. Sie bekamen Beratung, Setzlinge und einen zinsfreien Kredit von 60 Euro, um die Investition für die Umstellung ihrer sehr kleinen Familienbetriebe stemmen zu können. Von ihrem beachtlichen Erfolg dabei profitieren nicht nur sie selbst – Ecofarming hat gleich mehrere Vorteile:
Wirtschaftlich: Das Jahreseinkommen der Betriebe vervierfachte sich von 30 auf 120 Euro.
Ökologisch: Zusammen pflanzten die Familien 200 000 Bäume und etwa 200 Kilometer Hecken. Dies stabilisiert das lokale Klima und Ökosystem.
Global: Der Beitrag zum Klimaschutz ist enorm, da Ecofarming-Bäume dauerhaft auf den Feldern stehen und jährlich viele tausend Tonnen CO_2 fixieren. […] Wir haben auf dem Feld viel zu tun. Die Mehrarbeit beim Ecofarming zahlt sich aber aus.

Quelle: Epiphanie Mukantwali: Ecofarming in Ruanda. Heidelberg: Verein zur Förderung des ökologischen Landbaus in den Tropen e.V. (FÖLT). https://www.foelt.org/Verein/Ausstellung_Ecofarming.pdf (Zugriff 24.10.2022)

M1 Sechs Jahre lang stellten in den Tälern des Mwura und des Mushaduka Bäuerinnen ihre Betriebe auf Agroforstwirtschaft (Ecofarming) um.

M2 Der Anbau unterschiedlicher Pflanzen in der Agroforstwirtschaft

Den Nährstoffkreislauf nachahmen

In einigen Ländern Afrikas, zum Beispiel Ruanda, haben die Menschen eine Möglichkeit gefunden, den Regenwald im **Dauerfeldbau** nachhaltig zu nutzen. Sie ahmen den Nährstoffkreislauf des tropischen Regenwalds nach.
Auf einem Feld wachsen Getreide und Gemüse als unterstes Stockwerk. Dazwischen stehen Obstbäume und Ölpalmen. Sie bilden ein zweites Stockwerk. Einige Bäume rodet man erst gar nicht, denn sie bilden das oberste Stockwerk. Aus den herabfallenden Blättern der Bäume kann neuer Humus entstehen. Allerdings reicht das noch nicht aus, um die Nährstoffe im Kreislauf zu halten. Hier kommt ein zweites Standbein der Landwirtschaft ins Spiel, die Viehhaltung. Sträucher werden an das Vieh verfüttert, die Tiere liefern natürlichen Dünger. Der Stalldung wird auf dem Feld verteilt. Und die Tiere liefern außerdem Milch und Fleisch.

INFO

Beim Dauerfeldbau im tropischen Regenwald werden die Felder dauerhaft (ohne Unterbrechung) genutzt.

INTERNET

Verwende folgende Suchbegriffe:
→ Ruanda Agroforstwirtschaft
→ Ruanda Ecofarming
→ foelt Ecofarming Ruanda

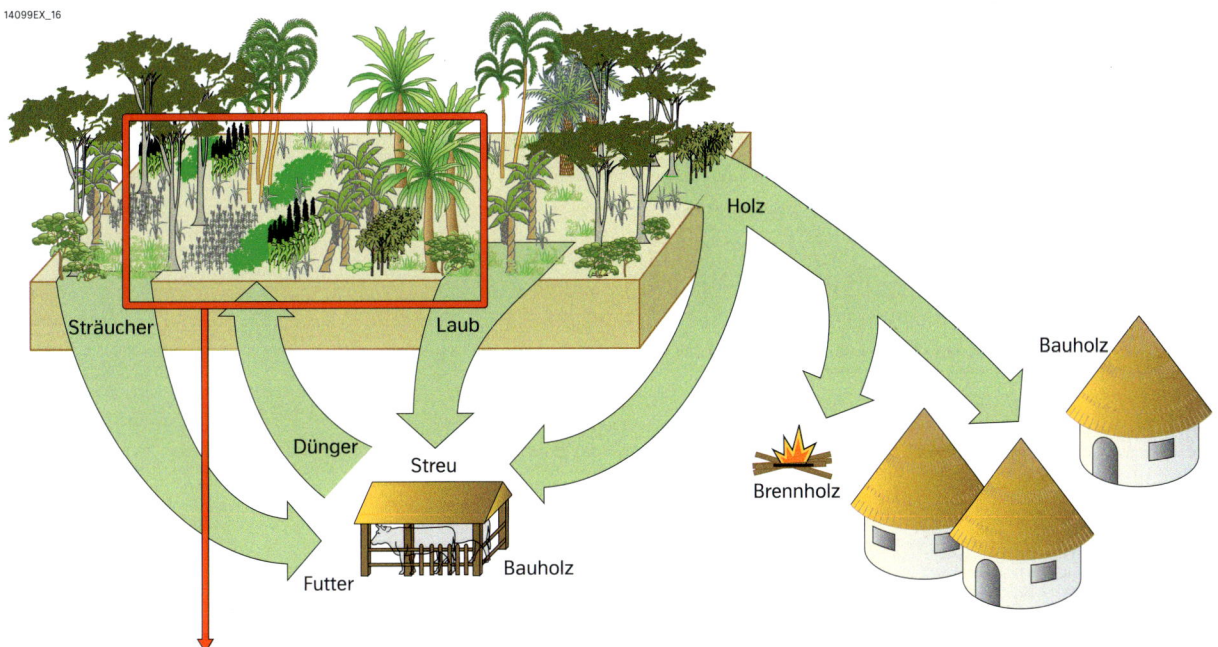

14099EX_16

Holz

Bauholz

Sträucher

Laub

Dünger

Streu

Brennholz

Bauholz

Futter

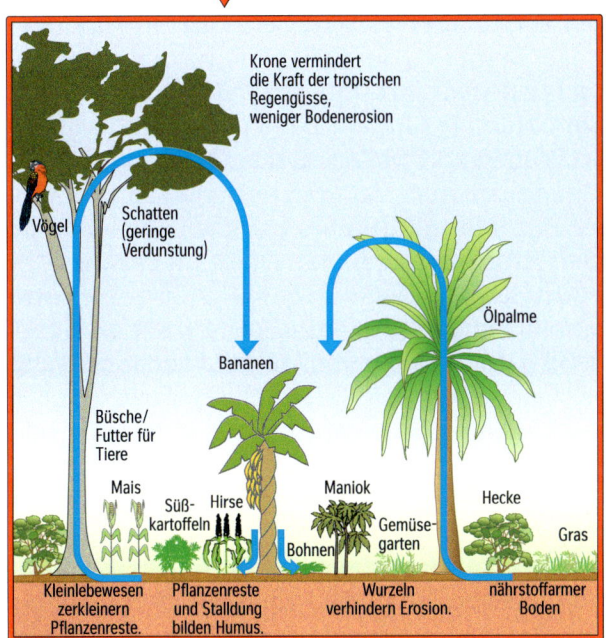

Krone vermindert die Kraft der tropischen Regengüsse, weniger Bodenerosion

Vögel

Schatten (geringe Verdunstung)

Ölpalme

Bananen

Büsche/ Futter für Tiere

Mais

Süß-kartoffeln

Hirse

Maniok

Hecke

Bohnen

Gemüse-garten

Gras

Kleinlebewesen zerkleinern Pflanzenreste.

Pflanzenreste und Stalldung bilden Humus.

Wurzeln verhindern Erosion.

nährstoffarmer Boden

Ackerbau und Viehhaltung sind zwei Standbeine der **Agroforstwirtschaft**. Sie sind wichtig für die Ernährung der Familien. Überschüsse können auf Märkten in der Umgebung verkauft werden. Die Bauern bauen Mais, Hirse, Süßkartoffeln und Gemüse an sowie Bananen und Ölpalmen.

Ein drittes Standbein ist die Nutzung der Bäume. Die Bäume liefern Brennholz und Bauholz sowie Streu für die Ställe. Sie sind außerdem wichtig für den Erhalt des Bodens. Ihre Wurzeln halten den Boden fest, das Blätterdach ist ein Schutz bei starken Regenfällen. So kann der Boden nicht so schnell fortgeschwemmt werden. Die Gefahr der Bodenerosion ist also geringer. Die Sträucher und Büsche werden als Viehfutter genutzt. Streu aus den Ställen ist natürlicher Dünger.

M3   Die Agroforstwirtschaft – eine Landwirtschaft „auf drei Beinen"

- Es können nur kleine Mengen produziert werden.
- Der Arbeitsaufwand bei der Bearbeitung der Felder ist groß. Neben den Arbeiten für den Ackerbau und die Tierhaltung muss noch Zeit für die Pflege der Bäume und Sträucher aufgewendet werden.
- Die Bauern müssen von der Agroforstwirtschaft überzeugt ausgebildet werden.
- Die Bäume, Sträucher und Nutzpflanzen müssen sich Licht, Nährstoffe, Wasser und den Raum zum Wachsen teilen. Es kann manchmal zu Problemen kommen.

M4   Nachteile der Agroforstwirtschaft

Formulierungshilfen

zu Aufgabe 4:
Nachhaltigkeit bedeutet …
Bei der … entsteht Humus durch ….
Bei der … Wird der Boden mit … gedüngt.
… wird der Nährstoffkreislauf …
Die … ist also nachhaltiger.

Fachbegriffe

- der Dauerfeldbau
- die Agroforstwirtschaft

Agrarfabriken im tropischen Regenwald

Beim Gang durch die Obstabteilung in einem Supermarkt kannst du die Vielzahl an Angeboten sehen: Ananas, Papayas, Bananen, Avocados, Mangos ... Das ganze Jahr kannst du Früchte einkaufen, die bei uns gar nicht wachsen. Woher kommen diese Früchte? Wie werden sie angebaut?

3883EX_38

1. Beschreibe, wie Bananen auf Plantagen angebaut werden (M1, M2, M3, Text). `138`

2. Beschreibe den Transport der Bananen von Amerika nach Europa (M3, Atlas).

3. Vergleiche die Arbeitsbedingungen auf der Plantage in Guatemala mit den Arbeitsbedingungen im Betrieb der Kleinbauern in Ecuador (M1, M6).

4. Vergleiche, wer an der Banane verdient (M5, M7).

5. Liste die Vorteile des fairen Anbaus von Bananen auf (M6, Text, Info).

6. Erkunde im Supermarkt, welche Bananen dort angeboten werden.

7. Der Kunde entscheidet und seine Entscheidung wirkt sich aus. Nimm Stellung zu dieser Aussage (Info).

D **E** 8. Erstelle ein Informationsblatt über eine Bananenreifungsanlage (Internet 1). `162`

D **E** 9. Erstelle Steckbriefe zu verschiedenen Tropenfrüchten (Internet 2). `167`

INTERNET 1
Hier kannst du dir einen Film über eine Bereifungsanlage ansehen.

WES-105367-052

Ich bin Manuel aus Guatemala. Ich lebe auf einer Bananenplantage. Meine Mutter arbeitet in der Verpackstation. Seit dem Tod meines Vaters muss ich mitverdienen. Ich muss jeden Tag schwere Bananenstauden schleppen. So eine Staude kann 50 kg wiegen. Meine Augen brennen, weil Flugzeuge giftige Pflanzenschutzmittel versprühen. Ich bekomme drei Dollar am Tag.

M1 Manuel erzählt.

M2 Bananenplantage in Guatemaa

Agrarfabriken im Regenwald

Tropenfrüchte wie Bananen werden auf **Plantagen** angebaut. Das sind viele Quadratkilometer große Betriebe, die meistens auf eine Anbaufrucht spezialisiert sind. Die Besitzer sind häufig internationale Firmen. Zu einer Plantage gehören Wege und Straßen, kleine Dörfer und Verarbeitungsanlagen. Auf den riesigen Flächen werden als **Monokultur** immer dieselben Bäume oder Sträucher gepflanzt. Diese müssen jedoch regelmäßig gedüngt und mit Pflanzenschutzmitteln behandelt werden, weil sie besonders anfällig für Krankheiten und Schädlinge sind. Der Dünger und die Gifte gelangen nicht nur in den Boden, sondern auch ins Grundwasser und in die Flüsse.

Die Produkte einer Plantage sind für den **Weltmarkt** bestimmt. Es handelt sich um eine **marktorientierte Produktion**. Am Verkauf der Produkte verdienen die Firmen deutlich mehr als zum Beispiel die Plantagenarbeiter. Einige Firmen beteiligen sich am **fairen Handel** und setzen sich so für mehr Gerechtigkeit ein.

INTERNET 2
Im Internet findet ihr viele Informationen zu verschiedenen Tropenfrüchten.
Suchbegriffe:
→ exotische Früchte
→ Quarks Banane

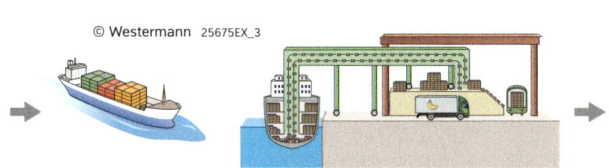

© Westermann 25675EX_3

12–16 Tage im Kühlschiff bei 13,2 °C

M3 Transport nach Europa

M4 Bei der Ernte: Bananenstauden werden abgeschnitten.

Ich bin Raúl aus Ecuador. Mein Vater ist Bauer und unsere Familie lebt vom Anbau und Verkauf von Bananen. Im Vergleich zu früher hat sich unser Leben deutlich verbessert. Wir waren sehr arm, bis sich mein Vater einem Bauernverband angeschlossen hat. Der Verband hat dafür gesorgt, dass jeder ein kleines Stück der Bananenplantage als Eigentum bekam. Viele kleine Bauernverbände haben sich in dem großen Verband UROCAL zusammengeschlossen. UROCAL verkauft unsere Bananen nicht mehr an die Großkonzerne, sondern an kleine Firmen oder Vereine in Europa. Diese bezahlen einen fairen Preis.
Der Bauernverband hat uns gezeigt, wie man Bananen ganz ohne chemische Düngemittel anbaut. Wir haben seitdem viel besseres Trinkwasser. Es wurden auch eine Schule und eine Apotheke eingerichtet.

M6 Raúl erzählt.

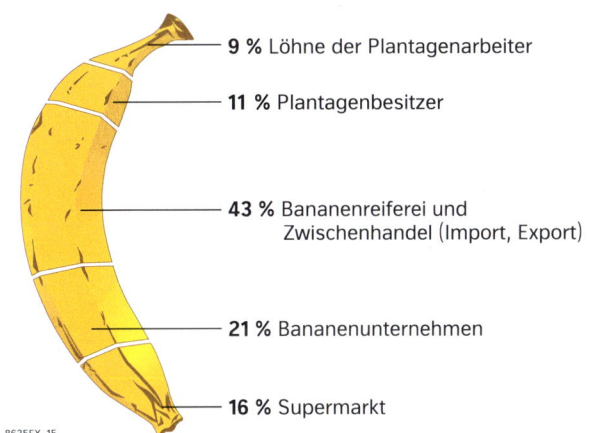

9 % Löhne der Plantagenarbeiter

11 % Plantagenbesitzer

43 % Bananenreiferei und Zwischenhandel (Import, Export)

21 % Bananenunternehmen

16 % Supermarkt

8635EX_15

M5 Wer verdient an der Banane?

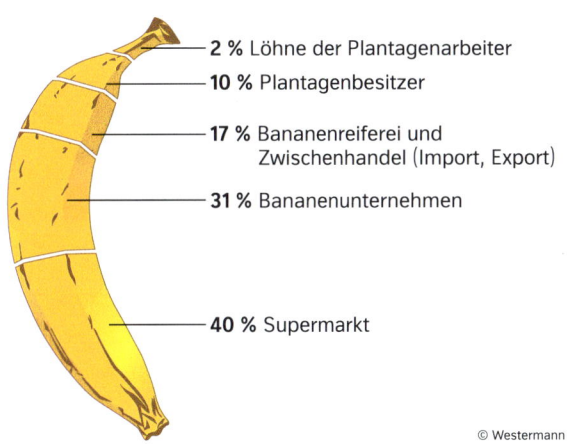

2 % Löhne der Plantagenarbeiter

10 % Plantagenbesitzer

17 % Bananenreiferei und Zwischenhandel (Import, Export)

31 % Bananenunternehmen

40 % Supermarkt

© Westermann

M7 Wer verdient an der Bio-Banane aus fairem Anbau?

Fairer Handel (Fairtrade; fair, englisch = gerecht; trade, englisch = Handel) ist eine Handelspartnerschaft, die nach mehr Gerechtigkeit im Welthandel strebt. Das Fairtrade-Siegel zeigt, dass Bauern und Beschäftigte in weniger entwickelten Ländern gefördert werden und die Umwelt geschont wird.

Formulierungshilfen

zu Aufgabe 1:
Auf einer Bananenplantage werden nur …
Es handelt sich um eine …
Auf riesigen Feldern …
Es wird … eingesetzt, um den Boden zu verbessern.
Es werden … eingesetzt, um .. zu bekämpfen.
Die Bananen werden … geerntet.

Fachbegriffe

- die Plantage
- die Monokultur
- der Weltmarkt
- die marktorientierte Produktion
- der faire Handel

Soja und Fleisch aus Amazonien

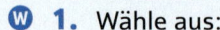
Amazonien

3883EX_39

Amazonien ist das größte zusammenhängende Regenwaldgebiet der Erde. Doch immer mehr Regenwald wird abgeholzt, oft auch illegal. Dafür verantwortlich sind unter anderem wenige brasilianische Agrarunternehmen. Sie legen Soja-Plantagen oder Rinderfarmen an. Warum ist das so? Welche Auswirkungen hat das und inwiefern sind wir in Deutschland mit dafür verantwortlich?

W 1. Wähle aus:
   A Beschreibe den Sojaanbau in Amazonien (M1, Text).
   B Beschreibe die Rinderhaltung in Amazonien (M3, Text).
   Stellt euch gegenseitig eure Ergebnisse vor und gebt ein Feedback. 160 ▶

2. Erkläre, inwiefern sich unser Konsum auf Amazonien auswirkt (Erstaunlich, Text).

3. Erörtere die Empfehlung der Experten zu unserem Fleischkonsum (M2).

4. Erarbeite ein Interview mit einem Rinderzüchter oder einem Besitzer einer Sojaplantage in Amazonien. Gehe bei den Fragen auf die Auswirkungen der Landwirtschaft ein. Formuliere auch die Antworten (M1, Text). 162 ▶

5. Erkläre den Zusammenhang zwischen der Abholzung des tropischen Regenwalds und dem Weltklima (M4).

D E 6. Führt eine Erkundung im Supermarkt durch. Listet Produkte auf, in denen Soja verwendet wird. Erstellt eine PowerPoint Präsentation zu euren Ergebnissen. 142 ▶

M1 Sojaanbau im tropischen Regenwald

Sojaanbau in Amazonien

Die klimatischen Bedingungen für den Anbau von Soja sind in Amazonien gut. Dort wird Soja auf riesigen Flächen (Plantagen) angebaut. Die Sojapflanze hat ein kräftiges Wurzelwerk und kann Nährstoffe gut aus dem Boden aufnehmen. Sie wächst also auch auf den nährstoffarmen tropischen Böden. Gezielte Düngergaben erhöhen den Ertrag.

Um eine Sojaplantage anlegen zu können, muss der tropische Regenwald abgeholzt werden. Die großflächigen Rodungen wirken sich auf die Artenvielfalt und das Klima aus.

Die Sojabohne ist proteinhaltig und wird vor allem als Futter in der Viehhaltung eingesetzt. Die Besitzer der Plantagen sind überwiegend Großgrundbesitzer. Sie produzieren für den Weltmarkt. Es handelt sich um eine marktorientierte Produktion.

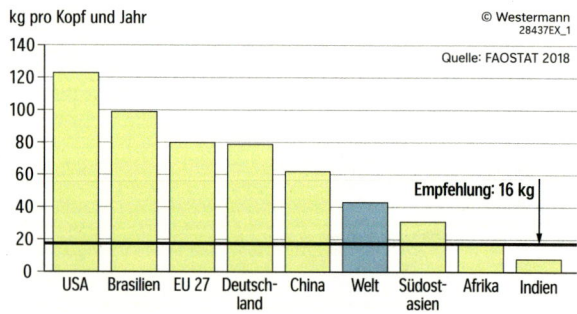

kg pro Kopf und Jahr   © Westermann 28437EX_1
Quelle: FAOSTAT 2018

Empfehlung: 16 kg

USA · Brasilien · EU 27 · Deutschland · China · Welt · Südostasien · Afrika · Indien

Ein Team internationaler Wissenschaftler empfiehlt, den durchschnittlichen Konsum von Fleisch pro Person auf etwa 300 Gramm pro Woche (16 kg/Jahr) zu reduzieren. Nur so könne man die Auswirkungen auf das Klima verringern.

M2 Weltweiter Fleischkonsum

M3 Rinderhaltung in Amazonien

Rinderfarmen in Amazonien

Mehr als die Hälfte aller abgeholzten Flächen im Amazonasgebiet sind heute Weidegebiete. Um eine Weide anzulegen, werden zunächst die Bäume gefällt und die Fläche wird abgebrannt. Dann werden mit Flugzeugen Grassamen ausgesät. Schon bald ist das Gras so hoch, dass man Rinder darauf weiden lassen kann. Die **Viehwirtschaft** ist eine nicht angepasste Nutzung. Ein Rind braucht eine relativ große Fläche, weil die Böden schlecht sind und das Gras auf diesen Böden nicht so gut wächst. Deshalb sind die Rinderfarmen in Amazonien riesengroß.

Der weltweit steigende Fleischkonsum wird zu noch mehr Rodungen in Amazonien führen. Die niedrigen Preise für Fleisch im Supermarkt tragen dazu bei, dass ein Verzicht auf Fleisch für viele Konsumenten nicht in Frage kommt.

Wissenschaftler bezeichnen den Amazonas-Regenwald als die Klimaanlage unserer Erde. Der Regenwald gibt jährlich rund sieben Billionen Tonnen Wasser in die Atmosphäre ab und reguliert so nicht nur das Klima in Südamerika, sondern weltweit. Die Zerstörung des Amazonas-Regenwaldes schadet dem Klima daher gleich doppelt. Mit der Brandrodung wird die Welt-Klimaanlage zerstört und die Brände verursachen zudem die Emission großer Mengen des Klimakillers CO_2 [Kohlenstoffdioxid]. [...]

Die in Brasilien angebaute Soja wächst meist auf großflächigen Monokulturen: Soja-Bohnen – soweit das Auge reicht und Totenstille. Denn auf solchen Feldern gibt es keinen Lebensraum für Vögel und andere Nützlinge. Die einzigartige Vielfalt von Pflanzen und Tieren wurde durch eine kleine Bohne ersetzt. Doch Monokulturen sind auch verantwortlich für Bodenerosion und den massiven Einsatz von chemischen Düngern und Pestiziden.

Quelle: Zusammenfassung des Greenpeace-Reports „Eating up the Amazon". Hamburg: Greenpeace e. V., 01.04.2006. https://www.greenpeace.de/themen/waelder/wir-essen-amazonien-auf (Zugriff: 24.10.2022) (verändert)

M4 Auswirkungen der Abholzung des tropischen Regenwalds

INTERNET

Suchbegriffe:
→ wwf Soja
→ Faszination Regenwald Soja
→ Rindfleisch Brasilien Boykott

INFO

Soja

Die Sojabohne stammt ursprünglich aus Ostasien. In ihrem Aussehen ähnelt sie unserer Buschbohne. Soja wird vor allem zur Gewinnung von Sojaöl angebaut. Das Öl dient als Lebensmittel, aber auch für die Produktion von Biotreibstoff. Soja ist ebenso ein wichtiges Futtermittel für die Viehhaltung.

Formulierungshilfen

zu Aufgabe 5:
Der tropische Regenwald beeinflusst das Weltklima, denn ...
Er gibt jährlich ...
Wird der Wald gerodet, ...
Außerdem gelangen bei der Brandrodung große Mengen an ... in die Luft.
... wirkt/wirken sich auf das Weltklima aus.

Fachbegriff

■ die Viehwirtschaft

In den wechselfeuchten Tropen

Halima gehört zum Volk der Kababish, einem Nomadenvolk. Die Kababish Nomaden leben in den Savannen der wechselfeuchten Tropen.

Wie ist die Lebensweise der Kababish und wie haben sie sich an ihren Lebensraum angepasst?

1. Stelle die Wanderrouten der Kababish Nomaden dar (M2).

2. Beschreibe den Lagerplatz von Halima und ihrer Familie (M4). `138`

3. Nenne die drei Savannenarten und erläutere den Zusammenhang zwischen Klima und Vegetation (Text, M6, S. 45 M5).

4. a) Zeichne anhand der Klimadaten ein Klimadiagramm von El Fasher (M1). `152`
b) Werte das Klimadiagramm von El Fasher aus. `151`

W 5. Wähle aus:
A Beschreibe, wie sich Menschen und Tiere dem Wechsel von Regen- und Trockenzeiten angepasst haben (Text, M2 – M5).
B Beschreibe das Leben der Kababish und vergleiche es mit deinem Leben in Deutschland (Text, M2 – M5).

6. Beurteile, ob das Leben der Nomaden nachhaltig ist. Berücksichtige die steigende Bevölkerungszahl und die Anzahl der Tiere.

M3 Halima vom Volk der Kababish Nomaden in der Savanne

Leben im Takt der Regenzeiten

An den tropischen Regenwald schließen sich in Richtung der Wendekreise die Savannen an. Hier wechseln sich Regenzeiten und Trockenzeiten ab. In Regenzeiten regnet es fast täglich. In den Trockenzeiten fällt oftmals über Monate kein Tropfen Wasser vom Himmel. Abhängig von der Länge der Regenzeit unterscheidet man die **Feuchtsavanne** mit artenreichen, zum Teil immergrünen Wäldern, die **Trockensavanne** mit lockerem Baumbestand und die **Dornstrauchsavanne** mit einzelnen Bäumen und niedrigen Dornsträuchern.

Die **Nomaden** haben sich an die Bedingungen in den Savannen angepasst. Sie ziehen dem Regen hinterher und lassen ihre Kamele, Rinder und Ziegen in der ergrünten Savanne weiden. Wenn die Regenzeit vorbei ist, geben sie ihren Lagerplatz auf und ziehen weiter.

Monat	°C	mm
Januar	17,2	1
Februar	18,1	2
März	17,5	2
April	15,7	2
Mai	15,1	0
Juni	15,2	0
Juli	13,0	0
August	12,1	0
September	12,6	0
Oktober	13,7	0
November	14,9	1
Dezember	16,4	0
Jahr	*15,1*	*8*

M1 Klimadaten von El Fasher (Sudan)

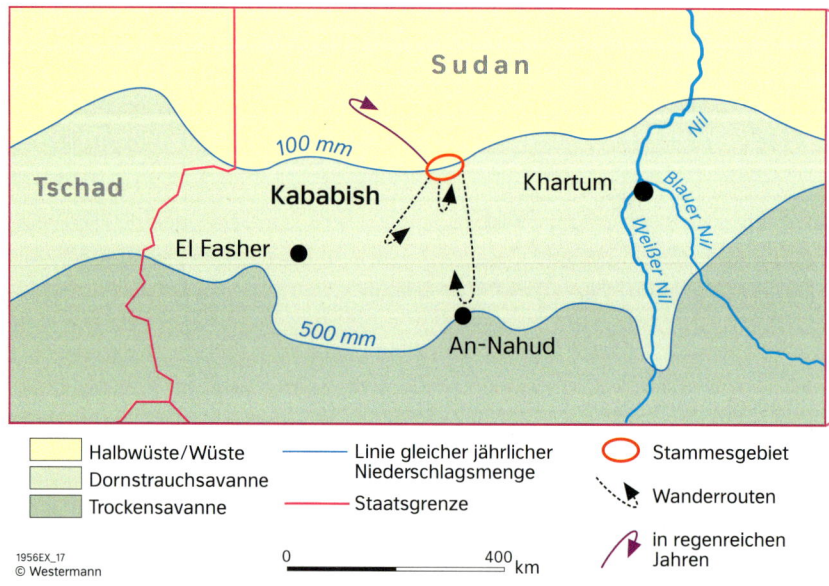

M2 Wanderungen der Kababish

M4 Halima und ihre Familie mit ihrer Hütte an einem neuen Lagerplatz

„Bis zu vier Monate lang kein frisches Trinkwasser zu haben, in Zelten oder in verpackbaren Hütten ohne Strom und ohne Waschgelegenheit mitten in der Wüste zu leben – das ist für euch wohl kaum vorstellbar.

Für uns, die Kababish, einen Nomadenstamm im Sudan, ist das aber ganz normal. Wir kennen die Natur. Immer, wenn es eine anhaltende Regenzeit gab, wissen wir: Hunderte Kilometer nördlich von unserem Stammesgebiet entfernt, ist mitten in der Wüste auf über 1000 m Höhe frisches Gras gewachsen! Dann machen sich unsere jungen Männer auf und treiben die Kamele dorthin. Den Tieren reicht die Feuchtigkeit der Pflanzen, die Männer trinken die Milch der Kamele. Wir anderen Stammesmitglieder bleiben bei den Rindern, Schafen und Ziegen an den Wasserstellen in der Savanne. Wenn der Weideplatz verbraucht ist, ziehen wir weiter. Angst haben wir vor lang anhaltenden Dürren."

M5 Halima berichtet über das Volk der Kababish.

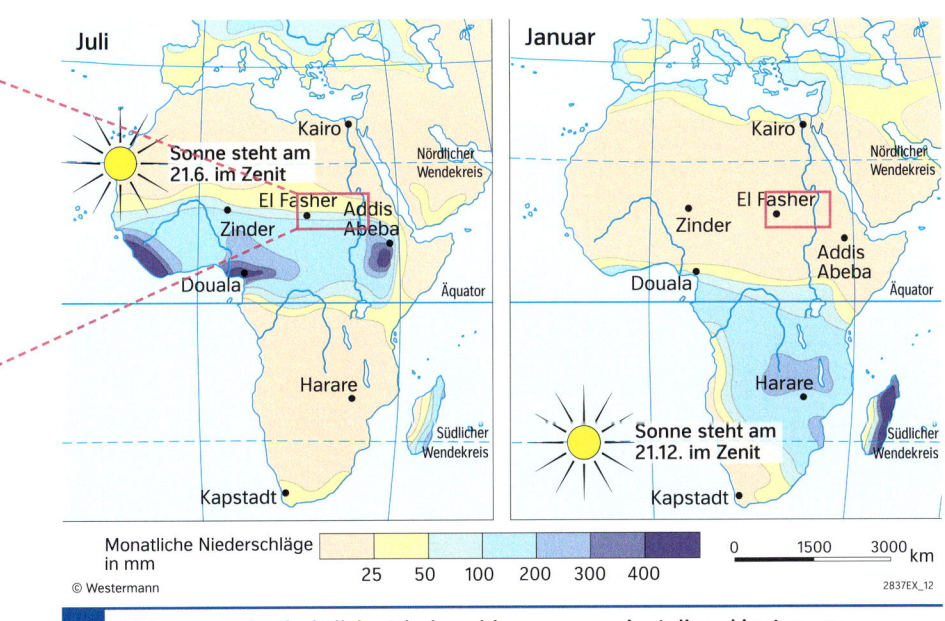

M6 Afrika – durchschnittliche Niederschlagsmengen im Juli und im Januar

Formulierungshilfen

zu Aufgabe 6:
Einerseits …
Andererseits …
Wenn …, dann …
Nur wenn …

Fachbegriffe

- die Feuchtsavanne
- die Trockensavanne
- die Dornstrauch-savanne
- die Nomaden

Der Sahel – leicht verwundbar

Die Savannen nehmen immer mehr Schaden. Häufig beweiden zu viele Tiere zu oft hintereinander die weiten Flächen. So bleibt nicht genügend Zeit übrig, in der sich der Boden erholen und das Gras nachwachsen könnte. Wie konnte es dazu kommen?

1. a) Beschreibe die Lage des Sahel (M3).
   b) Nenne die Länder (1 – 12), die Anteil am Sahel haben (M3).

2. Beschreibe die Entwicklung der Viehbestände in Mali (M1).

W 3. Wähle aus:
   A Erläutere den Wasserhaushalt bei natürlicher und bei gestörter Vegetation (M6).
   B Erstelle mithilfe von M5 eine Conceptmap, in der du die Auswirkungen von übermäßiger Wassernutzung im Sahel darstellst (M1, M7, M8, Text). 154 ▶

D 4. Desertifikation gibt es nicht nur im Sahel. Recherchiere im Internet, welche Gebiete in Europa auch von Desertifikation betroffen sind. 138 ▶

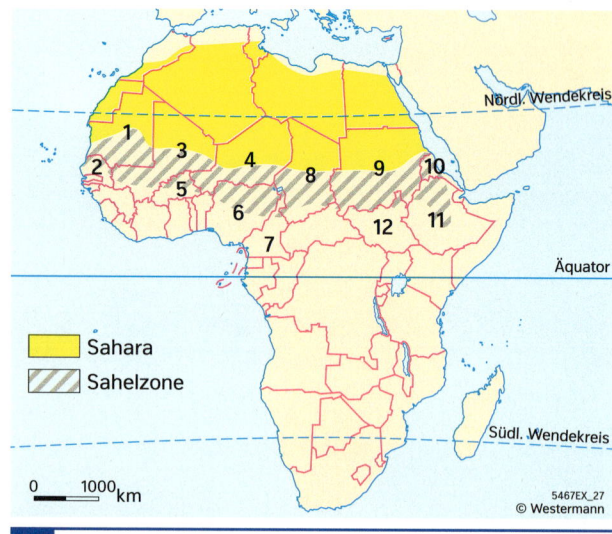

M3 Lage des Sahel

Nomaden im Sahel

Die trockenen Gebiete am Südrand der Sahara werden als Sahel bezeichnet. Durch das starke Bevölkerungswachstum im Sahel hat auch die Größe der Viehherden zugenommen. Um an mehr Wasser für die Herden zu gelangen, wurden Tiefbrunnen gebaut. Durch das nun verfügbare Wasser werden die Herden noch größer und das Weideland wird übermäßig stark genutzt. Durch diese Überweidung der viel zu großen Viehbestände sterben viele Bäume und Büsche ab und der Boden trocknet aus.

Die Ackerbauern bauen gleichzeitig immer mehr Feldfrüchte in Gebieten an, die wegen der niedrigen Niederschläge für Ackerbau nicht geeignet sind. Sträucher und kleine Bäume werden als Bauholz und Brennholz verwendet. So wird das Ökosystem der Savannen immer mehr gestört. Wegen der Übernutzung durch die Menschen kommt es zur **Desertifikation**. Das Gebiet trocknet immer mehr aus.

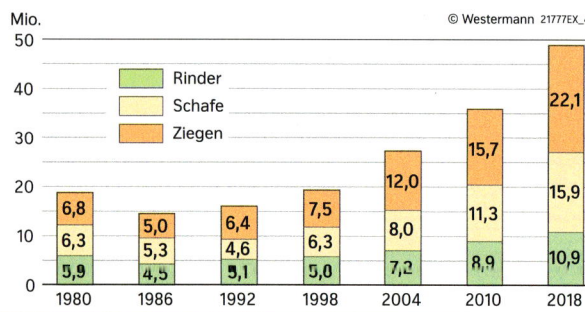

M1 Entwicklung der Viehbestände in Mali

M2 Überweidetes Trockengebiet in der Sahelzone

M4 Ziegenherde in Mali

M7 Holztransport im Sahel

M5 Ursachen der Desertifikation

Vergrößerung der Viehherden

übermäßig starke Nutzung des Weidelands

Zerstörung des Bodens und der Pflanzendecke

Austrocknung des Bodens

Desertifikation

Anlage von Tiefbrunnen

Überweidung um die Wasserstellen

Übernutzung des Bodens

Ackerbau in Gebieten mit wenig Niederschlag

Bäume und Sträucher als Brennholz

2768EX_3

Im Süden des Sahel ist aufgrund der etwas höheren Niederschläge der Anbau von Feldfrüchten mit geringem Wasserbedarf möglich. Traditionell bauen dort Familien als Hackbauern Hirse, Maniok und Kartoffeln an. Beim Hackbau werden Felder mit Hacken und Grabstöcken bearbeitet. Die Bevölkerungszahl im Südsahel wächst und mit ihr auch der Bedarf an Nahrungsmitteln. Anbauflächen werden vergrößert und teilweise werden die Ruhezeiten für die Felder nicht mehr eingehalten. Außerdem sind viele Nomaden sesshaft geworden. Das hat zur Folge, dass sich die Böden nicht mehr erholen können. So kommt es auch hier schrittweise zur Wüstenbildung.

M8 Hackbauern im Sahel

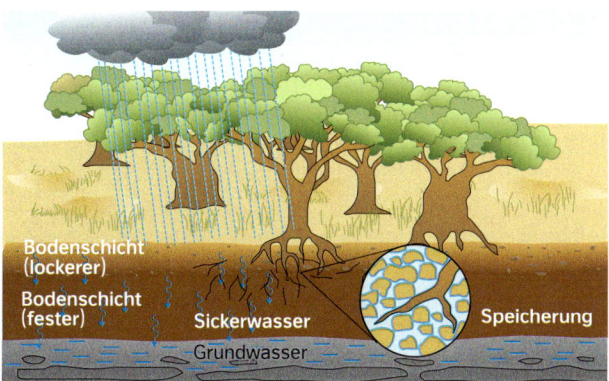

Bodenschicht (lockerer)
Bodenschicht (fester)
Sickerwasser
Grundwasser
Speicherung

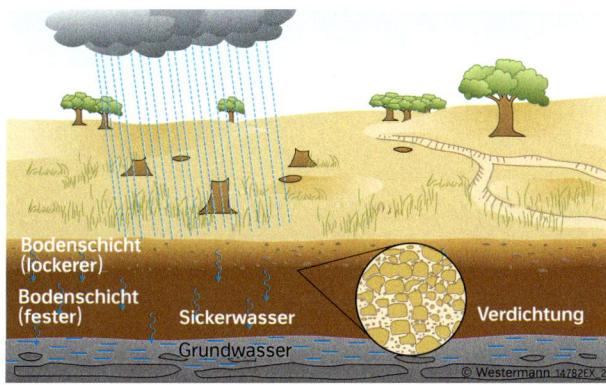

Bodenschicht (lockerer)
Bodenschicht (fester)
Sickerwasser
Grundwasser
Verdichtung

© Westermann 14782EX_2

M6 Wasserhaushalt bei natürlicher und bei gestörter Vegetation

Formulierungshilfen

zu Aufgabe 2:
Die Viehbestände insgesamt sind seit/zwischen ... angestiegen/zurückgegangen.
Insbesondere seit/zwischen ... ist ein starker Anstieg/Rückgang zu verzeichnen.
... waren die Anteile der Rinder, Schafe und Ziegen ungefähr gleich.
Seit ... nimmt der Anteil der ... stark zu.
... beträgt der Anteil der ...

Fachbegriff

■ die Desertifikation

In der Wüste – Menschen leben mit der Trockenheit

Die Wüste Sahara liegt in den trockenen Tropen und trockenen Subtropen. Sie ist die größte Wüste der Erde. Sie ist ein lebensfeindlicher Raum und dennoch leben etwa fünf Millionen Menschen hier.
Wie haben sich die Menschen an den Naturraum angepasst? Wie können sie mit der Trockenheit leben?

1. Beschreibe die in M4 abgebildete Oase.

2. Werte das Klimadiagramm von El Menia aus (M1). `151`

3. Die Häuser in der Oase haben nur wenige und sehr kleine Fenster. Begründe, inwiefern diese Bauweise eine Anpassung an das Klima ist.

4. Erläutere, wie die Oasenbauern Anbau betreiben (M3, M6).

Ⓦ 5. Wähle aus:
Berichte über die Nutzung der Dattelpalme (M8), indem du
A einen Text schreibst.
B eine Tabelle anlegst. `140`

6. Stelle die Zusammenhänge zwischen Bewässerung, Versalzung und Entwässerung in einem Wirkungsgefüge dar (M5). `154`

Ⓦ 7. Wähle aus:
A Schreibe einen Erlebnisbericht aus der Sicht des Kamelführers in M2. `162`
B Erkläre in einem Sachtext, warum man in der Sahara ertrinken und erfrieren kann (Text, M7).

Ⓔ 8. Erkläre das arabische Sprichwort in M8 (M3).

El Menia / Algerien
398 m ü. M.   30°36'N / 2°54'O

T = 21,4 °C
N = 33 mm

M1 Klimadiagramm von El Menia in Algerien

INTERNET

Weitere Informationen zu El Menia findest du bei Google Maps, Satellit: El Menia

WES-105367-060

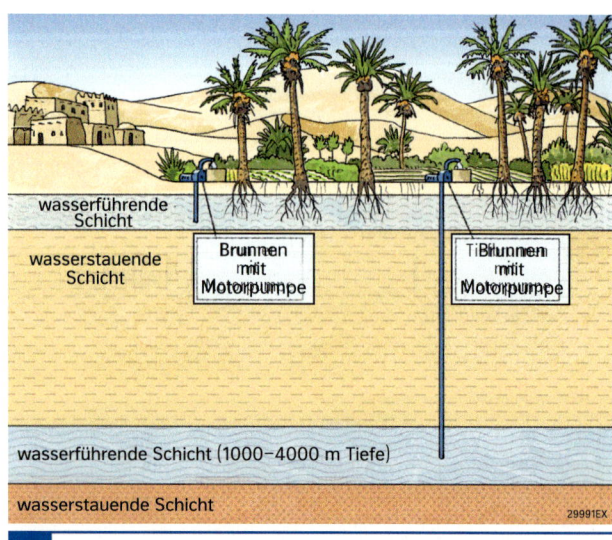

Felswüste

Kieswüste

M2 Eine Karawane mit Kamelen durchquert die Kieswüste.

In der Sahara

Die Sahara ist nur zu einem Fünftel eine Sandwüste. Den größten Teil nehmen Kieswüsten und Felswüsten ein. Mittags können die Temperaturen auf über 50 °C ansteigen, denn die Sonneneinstrahlung ist sehr stark. Nachts sinken die Temperaturen unter den Gefrierpunkt. Durch die großen Temperaturunterschiede zerspringt das Gestein in Stücke. Der Wind zerkleinert die Steine, denn er wirkt wie ein Sandstrahlgebläse. Der Sand wird vom Wind zu Sandbergen, den Dünen aufgeweht.

Von den Gebirgen der Sahara führen Täler in die Wüste. Es sind Trockentäler, sie heißen **Wadis**. Nur bei den sehr seltenen, heftigen Regenfällen füllen sie sich mit Wasser und werden zu reißenden Flüssen.

Die Menschen haben sich an die Trockenheit angepasst. In den **Oasen** nutzen sie das Grundwasser und das Wasser der Flüsse. Bewässerung kann allerdings zur **Versalzung** der Felder und dadurch zur Unfruchtbarkeit der Böden führen.

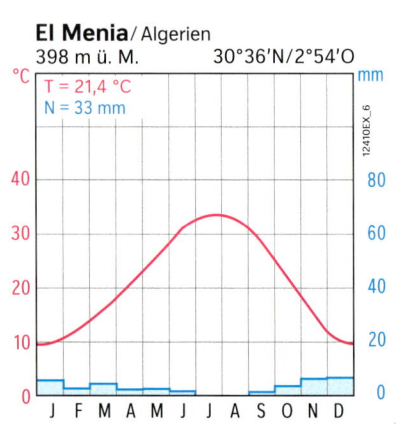

wasserführende Schicht

wasserstauende Schicht

Brunnen mit Motorpumpe

Tiefbrunnen mit Motorpumpe

wasserführende Schicht (1000–4000 m Tiefe)

wasserstauende Schicht

M3 Dort, wo Grundwasser nahe an der Oberfläche vorhanden ist, entstanden Oasen (früher mit Ziehbrunnen). Heute wird das Wasser mit Motorpumpen auch aus größeren Tiefen hochgepumpt.

Oase mit Dattelpalmen

Siedlung in der Sandwüste

M4 Die Oase El Menia in der Wüste Sahara ist zu einer Oasenstadt angewachsen.

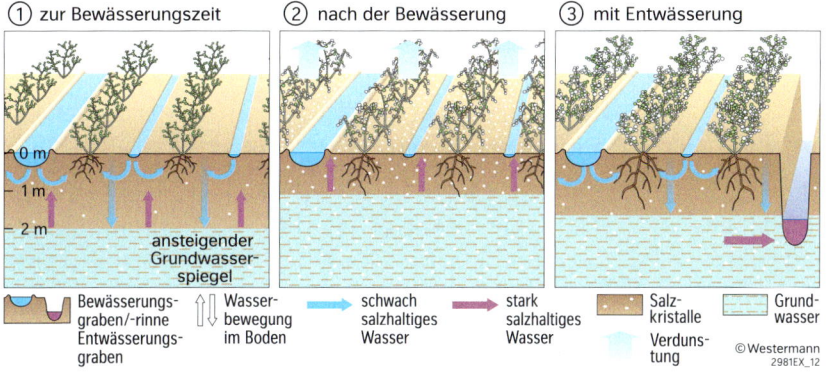

① zur Bewässerungszeit   ② nach der Bewässerung   ③ mit Entwässerung

0 m
1 m
2 m
ansteigender Grundwasserspiegel

Bewässerungsgraben/-rinne Entwässerungsgraben | Wasserbewegung im Boden | schwach salzhaltiges Wasser | stark salzhaltiges Wasser | Salzkristalle | Grundwasser | Verdunstung

© Westermann 2981EX_12

Das Bewässerungswasser wird zum Teil von den Pflanzen aufgenommen, ein großer Teil versickert aber im Boden und gelangt ins Grundwasser.

Der Grundwasserspiegel ist erhöht und Wasser dringt im Boden nach oben. Es verdunstet und zurück bleiben Salzkristalle, die im Wasser gelöst waren.

Entwässerungsgräben leiten das überschüssige Wasser ab, damit der Grundwasserspiegel nicht steigt. Die gelösten Salzkristalle fließen mit ab.

M5 Bewässerung, Versalzung und Entwässerung

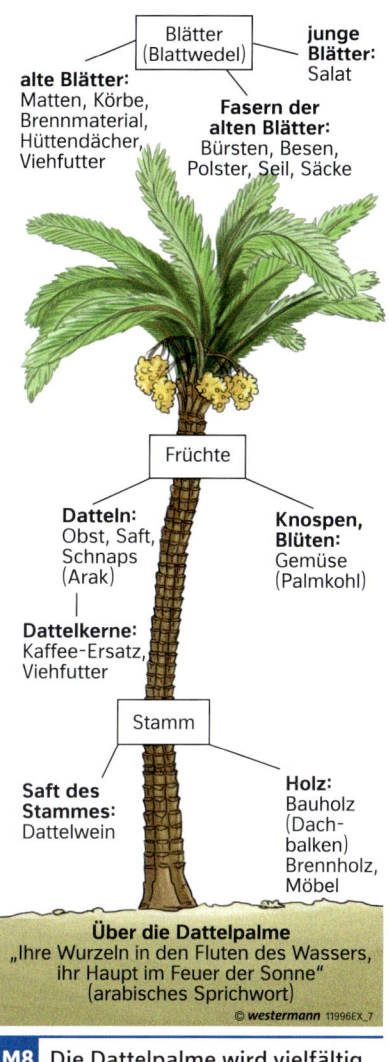

Blätter (Blattwedel)

junge Blätter: Salat

alte Blätter: Matten, Körbe, Brennmaterial, Hüttendächer, Viehfutter

Fasern der alten Blätter: Bürsten, Besen, Polster, Seil, Säcke

Früchte

Datteln: Obst, Saft, Schnaps (Arak)

Knospen, Blüten: Gemüse (Palmkohl)

Dattelkerne: Kaffee-Ersatz, Viehfutter

Stamm

Saft des Stammes: Dattelwein

Holz: Bauholz (Dachbalken) Brennholz, Möbel

Über die Dattelpalme
„Ihre Wurzeln in den Fluten des Wassers, ihr Haupt im Feuer der Sonne"
(arabisches Sprichwort)

© **westermann** 11996EX_7

M8 Die Dattelpalme wird vielfältig genutzt.

Dattelpalmen als Schattenspender, werden über 100 Jahre alt, vertragen leichten Frost und salzhaltiges Wasser.

Obstbäume: Pfirsich, Orange, Zitrone, Apfel, Mandel, Feige

Getreide, Futterpflanzen   Gemüse

29990EX

M6 Stockwerk-Anbau in der Oase

Formulierungshilfen

zu Aufgabe 1:
Im Vordergrund sieht man ...
Im Mittelgrund ist rechts ... zu erkennen.
... liegt in der Wüste.
Die Häuser ...
Links sieht man ...,
... befindet sich dort, wo Wasser nahe an der Erdoberfläche ist.
Im Hintergrund ...

Uhrzeit	8⁰⁰	10⁰⁰	12⁰⁰	14⁰⁰	16⁰⁰	18⁰⁰	20⁰⁰	22⁰⁰	0⁰⁰	2⁰⁰	4⁰⁰	6⁰⁰
Temperatur in °C	6	12	20	26	25	19	10	0	-3	-7	-8	-4

M7 Durchschnittliche Tages- und Nachttemperaturen im Dezember in der Sahara

Fachbegriffe

■ das Wadi
■ die Oase
■ die Versalzung

Menschen verändern den Naturraum Wüste

In den letzten Jahren hat sich die Sahara stark verändert. Welche Veränderungen sind eingetreten?

W 1. Wähle aus:
Stelle die Veränderungen in den Oasen durch den Tourismus dar, indem du
A die Veränderungen der Oasen durch den Tourismus beschreibst (M2, Text). **138**
B aus der Sicht eines Oasenbauern zum Tourismus Stellung nimmst (M2, Text).

2. Untersuche die Veränderungen der Sahara durch die Erschließung der Erdöl- und Erdgasfelder.
a) Beschreibe die Veränderungen der Naturlandschaft (M1, M6).
b) Beschreibe die Veränderungen für die Oasenbauern.

3. Solarkraftwerke brauchen nicht nur Sonneneinstrahlung, sondern auch viel Platz. Überprüfe, ob sich die Sahara als Standort für Solarkraftwerke eignet (M3).

4. a) Beschreibe den Bewässerungsfeldbau bei El Menia und erläutere, wie dort das Wasserproblem gelöst wurde (M4, M5, Info). **138**
c) Beurteile die Chancen, die diese Lösung in der Zukunft hat (Info).

E 5. Ein Reiseunternehmen bietet einen Urlaub in einem komfortablen Hotel in einer Oase an, und zwar zu einem Sonderpreis. Nimm Stellung, ob du dieses Angebot annehmen würdest.

M2 Hotelanlage mit Swimmingpool in einer Oase

Landwirtschaft und Tourismus verändern die Wüste

In vielen Oasen in der Sahara sind moderne Hotelanlagen gebaut worden. Sie haben eigene Swimmingpools, damit die Touristen auf nichts verzichten müssen. Durch den Tourismus hat sich das Leben der Oasenbauern verändert. Viele haben ihre Palmengärten aufgegeben und arbeiten in den Hotelanlagen.

In der Wüste Algeriens bei El Menia wurden riesige, kreisrunde Felder angelegt. Das Wasser für die Bewässerung wird aus einem Wasserbecken in großer Tiefe hochgepumpt. Es wird in der Mitte des Feldes in einen 1120 Meter langen Bewässerungsarm geleitet. Dieser bewegt sich wie ein Karussell im Kreis über das Feld und versprüht das Wasser. Das wird Karussellbewässerung genannt. Die kreisrunden Felder sind so groß, dass man sie sogar vom Weltraum aus sehen kann. In den letzten 30 Jahren ist allerdings der Grundwasserspiegel um 60 Meter abgesunken.

M1 Förderanlagen im Erdölfeld Hassi-Messaoud

M3 Solarkraftwerk in Marokko

2240 m

Bewässerungsarm

M4 Bewässerte Felder in der Wüste Sahara bei El Menia in Algerien

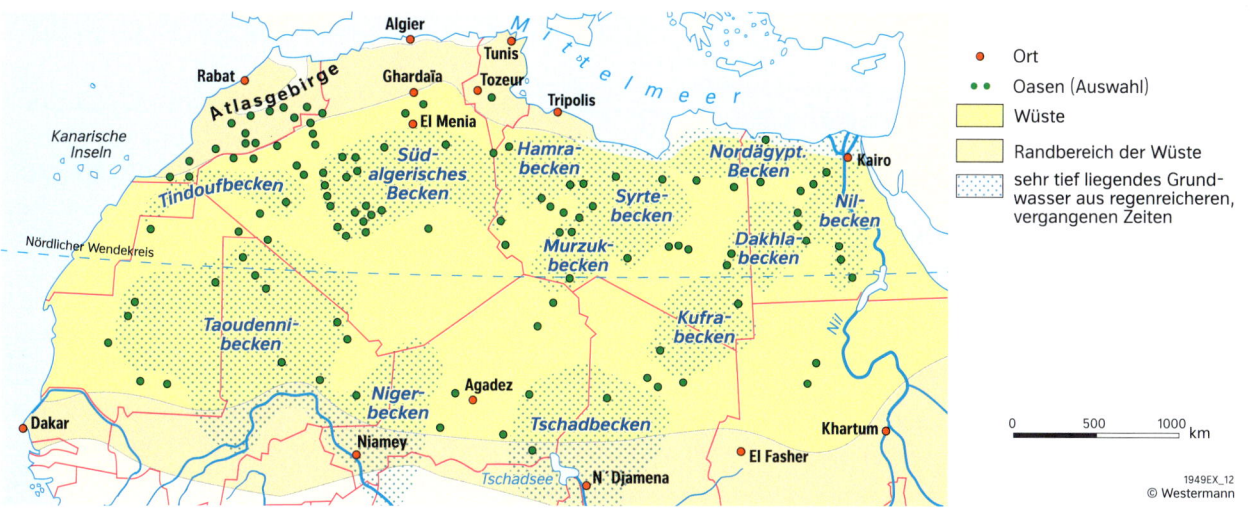

- Ort
- •• Oasen (Auswahl)
- ▢ Wüste
- ▢ Randbereich der Wüste
- ▨ sehr tief liegendes Grundwasser aus regenreicheren, vergangenen Zeiten

M5 Oasen in der Sahara (Auswahl) und Wasserbecken in der Tiefe

Um 1960 wurden in Algerien, Tunesien, Libyen und Ägypten riesige Lagerstätten von Erdöl und Erdgas entdeckt. Sie liegen in der Sahara. „Neue Oasen", sogenannte Industrie-Oasen, entstanden. Fördertürme, Werkstätten, Tankstellen, Wassertanks und Wohn- und Büro-Container sind ihre Kennzeichen. Das geförderte Erdöl und Erdgas wird in Pipelines an die Küste transportiert. Viele Oasenbauern gaben ihre Felder auf und nahmen einen gut bezahlten Arbeitsplatz auf den Ölfeldern an.

Die Sonne als Energiequelle könnte in Zukunft verstärkt genutzt werden. Die Sonne scheint – mit wenigen Ausnahmen – 365 Tage im Jahr. Das sind ideale Bedingungen für **Solarkraftwerke**. Das erste Solarkraftwerk ist in Marokko entstanden, weitere sind geplant. Riesige Flächen sind mit Solaranlagen bedeckt, die Strom erzeugen.

M6 Ölfelder und Solarkraftwerke verändern die Wüste.

INFO

Vor einigen Jahren wurden in der Sahara in einer Tiefe von 1000 bis 4000 Metern riesige Wasservorräte entdeckt. Dieses Wasser ist etwa 20 000 Jahre alt. Es stammt aus der Zeit, als die Sahara noch keine Wüste war. Um es nutzen zu können, werden **Tiefbrunnen** gebaut. Motorpumpen fördern das Wasser nach oben. Aber auch dieses Wasser steht nicht unendlich zur Verfügung.

Formulierungshilfen

zu Aufgabe 1 B:
Der Tourismus bringt einerseits Vorteile für uns:
...
Andererseits gibt es
Nachteile: ...

Fachbegriffe

- das Solarkraftwerk
- der Tiefbrunnen

In den Subtropen

Die dreizehnjährige Tanja macht mit ihren Eltern Osterurlaub in Sóller auf der Mittelmeerinsel Mallorca. Sie erkunden auch das Hinterland. Tanja sieht kilometerlange Plantagen mit blühenden Mandel- und Orangenbäumen. Ihr fällt auf, dass zu jedem Baum ein Schlauch führt. Was haben diese Schläuche zu bedeuten? Warum gibt es hier so viele Mandel- und Obstbaumplantagen?

1. Vergleiche das Klima in Sevilla mit dem von El Menia (M1).

2. Tanja schickt dir eine Kurznachricht. Sie möchte wissen, warum zu den Bäumen auf Mallorca Schläuche führen. Beantworte Tanjas Frage. Schreibe eine Kurznachrich (M2, M4, Text).

W 3. Wähle aus:

   A Beschreibe, wie subtropische Pflanzen an das Klima angepasst sind (M6).

   D **B** Erstelle Steckbriefe zu den Pflanzen in M3. Erkläre, wie sie an das Klima angepasst sind (M3, M6, Internet). 162 ▸ 138 ▸

4. Liste die Vor- und Nachteile der einzelnen Bewässerungsarten in einer Tabelle auf (M4). 140 ▸

5. Beschreibe in eigenen Worten die Vor- und Nachteile des Treibhausanbaus in Almería (M5, M7).

F 6. Der Mittelmeerraum ist ein beliebtes Ziel von Touristen. Begründe (M1, Atlas).

D E 7. Schau dir bei Google Maps das Satellitenbild von Almería an. Würdest du gerne in der Region leben? Begründe. 146 ▸

M2 Olivenbäume mit Bewässerungsschläuchen

Landwirtschaft in den Subtropen – ohne Bewässerung läuft nichts

Die Subtropen befinden sich zwischen den Mittelbreiten (gemäßigte Zone) und der tropischen Zone. Hier sind die Sommer warm bis heiß und die Winter mild. Aufgrund der günstigen Temperaturen ist Pflanzenwachstum über das ganze Jahr möglich. Aber in einigen subtropischen Gebieten gibt es dennoch Wachstumspausen. In dieser Zeit reichen die Niederschläge für das Wachstum nicht aus.

Die winterfeuchten Subtropen liegen in Europa im Mittelmeerraum. Sie haben eine große landwirtschaftliche Bedeutung. Durch die günstigen Temperaturen können große Plantagen mit Zitronen, Orangen und weiteren Zitrusfrüchten angelegt werden. Diese Plantagen müssen allerdings ständig bewässert werden. Man unterscheidet verschiedene **Bewässerungsarten**. Die Bewässerung trägt zur Wasserknappheit im Mittelmeerraum bei.

M3 Pistazie, Ginster und Feigenkaktus – Hartlaubgehölze

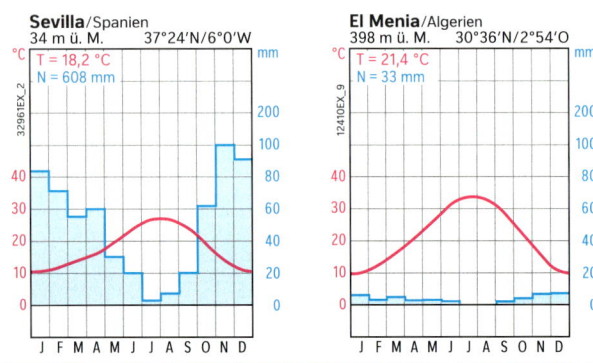

Sevilla/Spanien
34 m ü. M.   37°24'N/6°0'W
°C T = 18,2 °C   mm
    N = 608 mm

3296TEX_2

El Menia/Algerien
398 m ü. M.   30°36'N/2°54'O
°C T = 21,4 °C   mm
    N = 33 mm

12410EX_9

M1 Klimadiagramm von Sevilla in Spanien und El Menia in Algerien

Graben- und Furchenbewässerung:
Das Wasser wird in Gräben zu den Feldern geleitet. Das Wasser versickert und die Wurzeln der Pflanzen können es aufnehmen. Durch Verdunstung und unkontrollierte Bewässerung geht allerdings bis zu 80 % des Wassers verloren.

Sprinklerbewässerung:
Mithilfe von Beregnungsanlagen werden die Pflanzen bewässert. Für die Beregnungsanlagen wird Wasser aus der Tiefe hochgepumpt. Die Pumpen sind teuer. Durch Verdunstung gehen ungefähr 20 bis 40 % des Wasser verloren.

Tröpfchenbewässerung:
Diese Bewässerungsart ist die teuerste. Schläuche mit Öffnungen werden zu den Pflanzen verlegt. Das Wasserkommt direkt bei den Pflanzen und in genau der richtigen Menge an. Nur ungefähr 5 bis 10 % des Wasser geht verloren.

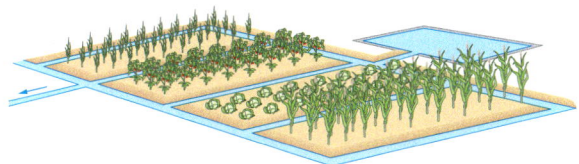
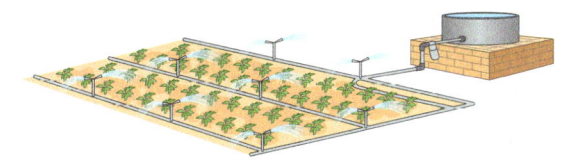
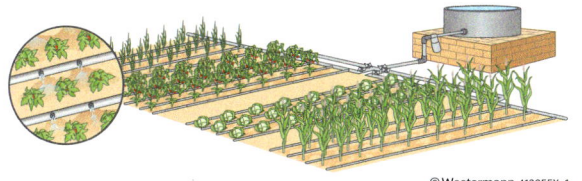

© Westermann 41305EX_1

M4 Bewässerungsarten

Das Anbaugebiet nahe der Stadt El Ejido in Spanien war vor 30 Jahren eine wenig fruchtbare Einöde. Heute ist es die weltweit größte bewässerte Anbaufläche für Obst und Gemüse unter Plastikplanen. In den **Treibhäusern** kann man das ganze Jahr hindurch ideale Bedingungen schaffen. Man kann ernten, wenn in Mitteleuropa noch keine Ernten möglich sind. So kann man während dieser Zeit hohe Verkaufspreise erzielen. Problematisch ist jedoch der gewaltige Wasser- und Energieverbrauch.

Im Gebiet um El Ejido sind ungefähr 80 000 Arbeitskräfte beschäftigt. Viele von ihnen sind illegale Einwanderer. Sie arbeiten unter harten Bedingungen. Da sie keine Aufenthaltsgenehmigung haben, sind sie rechtlos. Die Stundenlöhne sind niedrig. Nur so ist es möglich, dass Obst und Gemüse in unseren Supermärkten zu niedrigen Preisen angeboten werden können.

M5 Treibhausanbau in Almería in Spanien

Subtropische Pflanzen müssen immer wieder Zeiträume überdauern, in denen kaum oder gar keine Niederschläge fallen. Die Pflanzen haben verschiedene Strategien entwickelt, um Wasser für sich zu gewinnen oder zu speichern. Kleine lederartige Blätter verringern die Verdunstung über das Blattwerk. Manche Pflanzen speichern Wasser in ihren Knollen und Stämmen. Mit langen Wurzeln können auch tiefe Grundwasserschichten erreicht werden.

M6 Wie überleben subtropische Pflanzen die trockenen Sommer?

M7 Treibhäuser in El Ejido (Almería in Spanien)

Formulierungshilfen
zu Aufgabe 1:
Die Jahresdurchschnittstemperatur …
Die Monatsdurchschnittstemperaturen …
Die maximale Monatsdurchschnittstemperatur …
Der wärmste/kälteste Monat …
Der Jahresniederschlag …
In den Monaten … fällt wenig/kein/viel Niederschlag.

Fachbegriffe
■ die Bewässerungsart
■ das Treibhaus

Die Mittelbreiten – prima Klima für die Landwirtschaft

Im Sommer schwitzt du, trägst T-Shirts und kurze Hosen. Im Winter musst du dich mit Handschuhen und Mütze vor der Kälte schützen. Trotzdem wird unser Klima als „gemäßigt" bezeichnet, und es soll besonders gut für die Landwirtschaft geeignet sein. Warum ist das so?

1. Erstelle eine Tabelle und liste zehn Staaten auf, die teilweise oder vollständig in den Mittelbreiten liegen (M2, Atlas). `140`

2. a) Beschreibe das Klima in den Mittelbreiten (M4, M5, Text). `151`
   b) Vergleiche das Klima von Soest mit dem Klima von Kiew (M6). `151`

3. Gebiete in den Mittelbreiten können ein sehr unterschiedliches Klima haben. Nenne Gründe (M4).

D **W** 4. Warum sind die Mittelbreiten ein landwirtschaftlicher Gunstraum? (Text, M3 – M6). Wähle aus:
   A Erstelle ein Erklärvideo. `145`
   B Fertige eine PowerPoint-Präsentation an. `146`

D **E** 5. Welche Anbaubedingungen benötigt Weizen zum Wachsen? Recherchiere im Internet. `138`

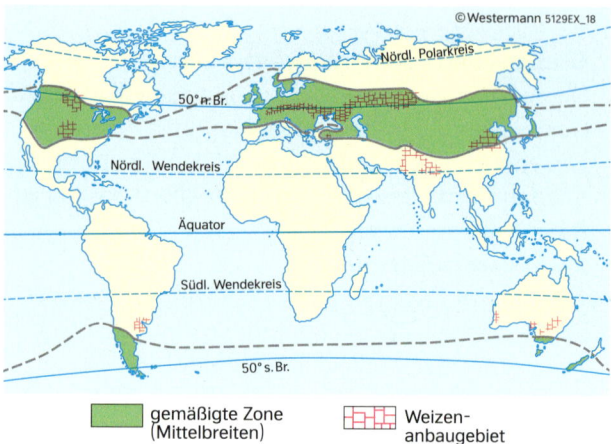

M2 Lage der Mittelbreiten (gemäßigte Zone) und wichtige Weizenanbaugebiete auf der Erde

gemäßigte Zone (Mittelbreiten) Weizenanbaugebiet

Die Mittelbreiten – ein Gunstraum für die Landwirtschaft

Deutschland und andere europäische Länder liegen in den Mittelbreiten (gemäßigte Zone). In dieser Klimazone sind die Temperaturen das ganze Jahr über „gemäßigt". Das heißt, es ist nicht so kalt und nicht so heiß wie in anderen Klimazonen. Bei diesen Temperaturen wachsen viele anspruchsvolle Anbaupflanzen wie Getreide, Raps, Zuckerrüben, Gemüse, Obst und Wein besonders gut. Die Niederschläge sind ausreichend für die Wasserversorgung der Pflanzen.
Nicht nur das Klima ist günstig für den Ackerbau. Es gibt in den Mittelbreiten auch sehr gute Ackerböden.
In den Mittelbreiten gibt es allerdings auch Gebiete mit weniger Niederschlägen, die **Steppen**. Die ursprünglich weiten Grasländer werden heute fast überall landwirtschaftlich genutzt. Weizen, Mais und Sonnenblumen werden zum Beispiel angebaut. Der fehlende Niederschlag wird durch Bewässerung ausgeglichen.

M1 In den Mittelbreiten (gemäßigte Zone) bei Soest (Nordrhein-Westfalen)

M3 Landwirtschaft in den Mittelbreiten: Ⓐ Maisernte in Ohio (USA); Ⓑ Zuckerrübenernte in Frankreich

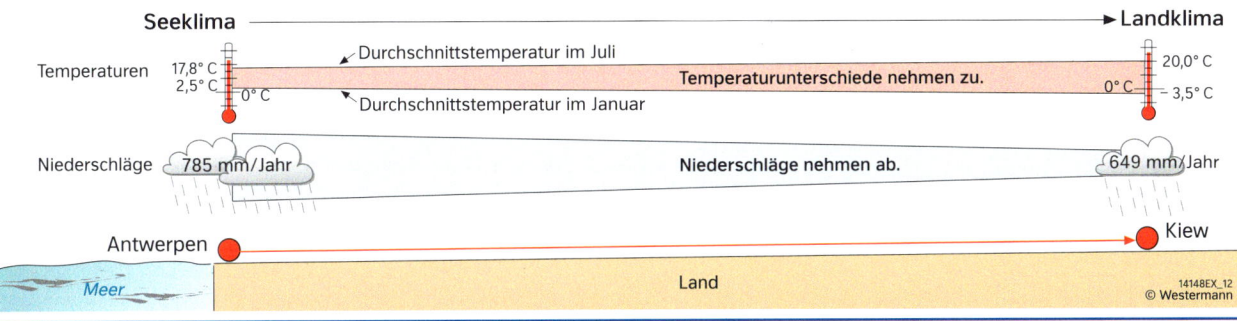

M4 Das Klima ändert sich: von der Küste landeinwärts

In den Mittelbreiten ist das Klima nicht überall gleich. In den nördlichen Gebieten ist es kühler als in den südlichen. Es ist aber auch wichtig, ob der Ort am Meer oder im Inneren des Kontinents liegt. In Meeresnähe herrscht **Seeklima**. Die Sommer sind kühl und die Winter mild. Das Meer erwärmt sich langsamer als das Land, speichert die Wärme aber auch länger. Im Inneren der Kontinente herrscht **Landklima**. Die Sommer sind warm und die Winter kalt. Landflächen erwärmen sich langsamer als Wasser. Sie geben die Wärme aber auch schneller wieder ab.

M5 Europa – im Durchschnitt ein gemäßigtes Klima

INFO

Nutzpflanzen wie Weizen wachsen ab einer Monatsmitteltemperatur von 10 °C. Wenn es kälter wird, stellen die Pflanzen ihr Wachstum wieder ein. Die Zeit, in der die Pflanzen wachsen können, nennt man **Vegetationszeit** oder Wachstumszeit.

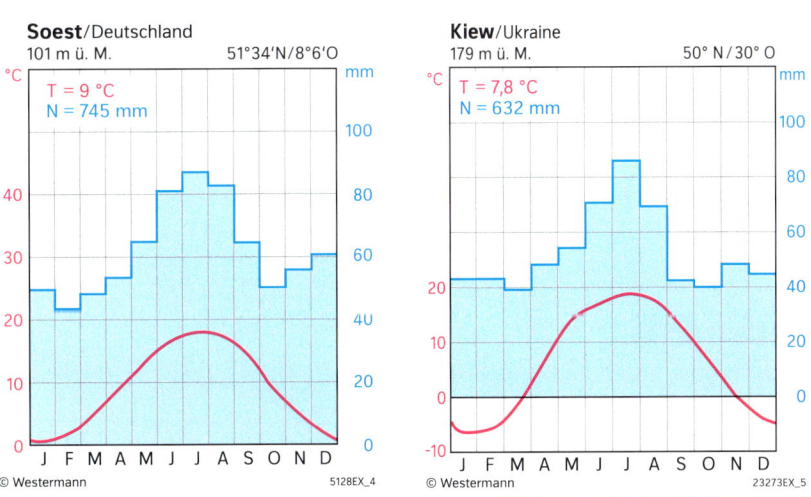

M6 Klimadiagramm von Soest und Kiew

Formulierungshilfen

zu Aufgabe 2a:
Im Norden ..., im Süden ...
Es gibt Unterschiede durch die
Lage am ... oder im Inneren ...
In der Nähe des Meeres ...
Im Inneren des Kontinents ...

Fachbegriffe

- die Steppe
- das Seeklima
- das Landklima
- die Vegetationszeit

Weizenproduktion für den Weltmarkt – das Beispiel Ukraine

Die Ukraine war 2021 der weltweit siebtgrößte Weizenproduzent. Viele Länder in Afrika und Asien sind von den Weizenlieferungen aus der Ukraine angewiesen. 2022 kam es zu Ernteausfällen und Lieferschwierigkeiten. Warum ist die Ukraine eine „Kornkammer"? Warum kam es 2022 zu Problemen bei der Ernte und beim Export? Wie wirkten sich die Probleme in der Ukraine und in der Welt aus?

3883EX_84 · Ukraine

1. Erkläre, warum die Ukraine besonders gut für den Anbau von Weizen geeignet ist (M1, Info, Text).

2. Stelle die Zusammenhänge zwischen Klima, Boden, Oberflächenform und Bodenerosion dar (M8, Text).

W 3. Wähle aus:
Beurteile die Bedeutung des Weizenanbaus in der Ukraine für die Ernährungssituation der Welt, indem du
A M4 auswertest.
B M6 und M7 auswertest. 139 ▶

D E 4. a) Recherchiere Berichte zu den Auswirkungen des Kriegs in der Ukraine in Bezug auf die Weizenproduktion (Internet). 138 ▶
b) Analysiere die interessengeleitete mediale Darstellung der Situation (Internet).
c) Bewerte die Informationen im Internet: Sind sie geeignet, um die Bedeutung und Probleme der „Kornkammer" Ukraine dazustellen? 138 ▶

M2 Zerstörung von Feldern in der Ukraine durch Bodenerosion

Die Landwirtschaft in der Ukraine

Die fruchtbare **Schwarzerde** in der Ukraine und die weiten ebenen Flächen sind eine ideale Grundlage für eine ertragreiche Landwirtschaft. Es sind sehr gute Voraussetzungen für den Anbau von Weizen. Deshalb gehört die Ukraine zu den bedeutendsten Getreideproduzenten der Welt. Die Landwirte produzieren für den Weltmarkt.

In der Ukraine herrscht Landklima. Die Niederschläge liegen zwischen 500 und 700 mm im Jahr. In trockenen Monaten und nach der Weizenernte, wenn der Schutz durch Pflanzen fehlt, kann die **Bodenerosion** durch Wind zu einem Problem werden. Der Wind kann auf den ebenen Flächen die obere Bodenschicht fortwehen.

Die Invasion russischer Truppen in der Ukraine 2022 wirkte sich auf die Weizenproduktion aus. Felder wurden zerstört, die Ausfuhr von Weizen wurde behindert oder sogar eingestellt. Weltweit stiegen die Preise für Weizen. Der Lieferstopp und die Steigerung der Weizenpreise wirkten sich insbesondere in den Entwicklungsländern aus, die von den Weizenlieferungen aus der Ukraine abhängig sind.

M1 Weizenernte in der ukrainischen Steppe

M3 Ein brennendes Feld in der Ukraine: Zerstörung von Feldern durch den Krieg

© Westermann 29987EX

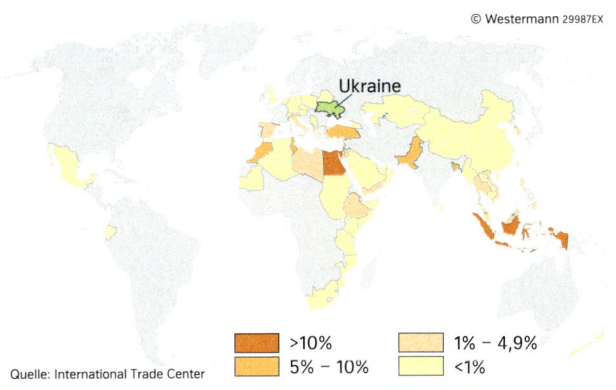

Quelle: International Trade Center

M4 Weizenlieferungen der Ukraine weltweit

Wichtige Abnehmerländer von Weizen und Mengkorn aus der Ukraine nach Exportmenge weltweit im Jahr 2020
(in 1000 Tonnen)

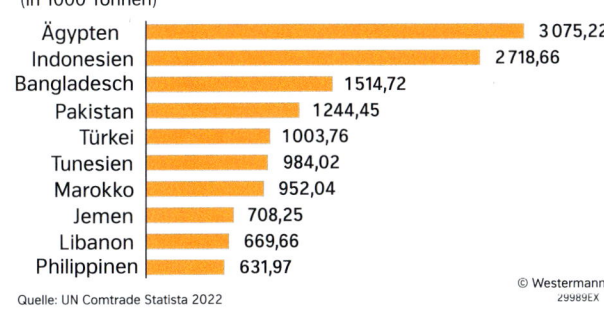

Ägypten	3 075,22
Indonesien	2 718,66
Bangladesch	1 514,72
Pakistan	1 244,45
Türkei	1 003,76
Tunesien	984,02
Marokko	952,04
Jemen	708,25
Libanon	669,66
Philippinen	631,97

Quelle: UN Comtrade Statista 2022

© Westermann 29989EX

M7 Weizenexporte aus der Ukraine

Mit dem Krieg in der Ukraine verschärft Russlands Präsident Wladimir Putin auch die Ernährungssituation in vielen Ländern. Denn die Ukraine gilt als eine der Kornkammern der Welt. Weizen ist seit Anfang des Jahres um mehr als 50 Prozent teurer geworden – mit Folgen für die ganze Welt. Was lässt sich dagegen tun?
[…]
Russland blockiert den wichtigen Hafen von Odessa, und die Ukraine selbst hat viele Zugänge zu Häfen mit Seeminen vermint, damit die Russen sie nicht einnehmen können. Weil viele Kornspeicher in der Ukraine voll sind, aber der Weizen nicht ausgeführt werden kann, könnte ein Teil der nächsten Ernte verrotten; denn es gibt kaum Möglichkeiten, die neue Ernte ab Juni irgendwo zu lagern, wenn sie denn eingebracht werden kann. Um wieder auszusäen, fehlen vielen Bauern in der Ukraine nicht nur die Arbeitskräfte, es mangelt auch an Treibstoff.

Quelle: Sandra Pfister: Blockierte Weizenausfuhr aus der Ukraine: Was hilft gegen die drohende Ernährungskrise? Köln: Deutschlandradio, 27.05.2022. https://www.deutschlandfunk.de/ukraine-weizen-getreide-export-blockade-welternaehrung-100.html (Zugriff 24.10.2022)

M5 Die Auswirkungen des Kriegs in der Ukraine

„Eine zehn Meter hohe Staubwolke kam direkt auf uns zu. Die Sonne verblasste. Man konnte nur noch zwanzig Meter weit sehen. Es war ein regelrechter Staubsturm aus feinsten Schwarzerdeteilchen. Als der Sturm vorbei war, sah man, welchen Schaden er angerichtet hatte. Auf den Feldern wurde die oberste Bodenschicht vollkommen weggeweht."

M8 Augenzeugenbericht aus der Ukraine

Schwarzerde
Der Ursprung des Namens Schwarzerde liegt in ihrem Aussehen. Die bis zu 80 cm dicke Bodenschicht hat eine sehr dunkle Farbe. Sie hat sich auf Löss entwickelt. Abgestorbene Steppengräser werden durch kleine Lebewesen wie Würmer, Asseln oder Bakterien zersetzt. So entsteht Humus. Humus enthält viele Nährstoffe und ist ein natürlicher Dünger.

Führende Weizenproduzenten weltweit
2021/22 (in 1000 Tonnen)

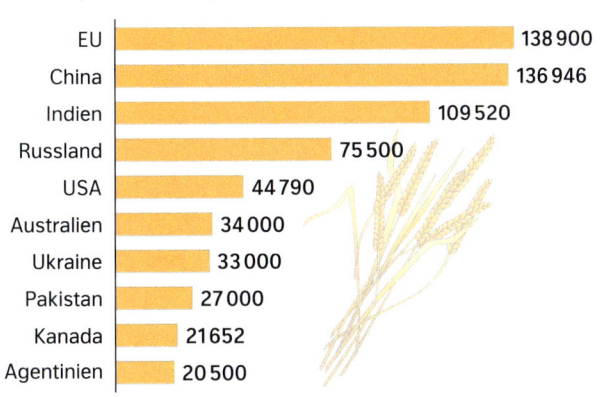

EU	138 900
China	136 946
Indien	109 520
Russland	75 500
USA	44 790
Australien	34 000
Ukraine	33 000
Pakistan	27 000
Kanada	21 652
Agentinien	20 500

Quelle: US Department of Agriculture; USDA Foreign Agricukural Service

© Westermann 29988EX

M6 Die zehn größten Weizenproduzenten der Welt

Formulierungshilfen

zu Aufgabe 1:
Der Boden in der Ukraine …
Das Klima …
Die Oberflächenform ist ebenfalls vorteilhaft, denn …

zu Aufgabe 2:
Die Erosion durch Wind ist groß, wenn der Boden … (trocken/feucht) ist.
… wenn die Felder … (eben/hügelig) sind.
In trockenen Monaten …
Nach der Ernte …
Der Wind kann leicht …

Fachbegriffe

- die Schwarzerde
- die Bodenerosion

Industrielle Landwirtschaft in den Great Plains

Wenn du früher mit einem Flugzeug über die Great Plains geflogen wärest, hättest du eine unendliche, schwach gewellte Prärie mit vielen Büffeln gesehen. Beim gleichen Flug heutzutage siehst du Millionen von Rindern auf staubigen Böden und kreisrunde Felder.

Warum hat der Mensch die Natur so verändert? Welche Folgen hat das?

1. Notiere die Namen der US-Bundesstaaten, die Anteil an den Great Plains haben (Atlas).

2. Wähle aus:
   A Beschreibe, wie in den Great Plains Ackerbau betrieben wird (M2, M6, Text). `138`
   B Beschreibe, wie Rinder in Feedlots gehalten werden (M1, M3, Internet). `138`

3. Erkläre mögliche Vorteile und Risiken des Getreideanbaus in den Great Plains (M2, M4 – M7, Text).

4. Begründe, warum man von einer industriellen Landwirtschaft sprechen kann (M3, M6, Text).

5. Erläutere, wie durch die Technik die landwirtschaftliche Produktion gesteigert werden konnte (M6).

6. Fasse alle Angaben zur Landwirtschaft der Familien Hitch im Panhandle zusammen (M4)

D E 7. Die Familie Hitch siedelte sich zu Zeiten des „Oklahoma Land Run" in Oklahoma an. Recherchiere im Internet, um was es sich bei dem „Oklahoma Land Run" handelt. Erstelle ein Referat darüber. `138` `157`

M2 Weizenfeld und Farm in Colorado (USA)

Industrielle Landwirtschaft in den Great Plains

Im Regenschatten der Rocky Mountains in Nordamerika liegen die **Great Plains**. Die weiten Ebenen waren früher Grasland. Die Niederschläge sind gering, aber der Boden ist Schwarzerde. Er eignet sich gut für den Anbau von Weizen. Farmer wandelten das Grasland in Ackerland um. Die Great Plains wurden die Kornkammer der USA.
Die Great Plains waren früher der Lebensraum der Büffel. Sie wurden ausgerottet. Rancher halten heute tausende von Rindern in **Feedlots**. Das sind riesige Viehfarmen.

INFO

Unter den Great Plains liegt das größte Grundwasservorkommen der USA, der Ogallala-Aquifer. Die Speicherkapazität dieses Grundwasserleiters wird auf rund 4 000 000 000 000 (Billionen) Kubikmeter geschätzt. Leistungsfähige Pumpen fördern dieses Grundwasser an die Oberfläche. Es wird zur Bewässerung der Felder benutzt. Der Grundwasserspiegel hat sich in den letzten Jahrzehnten um mehr als 30 m abgesenkt.

M1 Frühere Prärie (Grasland) in den Great Plains der USA

M3 Rinder bis zum Horizont – Viehhaltung in den Great Plains heute

Die Farm der Familie Hitch liegt im Westen des Bundesstaates Oklahoma. Dieses Gebiet wird auch als Panhandle (Pfannenstiel) bezeichnet. Die Farm hat heute eine Größe von 6490 Hektar. 1600 Hektar werden als Weideland genutzt und auf der übrigen Fläche werden Weizen und Mais für die Rindermast angebaut. Die Familie Hitch mästet jedes Jahr 350 000 Rinder.

James Hitch, der Ur-Ur-Ur-Großvater des heutigen Farmbesitzers, siedelte sich 1889 auf einem großen Stück Land im Panhandle an. Es erwies sich als eine gute Wahl: Auf dem Land befindet sich nämlich ein riesiges Grundwasservorkommen. Es ist Teil des Ogallala-Aquifers, eines riesigen Grundwasserleiters (M7). Doch das war James Hitch natürlich nicht bewusst. Nachdem Hitch das Steppengras umgepflügt und seine Felder angelegt hatte, stand er plötzlich vor großen Problemen: Bei den immer wiederkehrenden starken Stürmen kam es zu Winderosion. In einem Jahr wurden sogar die oberen 5 cm des fruchtbaren Bodens in Staubstürmen davongetragen. Erst seit den 1960er-Jahren, seitdem die Felder bewässert und dauerhaft bepflanzt werden, haben die Staubaufwirbelungen abgenommen.

M4 Die Farm der Familie Hitch in Oklahoma

Eignung der Böden für den Ackerbau
- gut
- ausreichend
- ausreichend bis gut bei Bewässerung
- weniger gut (humusarm)
- weniger gut (wasserarm)
- Schwemmland (hochwassergefährdet)
- weniger geeignete Gebirgs- oder Sandböden
- Ogallala-Aquifer

34413EX_1
© Westermann

M5 Eignung der Böden für den Ackerbau in den Great Plains und anderen Gebieten der USA

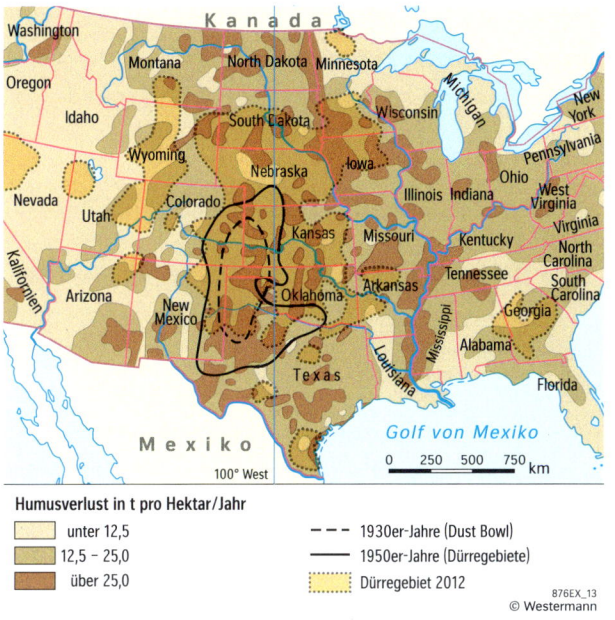

Humusverlust in t pro Hektar/Jahr
- unter 12,5
- 12,5 – 25,0
- über 25,0
- 1930er-Jahre (Dust Bowl)
- 1950er-Jahre (Dürregebiete)
- Dürregebiet 2012

876EX_13
© Westermann

M7 Bodenerosion in den Great Plains und anderen Gebieten der USA

M6 Kreisrunde Felder durch Karussellbewässerung in den Great Plains

Formulierungshilfen

zu Aufgabe 2A:
Die Farmer bewirtschaften … große/riesige/kleine Flächen.
Sie bauen … in …-kultur an.
Wegen des geringen Niederschlags …
Bewässerte Flächen sind … eckig/kreisrund.

zu Aufgabe 2B:
Feedlots sind …
Rancher halten … in Feedlots.
Die Tiere stehen … unter freiem Himmel/in Ställen.

Fachbegriffe
- die Great Plains
- das Feedlot

Bodenschutz – Hilfe für die „Staubschüssel" der USA

3000 bis 12000 Jahre hat es gedauert, bis in den Great Plains Ackerboden mit einer ausreichenden Tiefe entstanden ist. Zerstört werden kann er in wenigen Jahren oder sogar Tagen. Was kann man tun, um den Boden zu schützen und nachhaltig zu wirtschaften?

1. a) Beschreibe das in M2 abgebildete Gebiet. Gehe insbesondere auf die Nutzung ein.
b) Vergleiche die Nutzung der Gebiete, die in M2 und M4 zu sehen sind. **138 >**
c) Notiere Vermutungen, inwiefern die Nutzungen zeigen, dass es sich um Maßnahmen zum Schutz vor Erosion handelt.

2. a) Ordne die beschriebenen Maßnahmen in M3 den Ziffern in M1 zu.
b) Erstelle zu jeder Maßnahme ein Wirkungsgefüge. **154 >**
c) Notiere zu den Abbildungen in M2 und M4 neue Bildunterschriften, in denen du die entsprechenden Fachbegriffe für die angewendeten Maßnahmen verwendest.

3. Fertige zu jeder Maßnahme eine Skizze mit Beschriftung und einer kurzen Erklärung an.

W 4. Bewerte die Maßnahmen im Hinblick auf Nachhaltigkeit, indem du
A einen Text schreibst (M2 – M6).
B eine Tabelle mit Vor- und Nachteilen anlegst (M2 – M6). **140 >**

M2 In hügeligen Gebieten wendet man diese Maßnahme an, um den Boden zu schützen.

A Durch **Strip Cropping**, streifenförmigen Anbau unterschiedlicher Pflanzen, soll vermieden werden, dass die Ackerfläche nach der Ernte schutzlos Wind und Wasser ausgeliefert ist. Die Pflanzen auf den Anbaustreifen werden zu unterschiedlichen Zeiten geerntet, sodass immer nur einzelne Streifen brach liegen. Wird Boden vom abgeernteten Streifen ausgeweht, bleibt er an den Pflanzen des benachbarten Streifens hängen.

B *Windschutzstreifen* werden quer zur Hauptwindrichtung angelegt. Man pflanzt Büsche und Bäume. Windschutzstreifen vermindern zum einen die Windgeschwindigkeit, weil sie ein Hindernis für den Wind darstellen. Zum anderen kann sich an ihnen Boden ablagern, der vom Wind fortgeweht wurde. Windschutzstreifen bewirken auch eine höhere Feuchtigkeit im Boden in der Nähe der Hecken.

M3 Mögliche Maßnahmen zum Bodenschutz

Gebiete mit trockenerem Klima, unregelmäßigen Niederschlägen und hohen Windgeschwindigkeiten

M1 Es gibt mehrere Möglichkeiten, um der Erosion durch Wind und Wasser entgegenzuwirken.

M4 In flachen Gebieten wendet man diese Maßnahme an, um den Boden zu schützen.

M5 Mit dieser Beregnungsanlage kann man eine kreisförmige Fläche bewässern.

C *Aufforstung* ist eine Maßnahme zum Bodenschutz, die insbesondere an steileren Hängen angewendet wird. Die Bäume halten mit ihren Wurzeln den Boden fest, sie bewirken, dass mehr Wasser in den Boden versickert, und sie bieten einen guten Schutz vor der Erosion durch Wind.

E Beim **Konturpflügen** werden die Felder parallel zum Hang gepflügt. Dadurch werden Furchen parallel zum Hang gezogen. Sie stellen ein Hindernis für abfließendes Wasser dar. Noch besseren Bodenschutz bietet die Kombination von Konturpflügen mit streifenförmigem Anbau unterschiedlicher Pflanzen.

D Boden kann besonders gut fortgeweht werden, wenn er trocken ist. Mit *Bewässerungsanlagen* wird der Boden feucht gehalten. Durch Bewässerung kann auch fehlender oder unregelmäßiger Niederschlag ausgeglichen werden.
Allerdings sind die Bewässerungsanlagen teuer. Noch besseren Bodenschutz bietet die Kombination von Bewässerung mit streifenförmigem Anbau unterschiedlicher Pflanzen.

Formulierungshilfen
zu Aufgabe 1b:
Gleich ist, dass beim Anbau … angewendet wird.
Unterschiedlich ist, dass man in M4 …-anlagen erkennen kann.
Die Felder werden …

Gebiete mit feuchterem Klima und größeren Höhenunterschieden

Fachbegriffe
- das Strip Cropping
- das Konturpflügen

In der Arktis – Menschen leben mit der Kälte

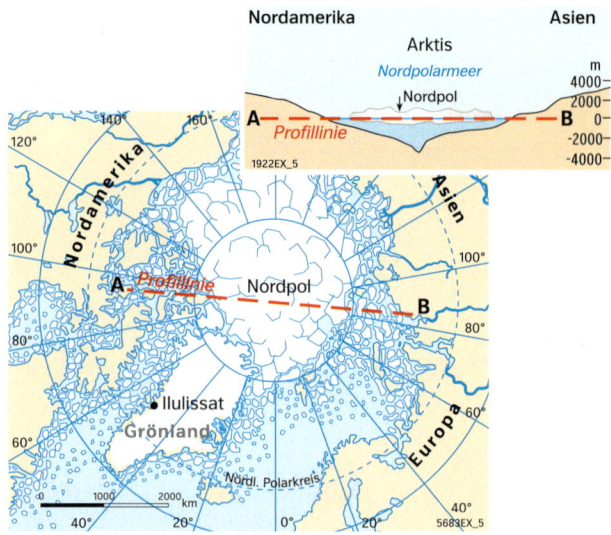

„Nautilus Ninety North" (Nautilus auf 90° N) lautete der Funkspruch, den das U-Boot Nautilus am 2. August 1958 absetzte. Es war unter dem Eis der Arktis hindurchgetaucht und hatte den Nordpol erreicht. Wie sieht der Lebensraum Arktis aus? Wie leben die Menschen hier?

1. a) Zeichne das Klimadiagramm von Ilulissat (M1). 152 ▶
   b) Werte es aus. 153 ▶
   c) Anbaufrüchte können erst wachsen, wenn die Temperaturen über 10 °C liegen. Stelle fest, wann dies in Ilulissat der Fall ist. 153 ▶

2. Beschreibe den Polartag in Ilulissat (M2, M4, M6). 138 ▶

Ⓦ **3.** Wähle aus:
   Erkläre, wie Polartag und Polarnacht in den Polargebieten entstehen (M2), indem du
   A die Situation am 21.06. beschreibst.
   B die Situation am 21.12. beschreibst.

4. a) Berichte über das Leben der Menschen in Ilulissat (M5 – M8).
   b) Erläutere, was sich gegenüber früher verändert hat (M5, M7, M8).

5. Begründe, warum der Polartag auch Mitternachtssonne genannt wird (M4).

M3 Karte und Querschnitt der Arktis

Lange Zeit dunkel, lange Zeit hell

Bis zu sechs Monate Nacht – das ist für uns kaum vorstellbar, aber das gibt es in den Polargebieten der Erde. Sie liegen zwischen den Polen und den Polarkreisen. Während der **Polarnacht** erscheint die Sonne nicht über dem Horizont. Dann ist es entweder dunkel oder es herrscht Dämmerung. Dagegen geht während des **Polartages** die Sonne nicht unter.

In der Arktis, dem Polargebiet am Nordpol, haben sich die Menschen an das Leben mit der Kälte angepasst. Sie lebten vom Fischfang und der Jagd auf Robben. Kleidung und Geräte für die Jagd und den Haushalt stellten sie aus den Knochen und dem Fell von Robben her. Inzwischen hat sich ihr Leben verändert. Die **Inuit** sind heute keine **Selbstversorger** mehr. Sie kaufen Nahrungsmittel, Kleidung und Haushaltsgeräte in den Supermärkten. Die Waren werden aus Dänemark eingeflogen.

	J	F	M	A	M	J	J	A	S	O	N	D	Jahr
°C	-13,8	-15,0	-15,5	-8,7	0,1	5,1	8,0	6,8	2,4	-3,5	-8,0	-11,7	-4,4
mm	13	13	13	13	17	22	28	27	34	26	23	18	257

M1 Klimadaten von Ilulissat (4 m ü. M.)

Dauer	Nordpol	Kap Barrow	Ilulissat	Polarkreis
des Polartages	186 Tage*	82 Tage	65 Tage	1 Tag
der Polarnacht	179 Tage*	64 Tage	43 Tage	1 Tag

*Aufgrund der unterschiedlichen Entfernung der Erde zur Sonne (Erdbahn) ist es nicht genau ein halbes Jahr.

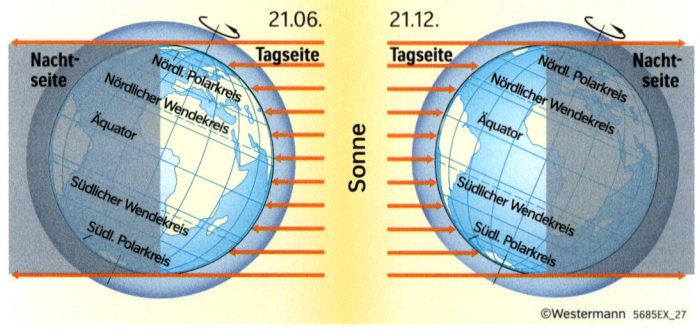

M2 In den Polargebieten der Erde gibt es Polarnacht und Polartag.

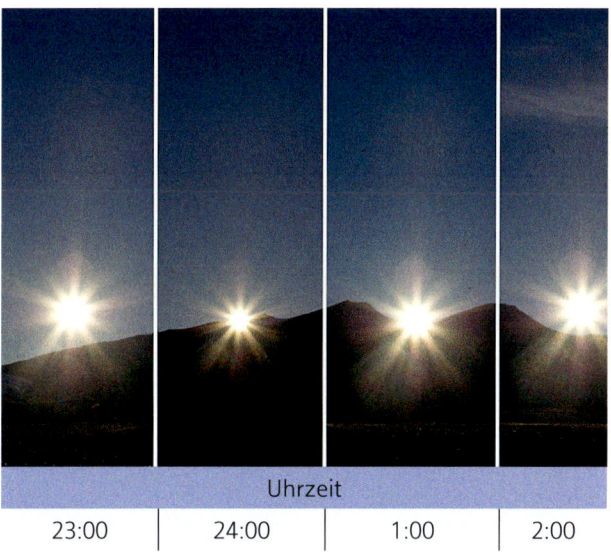

Uhrzeit			
23:00	24:00	1:00	2:00

M4 24 Uhr in Ilulissat am Polartag: Es scheint die sogenannte Mitternachtssonne.

M7 Früher: Hundeschlitten waren das einzige Verkehrsmittel. Heute werden Touristen darin herumgefahren.

„Ich heiße Smilla und lebe mit meinen Eltern und meinem Großvater in Ilulissat auf Grönland. Der Ort hat 4500 Einwohner. Wir sind Inuit und wohnen in einem roten Haus.

Mein Großvater erzählt mir oft davon, wie er früher gelebt hat. Für ihn sind Heizung und Strom immer noch ungewohnt. Wenn wir im Supermarkt einkaufen, freut er sich über das vielfältige Warenangebot. Wir brauchen nichts mehr selbst anzufertigen, es gibt alles zu kaufen. Allerdings müssen die Waren aus Dänemark herangeschafft werden. Mein Vater arbeitet in einer der beiden modernen Fischfabriken des Ortes. Hier werden vor allem Krabben und Heilbutt verarbeitet. Wie man selbst Fische fängt, kenne ich nur aus den Erzählungen meines Großvaters."

M5 Smilla lebt in Ilulissat. Sie berichtet von ihrer Familie und dem Leben früher.

M8 Heute: Mit dem Motorschlitten fahren die Menschen zum Supermarkt.

Formulierungshilfen

zu Aufgabe 2:
Der Polartag dauert in Ilulissat ...
Während des Polartags ...
Die Sonne ist auch ... zu sehen.
Die Sonnenstrahlen erwärmen während des Polartags ...
Der Schnee ...

Fachbegriffe

- die Polarnacht
- der Polartag
- der Inuk (Sg.),
- die Inuit (Pl.)
- der Selbstversorger

M6 Ilulissat im Sommer

In der Arktis – Menschen verändern ihren Lebensraum

Schnee und Eis im Winter, im Sommer Schlamm und Mücken, zu kalt für Anbaupflanzen – in der Arktis ist das Leben nicht leicht.
Warum sind dennoch viele Länder an Gebieten in der Arktis interessiert? Wie hat sich der Lebensraum verändert? Wie wird er sich in Zukunft verändern?

1. Beschreibe die Abbildungen M2 und M3. **138**

2. Erkläre, welche Probleme beim Bau von Häusern auftreten und wie man sie bewältigt (M6).

3. a) Schildere das Transportproblem im Sommer (M5).
   b) Im Winter werden in Russland die großen Flüsse als Straßen benutzt. Notiere die Namen von drei großen Flüssen in Russland, die ins Nordpolarmeer münden (Atlas).

4. Das Nordpolarmeer ist ein Streitobjekt. Begründe, warum so viele Länder ein Interesse am Nordpolarmeer haben (M1).

W 5. Erläutere, wie sich die Ergebnisse der Forschung in den Gewächshäusern auf die Lebensbedingungen der Menschen auswirken werden (M4). Wähle aus:
   A Berichte aus der Sicht eines Experten.
   B Schreibe einen Zeitungsbericht. **162**

E 6. Führt in der Klasse eine Pro-und-Kontra-Diskussion durch zu dem Thema: Die Rohstoffe in der Arktis sollten erschlossen/nicht erschlossen werden (M1). **140** **159**

M2 Am Rand der Eiswüste in der Arktis

Moderne Technik verändert einen lebensfeindlichen Raum

Die Arktis ist ein lebensfeindlicher Raum und dennoch leben hier viele Menschen. Es gibt sogar Großstädte wie Murmansk. Die Stadt hat einen Hafen, der für die russische Armee von Bedeutung ist. Es ist der Hauptstützpunkt der russischen Flotte. In anderen Gebieten sind Bergbaustädte entstanden, weil es dort Rohstoffe gibt, die abgebaut werden oder erschlossen werden sollen. Ein Problem sind die Transportwege. Der Boden ist ganzjährig bis in große Tiefen gefroren. Dieser **Dauerfrostboden** (Permafrostboden) taut im Sommer nur oberflächlich auf. Da das Wasser nicht in den gefrorenen Boden einsickern kann, bilden sich im Sommer Sumpf- und Seenlandschaften. Fahrzeuge versinken im Schlamm. Die Sümpfe sind außerdem ein ideales Brutgebiet für Mücken, sodass die Mückenplage im Sommer groß ist.

Da in den letzten Jahrzehnten die Temperaturen weltweit angestiegen sind, erhöhen sich auch die Chancen für den Anbau von Feldfrüchten. Forscher sind bereits damit beschäftigt, an die Kälte angepasste Sorten zu züchten.

ERSTAUNLICH

In der Stadt Murmansk bekommen die Schülerinnen und Schüler erst ab – 40 °C kältefrei. Im Winter dürfen die Motoren der Fahrzeuge nicht ausgeschaltet werden, weil sie sonst einfrieren. Milch wird in den Wintermonaten in gefrorenen Blöcken verkauft.

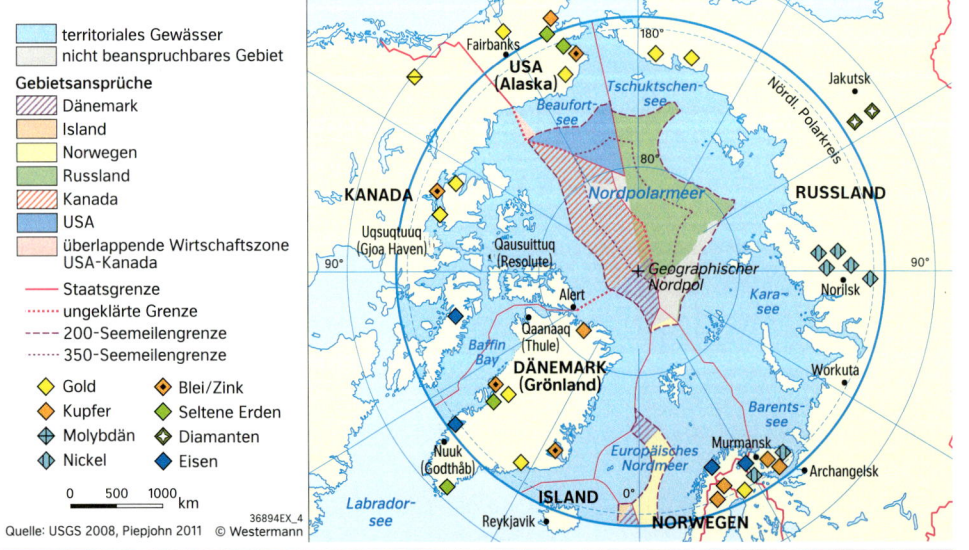

Legende:
- territoriales Gewässer
- nicht beanspruchbares Gebiet

Gebietsansprüche
- Dänemark
- Island
- Norwegen
- Russland
- Kanada
- USA
- überlappende Wirtschaftszone USA-Kanada

— Staatsgrenze
— ungeklärte Grenze
---- 200-Seemeilengrenze
····· 350-Seemeilengrenze

- Gold
- Kupfer
- Molybdän
- Nickel
- Blei/Zink
- Seltene Erden
- Diamanten
- Eisen

0   500   1000 km

36894EX_4
Quelle: USGS 2008, Piepjohn 2011 © Westermann

M1 Gebietsansprüche in der Arktis. Der weltweite Anstieg der Temperaturen wird die Erschließung von Rohstoffen erleichtern.

M3 Murmansk (Russland) ist die größte Stadt nördlich des Polarkreises.

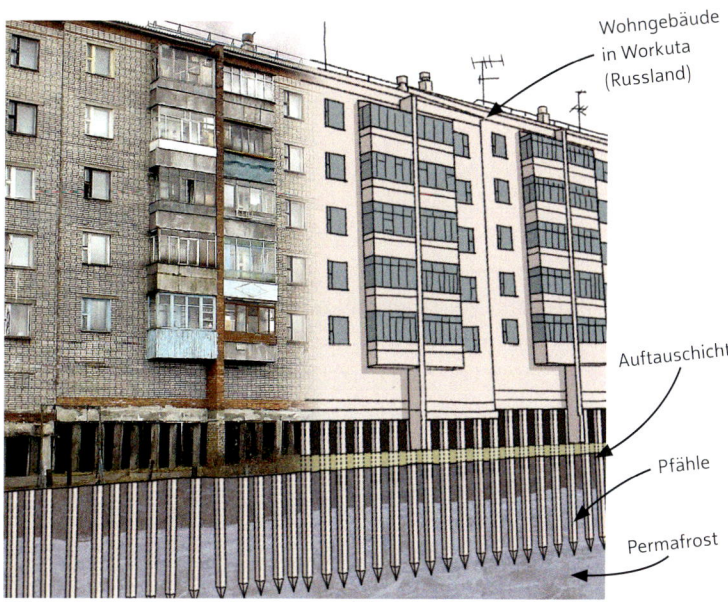

Wohngebäude in Workuta (Russland)

Auftauschicht

Pfähle

Permafrost

M6 Hausbau-Technik in Dauerfrostgebieten

Gewächshaus in der Forschungsstation Upernaviarsuk

Auf Grönland beschäftigen sich landwirtschaftliche Experten in den letzten Jahren damit, in Gewächshäusern Obst- und Gemüsesorten zu züchten. Die neuen Sorten sollen widerstandsfähig gegen kühlere Temperaturen sein und nur eine kurze Wachstumszeit benötigen. Sie sollen dann auch draußen auf Feldern angepflanzt werden. Dies ist ein wichtiges Projekt. Es geht darum, die Selbstversorgung des Landes zu sichern. Man möchte vom Import landwirtschaftlicher Produkte weitgehend unabhängig werden. Die weltweit ansteigenden Temperaturen könnten für Grönland von Vorteil sein. Der Frühling kommt früher und die wärmere Zeitspanne dauert länger an. Das erhöht die Chancen, Obst und Gemüse auch im Freiland anzubauen.

M4 Gute Aussichten für den Ackerbau?

M5 Im Sommer versinken die Fahrzeuge im Schlamm, im Winter frieren die Motoren ein.

Formulierungshilfen

zu Aufgabe 2:
Ein Problem beim Hausbau in Gebieten mit Dauerfrostboden ist ...
Im Sommer ...
Dann wird aus der oberen Bodenschicht ...
Damit die Häuser nicht ..., baut man sie ...
Zwischen dem Erdboden und dem Boden des Hauses kann Luft ...
Die Wärme des Hauses ...

Fachbegriff

■ der Dauerfrostboden

Leben und Wirtschaften in unterschiedlichen Klimazonen

1. a) Welches Klimadiagramm gehört zu einer Klimastation in einem Trockenraum? Begründe (M2).

b) Welches Klimadiagramm gehört zu einer Klimastation im tropischen Regenwald? Begründe.

c) Zu welcher Landschaftszone gehört das dritte Klimadiagramm? Begründe.
Schülerbuch Seite 35 – 37

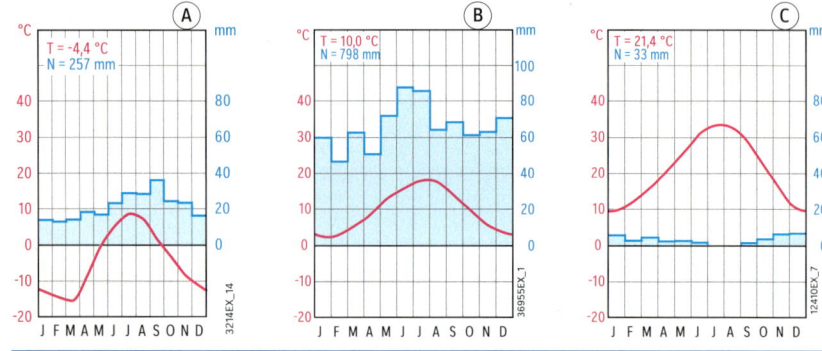

M2 Klimadiagramme aus verschiedenen Klimazonen

2. a) Beschreibe den Stockwerkbau des tropischen Regenwalds.

b) Der tropische Regenwald wird aus vielen Gründen zerstört. Ordne den Ziffern in M1 den jeweiligen Grund zu.
Schülerbuch Seiten 46 – 50 und 54 – 55

4. a) Beschreibe den Wanderfeldbau.

b) Erkläre, warum der Wanderfeldbau heute keine angepasste Nutzungsform im tropischen Regenwald mehr ist.

c) Die Agroforstwirtschaft ist eine nachhaltige Wirtschaftsform. Nimm Stellung.
Schülerbuch Seiten 48 – 51

3. a) Beschreibe den Nährstoffkreislauf im tropischen Regenwald.

b) Zeichne eine Skizze zum Nährstoffkreislauf im tropischen Regenwald.
Schülerbuch Seite 47

5. Erläutere, inwiefern die Mittelbreiten (gemäßigte Zone) ein Gunstraum für die Landwirtschaft sind.
Schülerbuch Seiten 66 – 67

M1 Nutzung und Zerstörung des tropischen Regenwalds

AN – BÄU – BAU – BE – BRUN – DAT – DE – FUT – GE – GRUND – ME – ME – NEN – OA – OBST – PAL – PFLAN – RUNG – SE – SE – SER – STOCK – TEL – TER – TREI – WÄS – WAS – WERK – ZEN – ZIEH

M3 Rätsel zum Trockenraum Wüste

6. a) In diesem Silbenrätsel (M2) sind neun Wörter versteckt, die zeigen, wie die Menschen in einer Grundwasseroase in der Wüste wirtschaften. Finde sie heraus und notiere sie.
b) Fertige eine Skizze an, in der diese Begriffe verdeutlicht werden.
c) Die Dattelpalme gilt als wichtigste Nutzpflanze der Oasen. Begründe.
Schülerbuch Seiten 60 – 61

7. Bewässerte Felder müssen entwässert werden. Erläutere, warum das so ist.
Schülerbuch Seite 61

M5 Karikatur

8. Werte die Karikatur aus (M5). XXX▶

9. a) Erkläre, wie sich die Agave an das trockene Klima angepasst hat (M4).
b) Erstelle eine Liste mit weiteren Hartlaubgehölzen (Internet).
Schülerbuch Seite 64

bis zu drei Zentimeter lange Dornen an der Spitze

harte Blatthaut, die die Verdunstung herabsetzt

fleischige Blätter, die viel Wasser speichern können

kleine Dornen an den Seiten, die der Aufnahme von Wasser (Tau) dienen

im Blatt sind Zellen, die bei Wassermangel ein Umknicken verhindern

M4 Die Agave – ein Hartlaubgewächs

10. Wähle fünf Fachbegriffe und notiere sie in deiner Muttersprache. Vergleicht in der Gruppe. Welche Gemeinsamkeiten gibt es?

Fachbegriffe
- die Agroforstwirtschaft
- die Bewässerungsart
- die Bodenerosion
- die Brandrodung
- die Brettwurzel
- der Dauerfeldbau
- der Dauerfrostboden
- die Desertifikation
- die Dornstrauchsavanne
- der faire Handel
- das Feedlot

- die Feuchtsavanne
- die Great Plains
- der Inuk (Sg.), die Inuit (Pl.)
- das Konturpflügen
- das Landklima
- die Landwechselwirtschaft
- die marktorientierte Produktion
- die Monokultur
- der Nährstoffkreislauf
- der Nomade
- die Oase

- die Plantage
- die Polarnacht
- der Polartag
- die Schwarzerde
- das Seeklima
- der Selbstversorger
- das Solarkraftwerk
- die Steppe
- der Stockwerkbau
- das Strip Cropping
- die Subsistenzwirtschaft
- der Tiefbrunnen
- das Treibhaus

- die Trockensavanne
- die Vegetationszeit
- die Versalzung
- die Viehwirtschaft
- das Wadi
- der Wanderfeldbau
- der Weltmarkt

WES-105367-078

Unruhige Erde – Erdbeben und Vulkanismus

Der Ätna ist der höchste aktive Vulkan Europas. Die Vulkanausbrüche begannen vor etwa 500 000 Jahren und dauern bis heute an. Der Ätna zählt zu den weniger gefährlichen Vulkanen der Erde, weil er regelmäßig ausbricht. So kann sich im Erdinneren weniger Druck aufbauen als bei einem inaktiven Vulkan, der dann plötzlich und unerwartet ausbricht. Gebiete um Vulkane sind häufig dicht besiedelt. Warum leben die Menschen mit der Gefahr von Vulkanausbrüchen? Warum gibt es nur in bestimmten Gebieten Vulkane?

Es gibt neben Vulkanen noch andere Naturgefahren. Auch darüber wirst du in diesem Kapitel mehr erfahren.

Notiere Fragestellungen zum Thema, die du bearbeiten möchtest.

Am 26. Oktober 2013 schleuderte der Vulkan Ätna auf Sizilien Fontänen von flüssigem Gestein und große Rauchwolken in die Luft. Kannst du dir vorstellen, welche Auswirkungen der Vulkanausbruch auf die Menschen in der Umgebung haben könnte?

Die Gesteinshülle der Erde – ein Puzzle in Bewegung

Die grüne Meeresschildkröte lebt an der Küste Brasiliens. Seit 100 Millionen Jahren legt sie ihre Eier am Strand der Insel Ascension ab, die östlich im Atlantischen Ozean liegt. Dieses Verhalten ist angeboren. Die Eier sollen so vor Räubern am Festland geschützt werden. Grüne Meeresschildkröten schwimmen deshalb jedes Jahr von Brasilien zur Insel Ascension, aber dieser Weg wird immer länger. Woran liegt das?

1. Beschreibe die drei Möglichkeiten der Plattenbewegungen (M6, Text).

2. Erkläre, welche Beweise Alfred Wegener für seine Theorie der Kontinentalverschiebung gefunden hatte (M2, M3, M4).

3. Beschreibe, wie sich die Lage der Kontinente verändert hat (M4).

W 4. Wähle aus:
Beschreibe die Vorgänge
A an der südamerikanischen Westküste (M5).
B am Ostpazifischen Rücken (M5).

5. Erkläre, warum die grünen Meeresschildkröten immer längere Wege schwimmen müssen (M2, M3, Text).

D E 6. Recherchiere Informationen über Tiefseegräben und ihre Lage (M5, Internet). 138 ▶

D E 7. Schreibe einen Bericht zu Alfred Wegener uund seiner Theorie (Internet). 138 ▶ 162 ▶

M2 Die grüne Meeresschildkröte

Erdplatten wandern

Der deutsche Wissenschaftler Alfred Wegener nahm an, dass sich die Kontinente bewegen. Er fand mehrere Beweise dafür. Es glaubte ihm aber niemand. Seine Theorie der Kontinentalverschiebung ist die Grundlage für das heutige Modell der **Plattentektonik**.

Die Erdkruste ist in größere und kleinere Erdplatten zerbrochen. Diese Erdplatten bewegen sich. Die Bewegung der Platten entstehen durch **Konvektionsströme**. Die Platten können sich voneinander weg und aufeinander zu bewegen. Sie können sich auch gegeneinander verschieben.

Ozeanische Rücken entstehen, wenn Magma unter dem Ozean nach oben drückt und die Platten voneinander wegschiebt. **Faltengebirge** entstehen, wenn sich Platten aufeinander zubewegen. Die schwerere Platte schiebt sich unter die leichtere Platte. Dies nennt man **Subduktion**. Der Rand der leichteren Platte wird zusammengestaucht und aufgefaltet. Bewegen sich zwei Erdplatten aneinander vorbei, entsteht ein Riss in der festen Gesteinshülle der Erde.

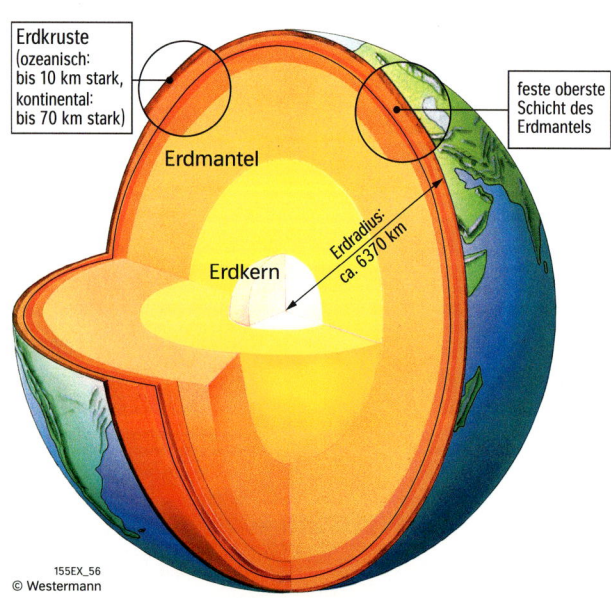

Erdkruste
(ozeanisch: bis 10 km stark, kontinental: bis 70 km stark)

feste oberste Schicht des Erdmantels

Erdmantel

Erdradius: ca. 6370 km

Erdkern

155EX_56
© Westermann

M1 Modell vom Schalenbau der Erde

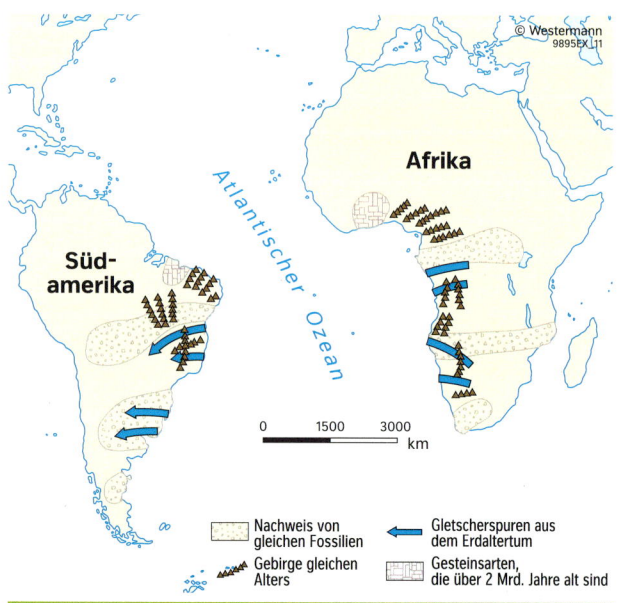

© Westermann
9895EX_11

Atlantischer Ozean

Afrika

Süd- amerika

0   1500   3000
km

Nachweis von gleichen Fossilien

Gletscherspuren aus dem Erdaltertum

Gebirge gleichen Alters

Gesteinsarten, die über 2 Mrd. Jahre alt sind

M3 Südamerika und Afrika passen wie Puzzleteile zusammen.

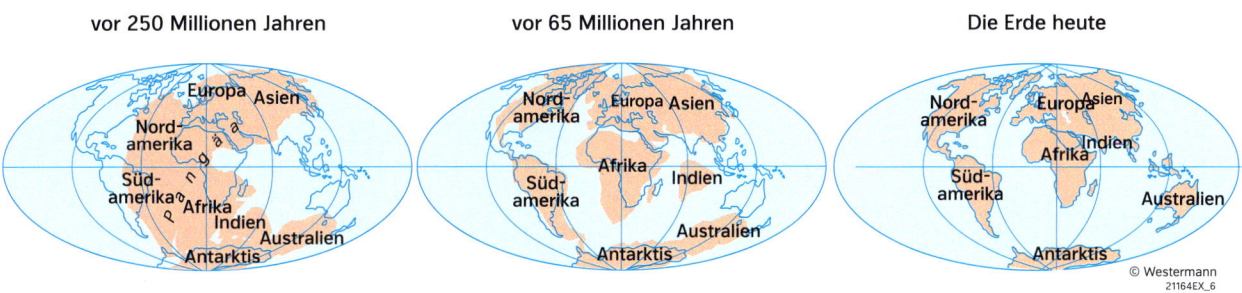

vor 250 Millionen Jahren   vor 65 Millionen Jahren   Die Erde heute

M4 Lage der Kontinente im Laufe der Zeit

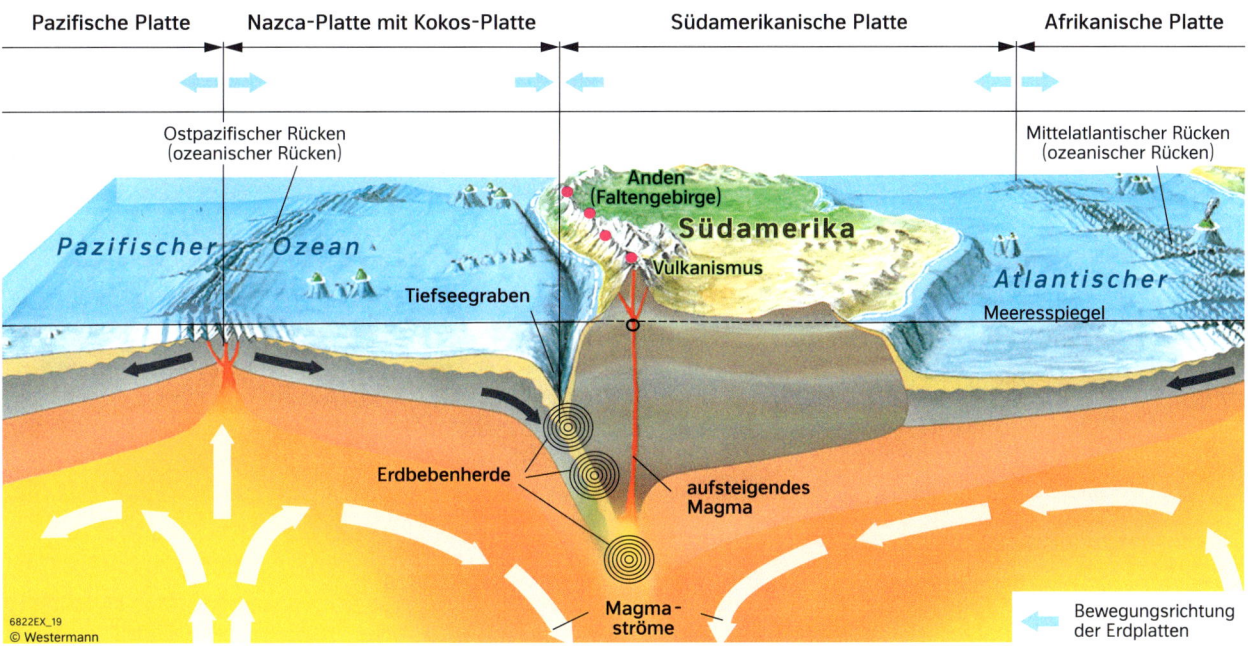

M5 Querschnitt durch die Gesteinshülle der Erde

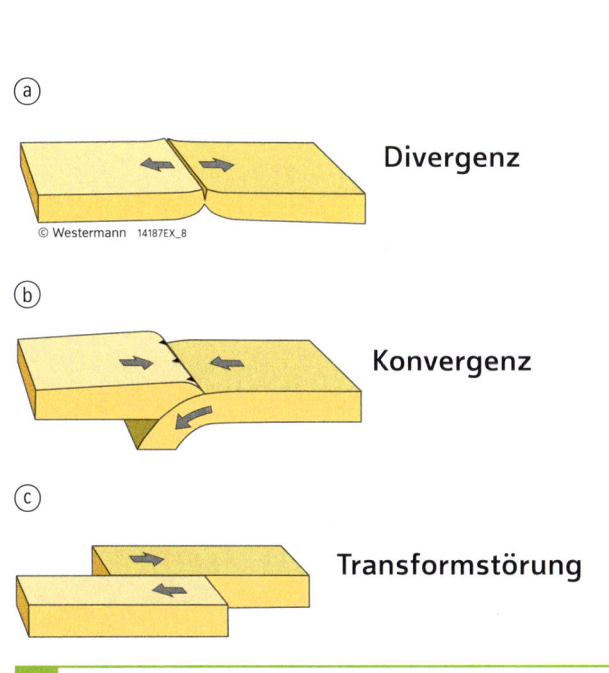

(a) Divergenz

(b) Konvergenz

(c) Transformstörung

M5 Die drei möglichen Plattenbewegungen

Bis zum Mittelpunkt der Erde sind es ungefähr 6370 km. Mit zunehmender Tiefe nehmen Temperatur und Druck zu. In 250 km Tiefe beträgt die Temperatur schon 1400 °C.

Formulierungshilfen

zu Aufgabe 1:
Die Erdplatten bewegen sich …
Dabei entsteht …
… schiebt sich …
Es bildet sich …
Dies nennt man …

Fachbegriffe

- der Konvektionsstrom
- die Plattentektonik
- die Subduktion
- der ozeanische Rücken

Vulkane – Feuer speiende Berge

Kräfte aus dem Erdinneren wirken sich auf das Leben auf der Erde aus. Diese Kräfte sind zum Beispiel für den Vulkanismus verantwortlich. Ein Vulkan kann jahrelang ruhig sein. Doch dann bricht er plötzlich aus.
Wie entstehen Vulkane? Welche Gefahren gehen von Vulkanen aus?

1. Beschreibe die Abbildung (M2). `138`

D **2.** Erkläre, wie ein Vulkan ausbricht. Erstelle ein Erklärvideo (M3, Text). `145`

D **3.** Gestalte eine PowerPoint-Präsentation zu den Auswirkungen eines Vulkanausbruchs (M1 – M3, M5, Internet). `138` `144`

4. Beschreibe, wie die Hänge des Ätna genutzt werden (M3, M4).

W **5.** Wähle aus:
   A Erkläre, warum so viele Menschen am Vulkan Ätna leben (M3, M4).
D **B** Bauer Borzi schreibt seinem Freund in Deuschland eine Mail. Darin erklärt er seinem Freund, warum er nicht wegziehen möchte (M5). Schreibe die Mail für Bauer Borzi. `162`

D **E** **6.** Erkunde den Ätna mithilfe von Google Maps und recherchiere im Internet Informationen. Führe eine virtuelle Exkursion durch. `147`

D **E** **7.** in den letzten Jahren sind mehrere Vulkane ausgebrochen. Recherchiere im Internet und drehe eine Reportage (Internet, Video mit Greenscreen-Technik). `138` `143`

> **INFO**
> Ein Vulkanausbruch ist ein **Naturereignis**. Von einer **Naturkatastrophe** spricht man erst, wenn dabei Menschen ums Leben kommen und große Schäden angerichtet werden.

> **INTERNET**
> Suchbegriffe:
> → Vulkanismus
> → Ätna
> → Planet Schule – nützliche Vulkane

Ursache	Todes-fälle in %	Ursache	Todes-fälle in %
Lava	1	Schlammstrom	15
Gas	1	Tsunami	20
Aschefall	2	Glutwolke	23
Schuttlawine	2	Sonstige	36

M1 Lebensgefahr bei Vulkanausbrüchen

M2 Ausbruch des Vulkans Ätna (Italien). Im Hintergrund liegt die Stadt Catania mit 315 000 Einwohnern.

Vulkanausbrüche – die Erdkruste bricht auf

An einigen Stellen ist die feste Erdkruste besonders dünn. Dort kann Magma in unterirdische Hohlräume, die Magmakammern, aufsteigen. Wenn die Gase im Magma ausreichend Druck aufgebaut haben, durchbrechen sie die Erdoberfläche. Ein **Vulkan** bricht aus. Das bei einem Vulkanausbruch austretende Magma heißt **Lava**. Diese kann entweder dünn- oder zähflüssig sein. Beim Austritt dünnflüssiger Lava entstehen flache **Schildvulkane** wie auf Hawaii. Tritt dickflüssige Lava aus den Vulkanöffnungen, den **Kratern** aus, entstehen **Schichtvulkane**. Daneben werden auch viel Asche und Gesteinsbrocken in die Luft geschleudert. So lagern sich Lava und Asche im Wechsel ab.

29981EX

M3 Schnitt durch das Innere des Ätna und Bodennutzung

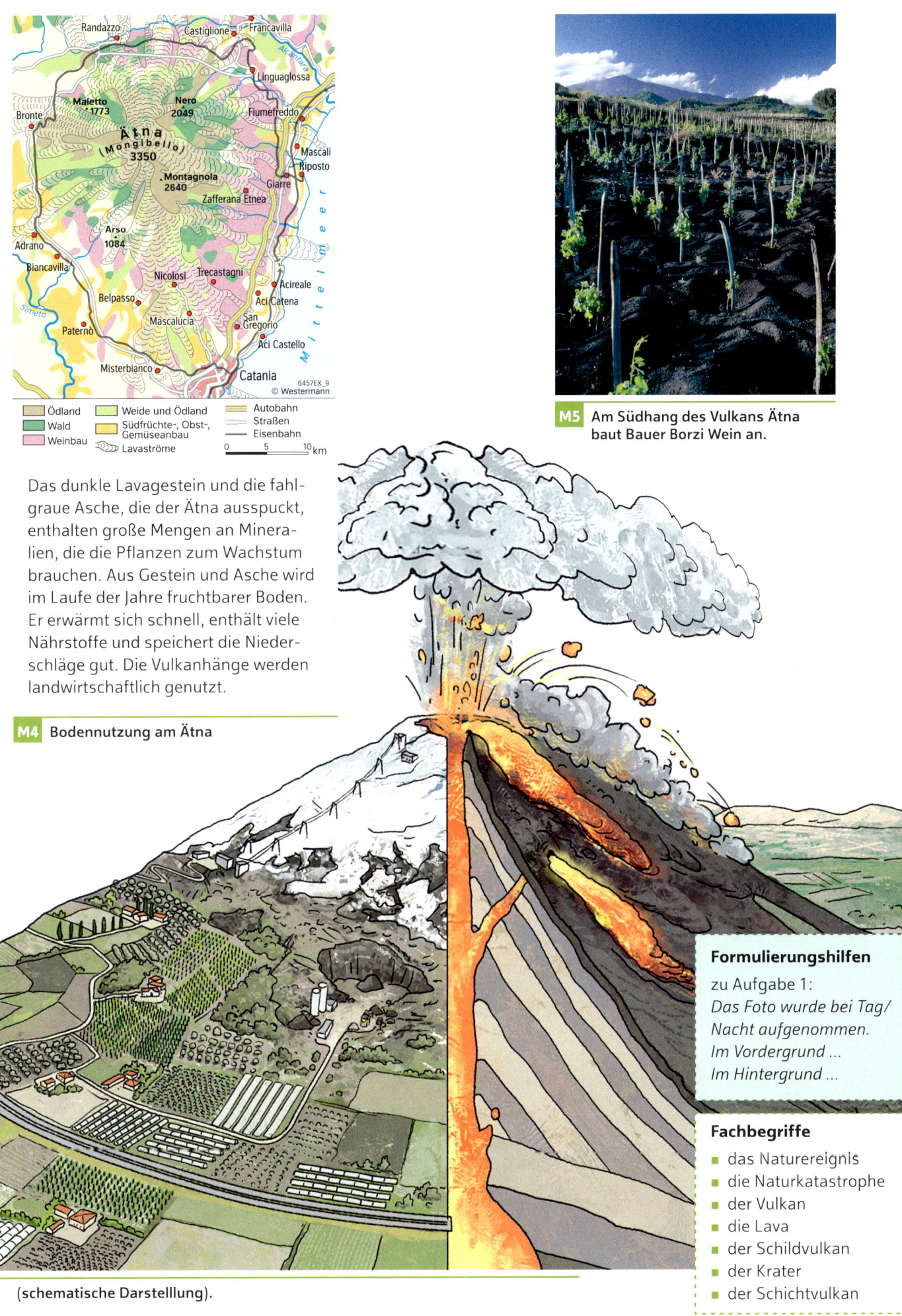

M5 Am Südhang des Vulkans Ätna baut Bauer Borzi Wein an.

Das dunkle Lavagestein und die fahlgraue Asche, die der Ätna ausspuckt, enthalten große Mengen an Mineralien, die die Pflanzen zum Wachstum brauchen. Aus Gestein und Asche wird im Laufe der Jahre fruchtbarer Boden. Er erwärmt sich schnell, enthält viele Nährstoffe und speichert die Niederschläge gut. Die Vulkanhänge werden landwirtschaftlich genutzt.

M4 Bodennutzung am Ätna

Map legend:
Ödland
Wald
Weinbau
Weide und Ödland
Südfrüchte-, Obst-, Gemüseanbau
Lavaströme
Autobahn
Straßen
Eisenbahn
0 5 10 km

6457EX_9
© Westermann

Formulierungshilfen
zu Aufgabe 1:
*Das Foto wurde bei Tag/
Nacht aufgenommen.
Im Vordergrund …
Im Hintergrund …*

Fachbegriffe
- das Naturereignis
- die Naturkatastrophe
- der Vulkan
- die Lava
- der Schildvulkan
- der Krater
- der Schichtvulkan

(schematische Darstelllung).

Wir bauen ein Vulkanmodell

Es gibt über 400 aktive Vulkane auf der Erde. Das sind Vulkane, die in den letzten 10 000 Jahren ausgebrochen sind. Will man die Vorgänge bei einem Vulkanausbruch besser verstehen, hilft ein Modell.

Modelle kann man selbst bauen. Wie geht man vor, um ein Vulkanmodell zu bauen?

1. Vorbereitung
- Bildet eine Gruppe, die das Modell bauen möchte.
- Besorgt das Material aus M1.

2. Durchführung

A Bearbeiten des Styropors (M2)
- Zerschneidet 5 cm dicke Styroporplatten in folgende Stücke: 2 x 50 x 70 cm; 2 x 30 x 50 cm; je einmal 40 x 60 cm, 20 x 30 cm, 10 x 10 cm.
- Schichtet die Stücke nach der Größe zu einem Berg auf.
- Halbiert die Platten zum Aufklappen des später fertig gestellten „Vulkans".
- Verklebt die Schichten miteinander.

B Oberflächenformen (M3)
- Schneidet die Stufenkanten der zusammengeschobenen Hälften mit dem Federmesser ab.
- Rührt 2 kg Gips mit 1,5 l Wasser in einem Eimer an.
- Formt mit dem Gipsbrei die „Hänge" des „Vulkans" glatt. Die Hälften dürfen dabei nicht zusammenkleben.

C Anmalen des Modells (M5)
- Bemalt nach dem Trocknen des Gipses das Modell innen und außen: z. B. Rot für Lava; Rotgelb für Magma; Grün für Wald, Wiesen, Gärten; Braun für Ackerbau; Grau für Ascheschichten.

D Beschriften des Modells (M6)
- Stellt Fähnchen aus Papier und Holzspießen her.
- Beschriftet die Fähnchen.
- Steckt die Holzspieße mit Fähnchen an die richtige Stelle des Modells.

3. Auswertung
- Besprecht die Schwierigkeiten bei der Erstellung des Modells.
- Stellt euer Modell der Klasse vor und erklärt die Einzelheiten.

Das braucht ihr:

- 1 Styroporplatte 50 x 100 cm (1 – 2 cm dick) als Grundplatte
- 3 Styroporplatten 50 x 100 cm (5 cm dick) zum Bau des Vulkans
- Styroporkleber
- Styroporschneider
- Federmesser
- Formsäge
- 2 kg Gips
- Filzstifte
- Deckfarben
- verschiedene Pinsel
- Eimer
- Wasser
- Papier
- dünne Holzspieße

M1 Werkzeuge und Arbeitsmaterialien, die ihr benötigt

M2 Die Grundform entsteht aus Styropor.

M3 Die Oberfläche des Styroporvulkans wird mit Gips geformt.

M4 Form eines Schichtvulkans: der Popocatépetl (Mexiko)

M5 Das Modell wird bemalt.

M6 Fähnchen mit Begriffen werden als Beschriftung am Modell angebracht.

Erdbeben – Folgen der Plattenbewegungen

Am 30. Oktober 2020 ereignete sich ein schweres Erdbeben in Izmir (Türkei). Häuser stürzten ein, es gab Tote und Verletzte. Rettungsmannschaften waren tagelang im Einsatz, um Überlebende aus den Trümmern zu retten. Wie kommt es zu einem Erdbeben? Welche Auswirkungen hat solch ein Ereignis?

1. Erkläre, wie ein Erdbeben entsteht (Text). `138`

2. Erkläre, warum Erdbeben auch weiter entfernt vom Epizentrum zu spüren sind (M2).

Ⓦ 3. Wähle aus:
   A Beschreibe mithilfe der Abbildungen M3 und M5 die Auswirkungen des Erdbebens in Izmir. `138`
   B Berichte über das Erdbeben in Izmir und seine Auswirkungen (M4, M6, Text). `162`

4. Erkläre, warum die Türkei erdbebengefährdet ist (M1, Text).

Ⓓ 5. Experten sagen ein großes Erdbeben in Istanbul voraus. Sie wissen aber nicht, wann es stattfinden wird. Erstelle eine Präsentation zur Erdbebengefahr in Istanbul. Nutze die Karte M1 und das Internet. `138` `144`

Ⓓ Ⓔ 6. Informiere dich über ein aktuelles Erdbeben. Halte ein Referat über das Ausmaß der Schäden und die Hilfsmaßnahmen (Internet). `138` `157` `139`

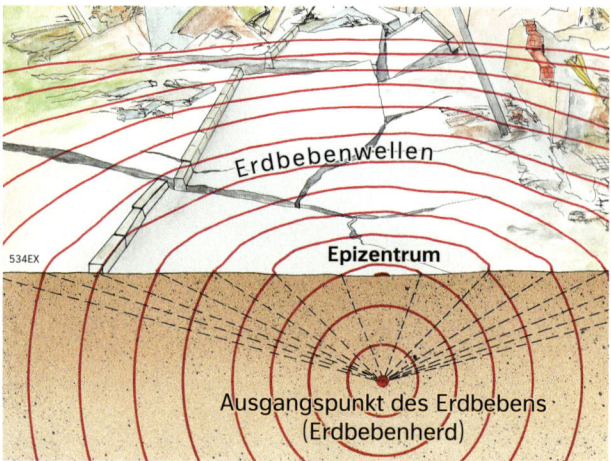

534EX

Der Ausgangspunkt eines Erdbebens (Erdbebenherd) liegt unter der Erdoberfläche. Genau über diesem Punkt an der Erdoberfläche liegt das Epizentrum. Hier kommt es zu den größten Schäden.

M2 Ausbreitung von Erdbebenwellen (nicht maßstabsgetreu)

Wenn die Erde bebt

Erdbeben sind unvorhersehbar. Die Bevölkerung kann nicht gewarnt werden. Eine rechtzeitige Evakuierung eines Ortes oder einer Stadt ist deshalb nicht möglich. Innerhalb weniger Sekunden können Städte vollständig zerstört werden.

Erdbeben entstehen besonders häufig an Erdplatten, die sich aneinander vorbeibewegen. Dabei verhaken sie sich. Spannungen bauen sich auf. Diese entladen sich ruckartig, wenn die Spannung zu groß wird. Wir nehmen das als Erdbeben wahr.

Die Stärke eines Erdbebens wird als Zahl auf der **Richterskala** angegeben. Erdbeben mit einer Stärke von 5,0 bis 6,0 ereignen sich über tausendmal pro Jahr. Große Erdbeben mit einer Stärke von über 8 gibt es hingegen ungefähr einmal pro Jahr.

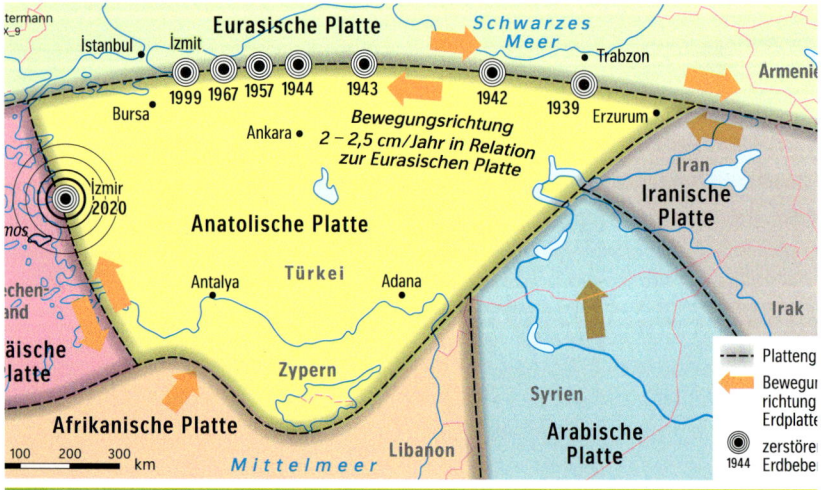

M1 Plattengrenzen, Plattenbewegungen und starke Erdbeben in der Türkei

INFO

Die Richterskala gibt die Stärke eines Erdbebens an. Benannt ist sie nach dem US-Amerikaner Charles Richter. Jede Stufe entspricht einem zehnmal stärkeren Erdbeben. Das stärkste gemessene Erdbeben ereignete sich im Jahr 1960 in Chile mit einer Stärke von 9,5. Die Skala ist nach oben hin offen. Höhere Werte sind aber eigentlich kaum möglich, weil die Erdkruste diese Kräfte nicht aushalten würde.

M3 Beschädigtes Haus nach dem Erdbeben in Izmir am 30.10.2020

M5 Rettungsmannschaften suchen in den Trümmern nach Überlebenden

Izmir wurde schwer getroffen

Das Erdbeben in Izmir am 30. Oktober 2020 hatte eine Stärke von 6,4 auf der Richterskala. Das Epizentrum lag 13 km nordöstlich der griechischen Insel Samos. Der Erdbebenherd lag in 16,5 km Tiefe. Mehrere Gebäude stürzten ein. Dabei wurden viele Menschen verschüttet. 70 Personen konnten lebend aus den Trümmern gerettet werden. Es gab 709 Verletzte und 17 Tote.

Durch das Erdbeben wurde die Stadt Izmir um vier Zentimeter nach Norden verschoben. Orte auf Samos wurden ungefähr 37 Zentimeter nach Süden versetzt. In einer Erdölraffinerie brachen Leitungen. Es kam zu Bränden.

Die Türkei ist besonders erdbebengefährdet, weil hier mehrere Erdplatten aneinanderstoßen oder aneinander vorbeigleiten.

2004	Sumatra	9,1
2005	Indonesien	8,6
2007	Indonesien	8,4
2010	Chile	8,8
2011	Japan	9,0
2012	Nord-Sumatra	8,6
2021	Haiti	7,2

M6 Die stärksten Erdbeben seit 2000

INTERNET

Suchbegriffe:
→ Aktuelle Erdbeben Geologischer Dienst NRW
→ Bundesverband Geothermie Richterskala Schäden
→ Film Quarks Erdbeben Istanbul

Ich dachte, dass der Boden zusammenbricht. In diesem Moment habe ich einfach nur versucht, aus dem Haus zu kommen. Häuser fielen einfach zusammen! Überall fiel irgendetwas auf den Boden. Zum Glück ist unser Haus stehengeblieben. Das Beben dauerte ungefähr 30 Sekunden. Auf der Straße traf ich auf meine Nachbarn. Alle waren froh, heil aus ihren Häusern gekommen zu sein. In der angrenzenden Straße waren viele Gebäude eingestürzt. Die Menschen suchten verzweifelt nach Verschütteten. Es folgten noch mehrere Nachbeben. Wir verbrachten die ganze Nacht im Freien.

M4 Ein Augenzeuge berichtet.

Formulierungshilfen

zu Aufgabe 4:
Die Türkei liegt im Bereich/auf … Erdplatten. Die … schiebt sich von … gegen …
Die … und die … gleiten aneinander vorbei.
Spannungen …
Diese können sich ….

Fachbegriffe
■ das Erdbeben   ■ die Richterskala

Tsunamis – zerstörerische Riesenwellen

M2 Eine Riesenwelle trifft am 11. März 2011 bei Natori auf die japanische Küste.

Immer wieder kommt es in Japan zu Naturkatastrophen. Eine der schwersten Katastrophen ereignete sich 2011. Damals überrollte eine haushohe Riesenwelle die Pazifikküste.
Wie entstehen diese Riesenwellen? Welche Schäden hat die Welle in Japan angerichtet?

3883EX_45

1. Du bist Augenzeuge der Situation in M2. Notiere, was du einer Freundin/einem Freund am Handy schildern würdest.

2. Vergleiche die beiden Satellitenbilder in M3. Beschreibe die Veränderungen. `156`

3. Stelle den Ablauf der Tsunami-Katastrophe in Japan stichwortartig dar (M2, M4, Text).

4. Erläutere die Folgen des Tsunamis in Japan (M3, M4, Text).

Ⓦ 5. Wähle aus:
   A Erkläre die Entstehung und Ausbreitung eines Tsunamis (M1, Text).
   B Erstelle eine Kausalkette zur Entstehung und Ausbreitung eines Tsunamis (Text, M1). `154`

Ⓔ 6. Liste auf, welche Küstengebiete auf der Erde besonders von Tsunamis bedroht sind (M5, Atlas).

Seebeben und deren Folgen

Am 11. März 2011 ereignete sich vor der japanischen Pazifikküste am Meeresboden ein schweres Erdbeben. Es löste eine bis zu 20 Meter hohe Riesenwelle aus, einen **Tsunami**. Mit ungeheurer Wucht überflutete der Tsunami weite Küstenregionen der japanischen Insel Honshu. Die Wassermassen rissen auch im Hinterland alles mit. Der Tsunami forderte etwa 18 000 Menschenleben. 10 000 Häuser wurden zerstört, 500 000 beschädigt. Im Atomkraftwerk von Fukushima kam es zu Explosionen. Gefährliche radioaktive Strahlung trat aus. Die Menschen in einem weiten Umkreis mussten evakuiert werden.

Tsunamis werden meistens durch Erdbeben unter dem Meer ausgelöst, das heißt durch **Seebeben**. Das über dem Epizentrum liegende Wasser wird innerhalb weniger Sekunden emporgehoben. Von diesem Wasserberg breiten sich kreisförmig Wellen aus. Sie sind kaum ein m hoch, können aber bis zu 1000 km/h schnell sein. Erst im flachen Wasser der Küsten türmt sich der Tsunami zu einer hohen Flutwelle auf.

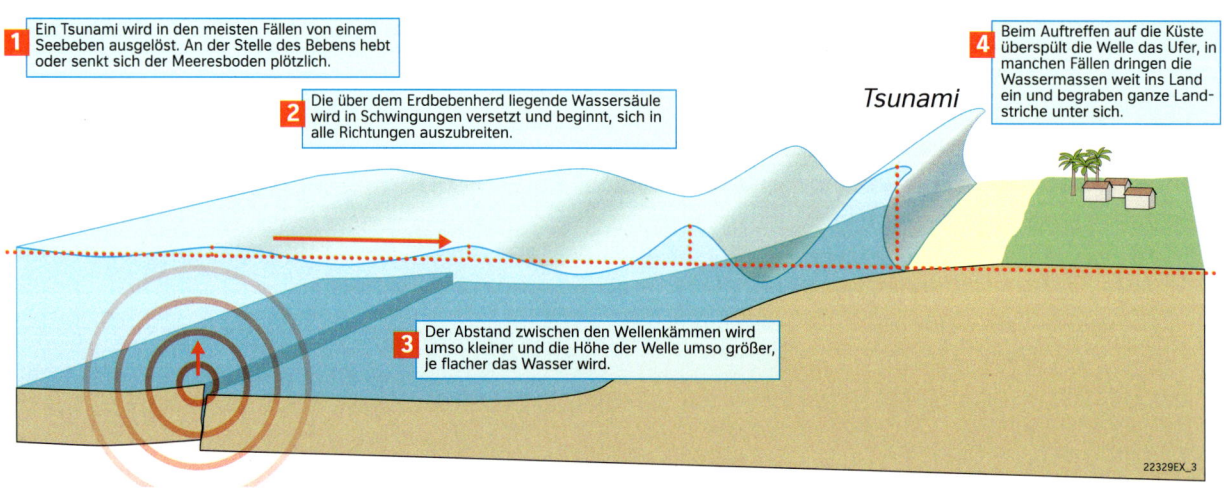

1 Ein Tsunami wird in den meisten Fällen von einem Seebeben ausgelöst. An der Stelle des Bebens hebt oder senkt sich der Meeresboden plötzlich.

2 Die über dem Erdbebenherd liegende Wassersäule wird in Schwingungen versetzt und beginnt, sich in alle Richtungen auszubreiten.

3 Der Abstand zwischen den Wellenkämmen wird umso kleiner und die Höhe der Welle umso größer, je flacher das Wasser wird.

4 Beim Auftreffen auf die Küste überspült die Welle das Ufer, in manchen Fällen dringen die Wassermassen weit ins Land ein und begraben ganze Landstriche unter sich.

Tsunami

22329EX_3

M1 Entstehung eines Tsunamis

Fujitsuka bei Sendai (Japan) vor und nach der Tsunami-Flut

„Bei uns bebt die Erde häufig. Deshalb war ich noch nicht beunruhigt, als ich durch starke Erschütterungen aus meinem Nachmittagsschlaf geweckt wurde. Ich rannte trotzdem sofort nach draußen. Es war ein starkes Erdbeben.
Als die Erdstöße nachließen, ging ich schnell wieder ins Haus zurück. Ich schaltete den Fernseher an. Dort kündigte man einen Tsunami an. Die Erschütterungen wiederholten sich. Deshalb lief ich wieder ins Freie. Plötzlich hörte ich ein dumpfes Grollen. Es schien vom Meer zu kommen. Das Geräusch wurde immer lauter und schwoll zu einem Donnern an.
Von meinem Haus aus konnte ich den Fluss Niida sehen. Eine schwarze Flutwelle schob sich flussaufwärts und überspülte die Flussdämme. Erschrocken sprang ich in mein Auto und flüchtete auf einen Hügel im Norden. Als ich dort angekommen war, konnte ich sehen, wie sich das Wasser überall verteilte. Der Tsunami hatte das ganze Land überschwemmt."

Jahr	Land/Region	Stärke (Richterskala)	max. Wellenhöhe (in m)	ungefähre Opferzahl
2011	Japan	9,0	35	18000
2006	Java	7,7	5	700
2004	Indonesien, Thailand, u.a.	9,1	35	230000
1998	Papua-Neuguinea	7,1	15	2000
1992	Südpazifik, Indonesien	7,8	25	1000
1976	Philippinen	8,0	5	5000
1960	Chile	9,6	25	1000

Tsunamis im 20. und 21. Jahrhundert (Auswahl)

Tsunami

Der Begriff Tsunami kommt aus dem Japanischen und bedeutet „Große Welle im Hafen". Geprägt haben ihn japanische Fischer. Als sie vom Fischfang in ihren Heimathafen zurückkehrten, fanden sie den Ort verwüstet vor. Dabei hatten sie während ihrer Zeit auf offener See keine größeren Wellen bemerkt.

Formulierungshilfen

zu Aufgabe 2:
Vor dem Tsunami konnte man auf dem Satellitenbild ... erkennen.
Die Felder ...
Nach dem Tsunami ist auf dem Satellitenbild zu sehen, dass ...

Fachbegriffe

- der Tsunami
- das Seebeben

Der Augenzeuge Hiroki Nakamura berichtet von dem Tsunami in Japan am 11.03.2011.

Leben mit der Bedrohung

Ein großes Erdbeben „The Big One" wird in Kalifornien (USA) innerhalb der nächsten drei Jahrzehnte befürchtet. Wissenschaftler sprechen von einer fast sicheren Wahrscheinlichkeit. Wann das Beben genau geschehen wird, können sie allerdings nicht beantworten.
Warum können Erdbeben nicht exakt vorausgesagt werden? Wie kann man sich vor den Folgen schützen?

1. Es ist nicht möglich, Erdbeben exakt vorauszusagen. Erkläre, warum das so ist.

2. Erkläre, wie Kesenumas Bewohner vor Tsunamis geschützt werden sollen (M4).

3. Gestalte einen Flyer für Japanreisende zur Erdbeben- und Tsunamigefahr. Stelle dar, wie sie sich bei einem Erdbeben verhalten sollen. **162**▸

W 4. Wähle aus:
   A Schreibe einen Zeitungsbericht mit der Überschrift: „Nicht das Erdbeben tötet, sondern schlecht gebaute Häuser!" (M3, M6). **162**▸
   B Erläutere, was eine Familie beachten muss, wenn sie in San Francisco ein Haus baut (M3, M6).

5. In Honolulu (Hawaii) kommt es zu einem schweren Seebeben (M5). Berechne die Zeit, die ein Bewohner hat, um sich auf einen Tsunami vorzubereiten (M5):
   a) in Tokio (Japan).
   b) in Berkeley (USA).

E 6. Erörtere die Möglichkeiten, sich vor Georisiken zu schützen
   a) durch den Bau eines erdbebensicheren Hauses (M3, M6);
   b) durch ein Tsunami-Frühwarnsystem (M5, M7).

M2 Schutzübung zum Verhalten bei Erdbeben in einer Schule in Kalifornien (USA)

Erdbebenvorhersage und Schutzmaßnahmen

Mit hochempfindlichen Geräten zeichnen **Seismologen** (Erdbebenforscher) jedes Erdbeben weltweit auf. Auch kleinste Veränderungen an den Plattengrenzen können mithilfe von Satelliten registriert werden. Dennoch lassen sich Erdbeben nicht exakt vorhersagen, weil nicht sicher ist, ob sich die aufgestauten Spannungen in der Erde auch ruckartig entladen. Trotz starker Bemühungen der Wissenschaft wird die Vorwarnzeit für die Bevölkerung auch in Zukunft kurz bleiben.
Die größte Gefahr für die Menschen geht bei einem Erdbeben von einstürzenden Häusern aus. Die meisten Erdbebenopfer werden dabei verschüttet. Deshalb ist der beste Schutz gegen Zerstörungen und für die eigene Sicherheit, Häuser erdbebensicher zu bauen. Vor Tsunamis nach Seebeben gibt es keinen sicheren Schutz. Mauern, Deiche und Wälder schützen nur vor kleineren Flutwellen. **Frühwarnsysteme** sind die einzige Möglichkeit, dass sich Menschen rechtzeitig in Sicherheit bringen können.
In gefährdeten Gebieten gibt es Notfallpläne, wenn ein Erdbeben oder ein Tsunami droht. In Katastrophenschutzübungen wird die Bevölkerung trainiert, sich richtig zu verhalten.

- Beschädigte Gebäude nur mit Schutzhelm betreten.
- Regale fest an der Zimmerwand verankern.
- Verwundeten helfen und erste Hilfe leisten.
- Schwere Gegenstände nur unten in den Regalen aufbewahren.
- Heizung abschalten, Gashahn zudrehen.
- Keine schweren Möbel und Regale in die Nähe von Ausgängen stellen.
- Kopf und Gesicht mit verschränkten Armen schützen.
- Unter einem stabilen Tisch nach Schutz suchen.

DROP down onto your hands and knees.
COVER your head and neck with one arm and hand. If a sturdy table or desk is nearby, crawl underneath it for shelter.
HOLD ON until shaking stops.

M1 Ratschläge zum Verhalten bei einem Erdbeben in Kalifornien

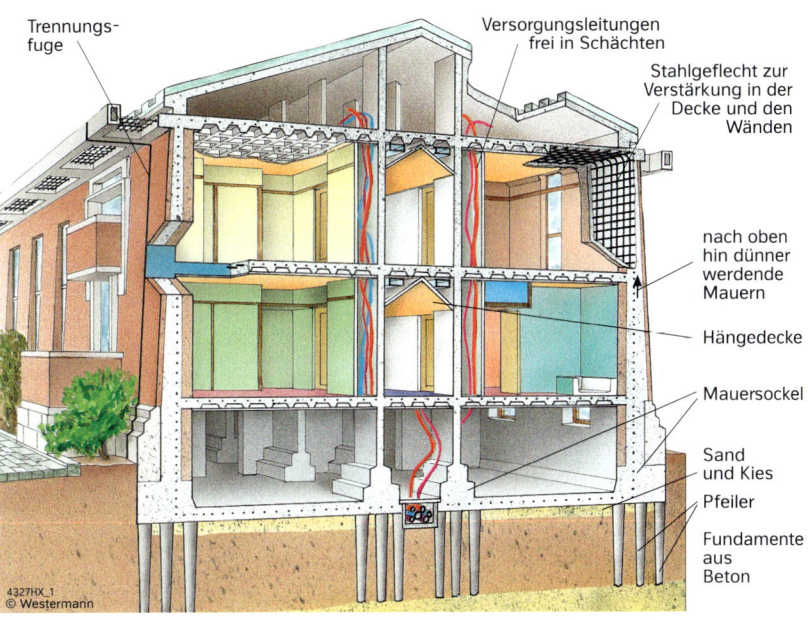

Trennungs-fuge
Versorgungsleitungen frei in Schächten
Stahlgeflecht zur Verstärkung in der Decke und den Wänden
nach oben hin dünner werdende Mauern
Hängedecke
Mauersockel
Sand und Kies
Pfeiler
Fundamente aus Beton

M3 Konstruktion eines erdbebensicheren Hauses

Wenn Schwingungsdämpfer in Gebäude eingebaut werden, verringert sich die Gefahr des Einsturzes bei einem Erdbeben. Erdstöße werden besser abgefangen, weil das Gebäude nicht mehr fest mit dem Baugrund verankert ist.

M6 Schwingungsdämpfer

M4 Bau einer Schutzmauer gegen Tsunamis in der japanischen Hafenstadt Kesenuma. Das Foto wurde nach dem Tsunami im Jahr 2011 gemacht.

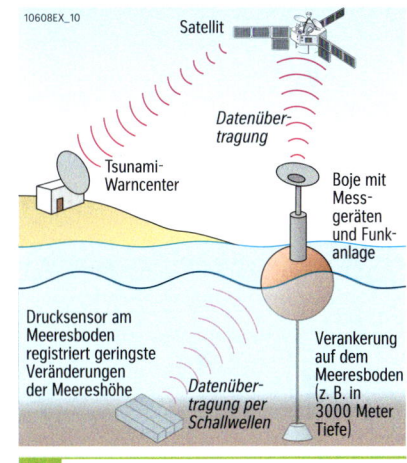

Satellit
Datenübertragung
Tsunami-Warncenter
Boje mit Messgeräten und Funkanlage
Drucksensor am Meeresboden registriert geringste Veränderungen der Meereshöhe
Datenübertragung per Schallwellen
Verankerung auf dem Meeresboden (z. B. in 3000 Meter Tiefe)

M7 Tsunami-Frühwarnsystem

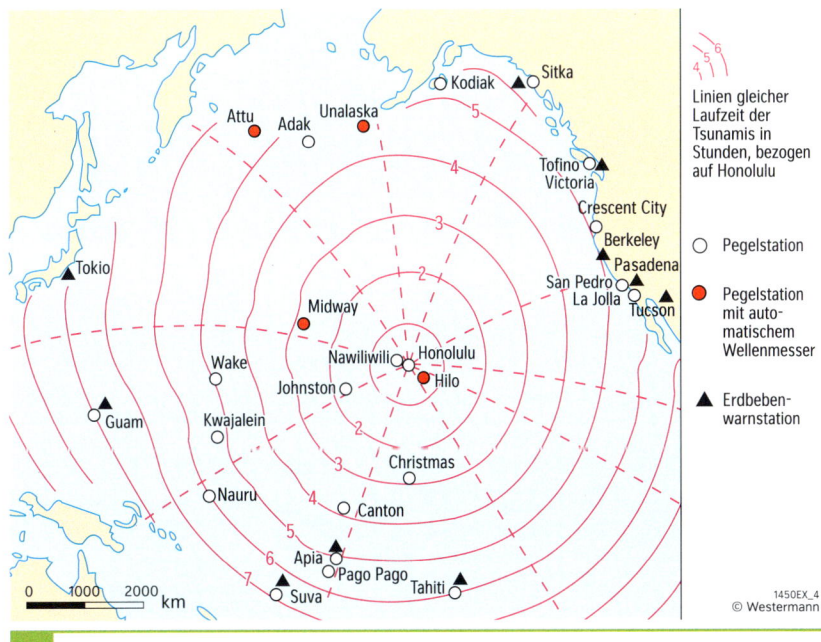

Linien gleicher Laufzeit der Tsunamis in Stunden, bezogen auf Honolulu

○ Pegelstation

● Pegelstation mit automatischem Wellenmesser

▲ Erdbebenwarnstation

M5 Tsunami-Warndienst im Pazifischen Ozean

Formulierungshilfen

zu Aufgabe 6:
Einerseits bietet ... einen gewissen Schutz vor ..., denn ...
Bei einem erdbebensicheren Haus ...
Beim Tsunami-Frühwarnsystem ...
Andererseits muss man bedenken, dass ...

Fachbegriffe

- der Seismologe
- das Frühwarnsystem

ORIENTIERUNG # Die Schwächezonen der Erde

Immer wieder hören wir in den Medien von Naturereignissen wie Vulkanausbrüchen, Erdbeben oder Tsunamis. Es sind Kräfte, die vom Erdinneren ausgehen. Sie konzentrieren sich vor allem auf die Kollisionszonen der Erdplatten und die ozeanischen Rücken.
Wo auf der Erde sind die Gefahren besonders groß?

1. Ordne die drei Fotos den drei Möglichkeiten der Plattenbewegungen zu (M1, M3, M4).

2. Stelle mithilfe der Legende fest, was an den Plattengrenzen passieren kann (M2).

3. a) Erkläre den Namen Pazifischer Feuerring.
b) Notiere die Länder, die am Pazifischen Feuerring liegen (M2, Atlas).

4. Notiere, auf welchen Erdplatten die folgenden Länder liegen: Chile, Kanada, Ägypten, Australien.

D W **5.** Am 19.9.2021 brach ein Vulkan auf La Palma aus, einer der Kanarischen Inseln.
Wähle aus:
A Recherchiere und berichte über den Vulkanausbruch und die Folgen (Internet). **138**
B Beschreibe mithilfe von Google Maps, wie die Landschaft rund um den Roque de los Muchachos aussieht. **146**

D E **6.** La Palma liegt nicht an einer Plattengrenze. Die Ursache für den Vulkanausbruch soll ein Hotspot gewesen sein. Recherchiere, was ein Hotspot ist (Internet). **138**

M1 Auf Island

• In etwa 10 Millionen Jahren liegen Los Angeles und San Francisco direkt nebeneinander.
• Indien war am schnellsten – mit 20 cm pro Jahr knallte die indische Platte vor 50 Millionen Jahren gegen die eurasische und chinesische Platte.
• Der tiefste Punkt der Erde liegt ungefähr 11 000 m unter dem Meeresspiegel im Marianengraben.
• In ein paar Millionen Jahren wird Freiburg am Oberrheingraben eine Stadt am Meer sein.
• Die eurasische Erdplatte ist die größte Erdplatte, die kleinste ist die Manusplatte im Pazifischen Ozean. Sie liegt an der Bismarckplatte.

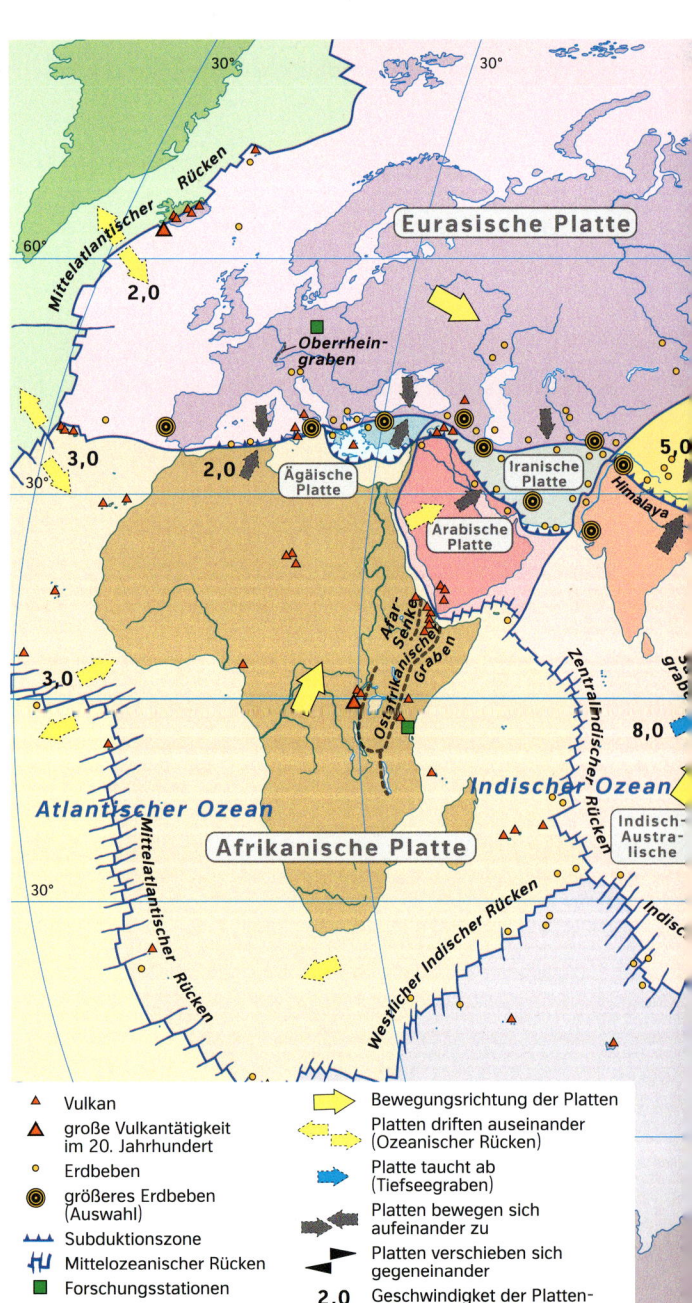

M2 Die Schwächezonen der Erdkruste

M3 In Kalifornien

M4 Im Himalaya

Nordamerikanische Platte

Eurasische Platte

Chinesische Platte

Aleutengraben 7,0

Kurilengraben

Juan-de-Fuca-Platte

Atlantischer Ozean

Pazifischer Ozean

3,4

3,4

8,0

Marianengraben

Philip-pinische Platte

Afrikan. Platte

Pazifische Platte

Karibische Platte

11,7

Kokos-Platte

Mittelatlantischer Rücken

Bismarck-Platte

Salomon-Platte

Südamerikanische Platte

9,0

Perugraben

Platte

Nazca-Platte

Rücken

Tongagraben

30°

Ostpazifischer

Atacamagraben

Atlantischer Ozean

Scotia-Platte

5,0

Pazifischer Ozean

8,0

Antarktischer Rücken

Südpazifischer Rücken

Antarktische Platte

0 1000 2000 km

20163EX_24
© Westermann

Nutzung des Vulkanismus auf Island

Auf der Insel Island findet man viele Beispiele für Vulkanismus. Heiße Quellen, Vulkane, Erdspalten und andere Zeugen des Vulkanismus zeigen die Kräfte und die Energie unter der Erde. Wie wird auf Island die Energie aus dem Erdinneren genutzt?

1. a) Nenne Beispiele für Erscheinungen des Vulkanismus auf Island (M1, M5, Text).
b) Begründe, warum die natürlichen Voraussetzungen zur Nutzung der Erdwärme auf Island besonders günstig sind. Beachte die geographische Lage (M1, Text, Atlas).

D W 2. Wähle aus:
A Fertige eine Präsentation zum Thema „Warmes Wasser und elektrischer Strom im Überfluss auf Island" an (M1 – M7, Text). `144` `141`
B Stelle in einem Zeitungsbericht an Beispielen dar, wie die Geothermie auf Island genutzt wird (M1 – M7, Text).

3. Gestalte ein Informationsblatt zum Thema „Erdwärme – eine erneuerbare Energie" (M3). `162`

D E 4. Die Erscheinungen des Vulkanismus auf Island sind Touristenattraktionen. Stelle sie in einer Liste zusammen (M2, M5, Internet). `138` Fertige ein Werbeplakat für den Tourismus auf Island an. `162`

M2 Das Wasser der Blauen Lagune bei Grindavik auf Island ist immer zwischen 37 und 42 °C warm. Das Freibad entstand durch Ableiten von Wasser aus dem Geothermie-Kraftwerk (Hintergrund).

Der Vulkanismus bringt Vorteile

Island liegt auf dem mittelatlantischen Rücken. Hier steigt das Gebirge unter dem Meeresspiegel über die Meeresoberfläche auf und bildet eine Insel. An dieser Schwächezone der Erde befinden sich die nordamerikanische und die eurasische Erdplatte.

Unter der Insel Island steigt glutflüssiges Magma auf. Deshalb gibt es auf Island zahlreiche aktive Vulkane, wie zum Beispiel den Eyjafjallajökull. Wärmeströme aus dem Erdinneren sind die Ursache dafür, dass auf Island eine unerschöpfliche Energie, die Erdwärme, verfügbar ist. Auf Island kann die Erdwärme, auch **Geothermie** genannt, als Energieträger gut genutzt werden, weil sie nah unter der Erdoberfläche bereitsteht. An einigen Stellen ist die Erde bereits in 1000 Meter Tiefe über 250 °C heiß.

Die Geothermie ist ein erneuerbarer Energieträger. Sie steht immer zur Verfügung. Geothermie kann zur Stromerzeugung, zur Heizung und in der Industrie genutzt werden.

In Reykjavik, der Hauptstadt von Island, leben fast 130 000 Menschen. Das sind 40 Prozent der Gesamtbevölkerung des Landes. Warmwasser erhalten die Einwohner Reykjaviks von einem nahegelegenen Geothermie-Kraftwerk. Nicht nur Wohnungen werden dort beheizt, sondern auch in den Wintermonaten Gehwege und Parkplätze. Auch der Strom der Haushalte stammt aus dem Geothermie-Kraftwerk.

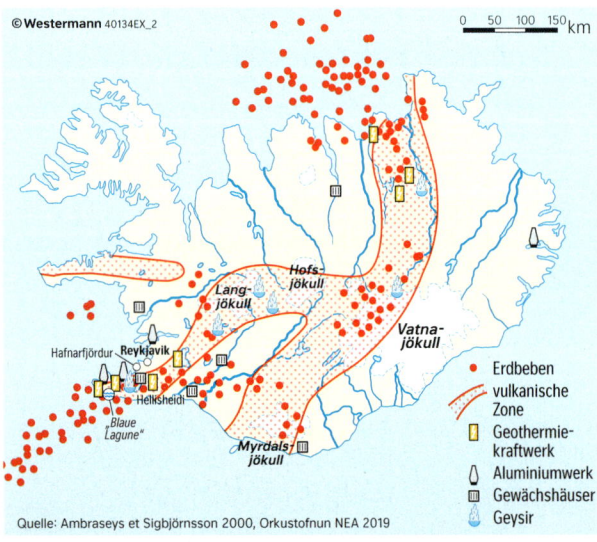

© Westermann 40134EX_2

0 50 100 150 km

Hofs-jökull
Lang-jökull
Vatna-jökull
Hafnarfjördur
Reykjavik
Hellisheidi
„Blaue Lagune"
Myrdals-jökull

● Erdbeben
vulkanische Zone
▭ Geothermie-kraftwerk
△ Aluminiumwerk
▦ Gewächshäuser
♨ Geysir

Quelle: Ambraseys et Sigbjörnsson 2000, Orkustofnun NEA 2019

M1 Vulkanismus auf Island und seine Nutzung

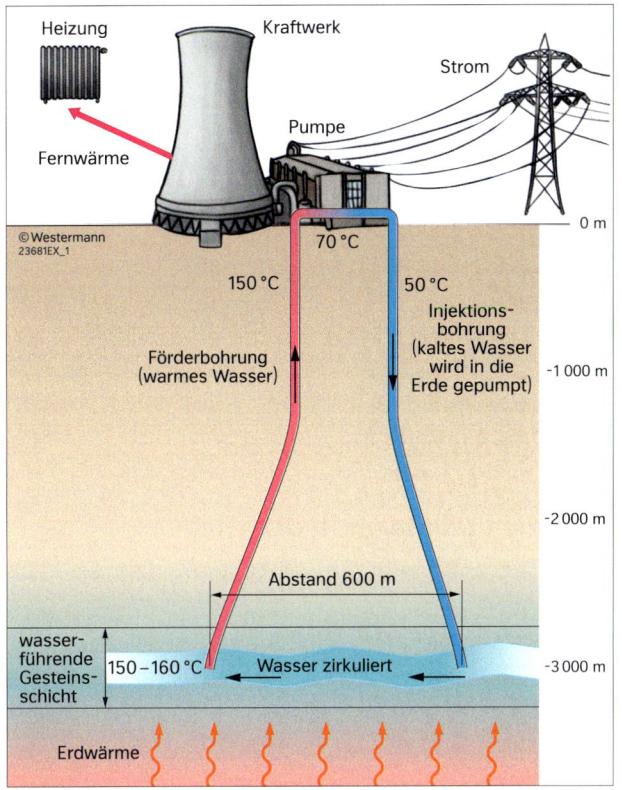

M3 Geothermie-Kraftwerk

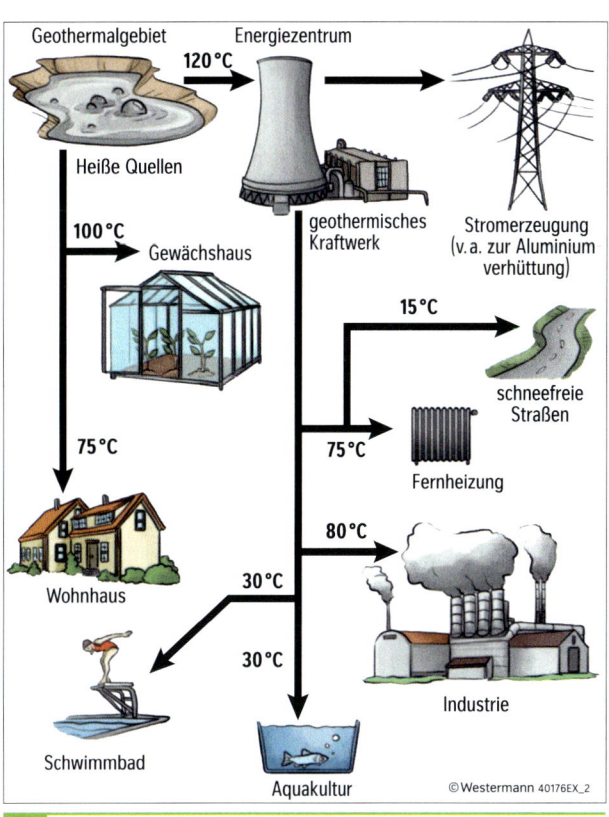

M6 Nutzung der Geothermie auf Island

M4 Aluminiumwerk in Hafnarfjördur. Stromkosten machen die Hälfte der Herstellungskosten für Aluminium aus.

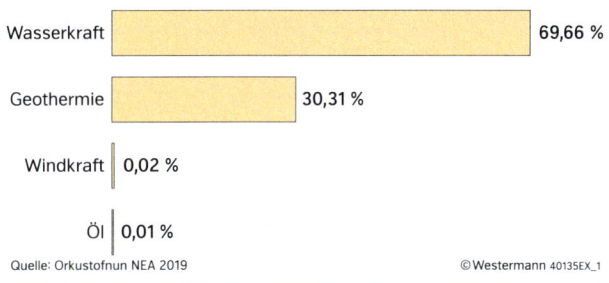

Wasserkraft	69,66 %
Geothermie	30,31 %
Windkraft	0,02 %
Öl	0,01 %

Quelle: Orkustofnun NEA 2019 ©Westermann 40135EX_1

M7 Stromerzeugung auf Island

M5 Heiße Quelle auf Island

Formulierungshilfen

zu Aufgabe 1b:
Island liegt ...
Hier ...
Bereits in 1000 m Tiefe ...
Die ... ist ein ... Energieträger.

zu Aufgabe 2B:
Die Geothermie ist von großem Vorteil, denn ...
Sie kann ... genutzt werden.
In Reykjavik zum Beispiel ...
Außerdem handelt es sich um einen ... Energieträger, das heißt, ...

Fachbegriff
- die Geothermie

Vulkanismus in Deutschland

Die Eifel ist eine der größten Vulkanlandschaften Europas. Vulkane und Maare sind typisch für die Eifel. Der Laacher-See-Vulkan ist der bekannteste Vulkan in der Eifel. Wie entstand diese Vulkanlandschaft? Wie nutzen die Menschen diese Landschaft und die vulkanischen Rohstoffe?

1. a) Zeichne die Umrisse des Laacher Sees mithilfe eines Satellitenbilds in dein Heft (Internet: Google Earth). `146` `140`

b) Ermittle die Nord-Süd- und West-Ost-Ausdehnung des Sees und trage sie in die Zeichnung ein (Internet: Google Earth). `146`

2. Erstelle eine Reportage über die Maare in der Eifel (M1, Internet). `138` `162`

3. Wähle aus:

A Erkläre, wie die Menschen die Vulkanlandschaft und die vulkanischen Rohstoffe nutzen (M3 – M6, Text).

B Erörtere, inwiefern die Nutzung der Vulkanlandschaft und der vulkanischen Rohstoffe Vor- und Nachteile bringt.

4. Plant einen Ausflug in die Eifel. Stellt ein Programm für einen Tag zusammen (M2 – M4, Internet). `138` `142`

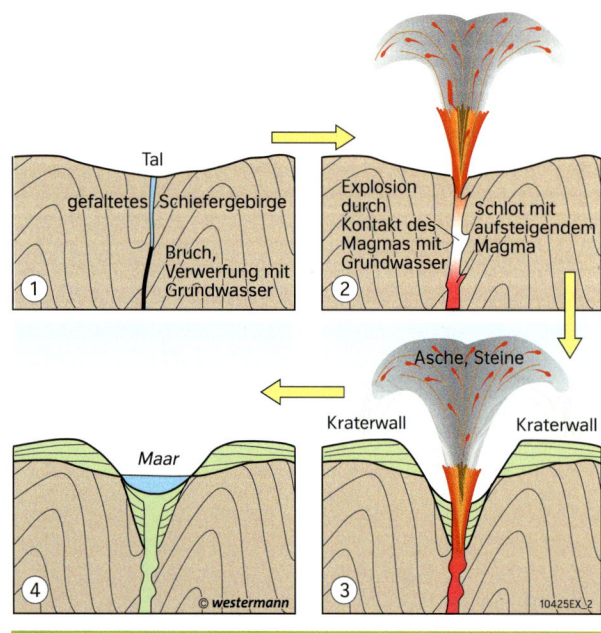

M1 So entsteht ein Maar.

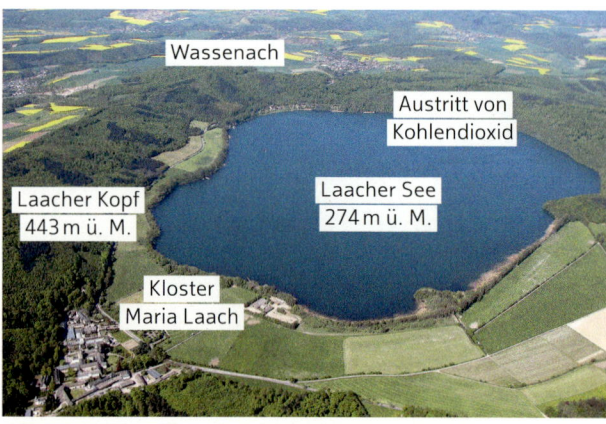

M2 Krater des Laacher-See-Vulkansl

Vulkane und Maare in der Eifel

In der Eifel gibt es rund 450 Vulkane. Die meisten von ihnen brachen vor 45 bis 35 Millionen Jahren aus. Nach einer langen Ruhepause brachen vor einer Million bis 10 000 Jahren weitere Vulkane aus. Der Laacher-See-Vulkan explodierte zuletzt vor 12 900 Jahren. Er schleuderte riesige Mengen an Asche und Magmafetzen in die Luft. Die Asche stieg 40 Kilometer hoch auf. Das Magma hätte ausgereicht, um 1500 Fußballfelder 50 Meter hoch zu bedecken. Heute befindet sich ein See im Krater des Vulkans. Am Laacher See bebt die Erde immer wieder in 10 bis 45 Kilometern Tiefe. Wissenschaftler vermuten, dass sich die Magmakammer unter dem Laacher See nach und nach füllt. Gase (Kohlendioxid) steigen im Laacher See auf. Sicher ist, dass die Gase aus Magma stammen. Ein erneuter Ausbruch des Vulkans würde zu einer Naturkatastrophe führen.

Es gibt noch weitere Anzeichen dafür, dass die Erde nicht zur Ruhe gekommen ist. Der **Geysir** in Andernach ist ein Beispiel. In bestimmten Zeitabständen schießt der Geysir Kaltwasserfontänen bis zu 60 Meter hoch in die Luft.

In der Eifel gibt es außerdem 77 **Maare**. Davon sind 13 mit Wasser gefüllt. Die übrigen ehemaligen Seen sind mittlerweile verlandet. Maare sind kreisrunde Krater, die sich nach Explosionen gebildet haben.

Die Vulkanlandschaft ist für Touristen sehr attraktiv. Im Eifel-Vulkanmuseum können die Touristen mehr über den Vulkanismus in der Eifel erfahren.

An vielen Stellen in der Eifel werden vulkanische Rohstoffe abgebaut. Dadurch wird die Landschaft verändert. Zahlreiche Vulkanberge sind durch den Abbau bereits ganz oder teilweise verschwunden.

INTERNET

Auf den folgenden Webseiten gibt es weitere Informationen zu Vulkanismus in Deutschland.

WES-105367-098

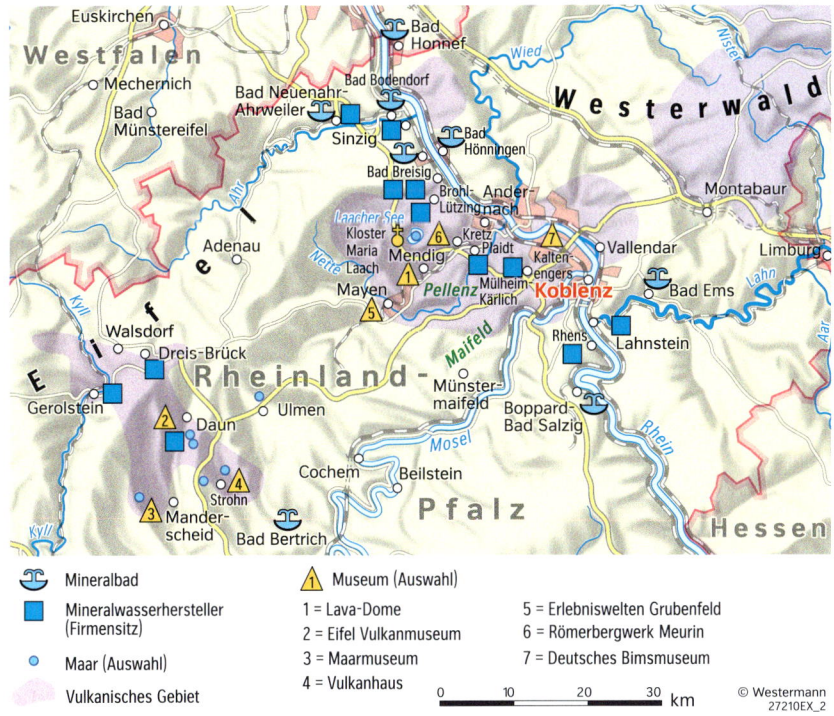

© Westermann 3556EX_3

Mineralbrunnen

Regen

Brunnenbohrung (bis zu 1000 m tief)

vulkanische Schicht mit Kohlensäure

Legende:

- 🛁 Mineralbad
- 🟦 Mineralwasserhersteller (Firmensitz)
- 🔵 Maar (Auswahl)
- Vulkanisches Gebiet

- ⚠ Museum (Auswahl)
  - 1 = Lava-Dome
  - 2 = Eifel Vulkanmuseum
  - 3 = Maarmuseum
  - 4 = Vulkanhaus
  - 5 = Erlebniswelten Grubenfeld
  - 6 = Römerbergwerk Meurin
  - 7 = Deutsches Bimsmuseum

0   10   20   30 km

© Westermann 27210EX_2

M3 Vulkangebiete im Norden von Rheinland-Pfalz

M4 Abbau von Lava bei Bell

M6 Mineralwasser aus der Eifel

In der Eifel gibt es zahlreiche Mineralwasserquellen. Die Mineralwässer schmecken unterschiedlich. Das hat mit der Kohlensäure zu tun, die aus den vulkanischen Gesteinen in der Erde verschiedene Mineralien (z. B. Natrium, Kalium) löst. Diese werden vom Wasser aufgenommen. Die größte Mineralwasserfirma der Eifel füllt pro Tag vier Millionen Flaschen Mineralwasser ab.

Basalt: (dunkles, schweres, hartes Gestein): verwendet für Straßenbelag, Bodenplatten, Bausteine

Bims: (helles, poröses, leichtes Gestein): verwendet für wärmedämmende Leichtbausteine, Gartenmauern, Pflanzenkübel

Tuff: (helles, leichtes, leicht zu bearbeitendes Gestein): Verwendet für Fassadenverkleidungen, Beton, Zement

M5 Vulkanische Rohstoffe und ihre Verwendung

ERSTAUNLICH

Plötzliche Ameisenwanderungen können Vulkanausbrüche ankündigen. In seinem Roman „Die Flucht der Ameisen" beschwört der Geologe Ulrich Schreiber die dramatischen Folgen eines Vulkanausbruchs in der Eifel.

Formulierungshilfen

zu Aufgabe 3A:
Die Landschaft …
Die vulkanischen Rohstoffe …
Die Mineralwasserquellen …

Fachbegriffe

- der Geysir
- das Maar

Unruhige Erde – Erdbeben und Vulkanismus

1. Die Fotos M4 und M5 sollen in einer Ausstellung zum Thema „Die Erde – immer in Bewegung" gezeigt werden. Schreibe zu den Bildern
A M4
B M5
einen kurzen Text. Gehe dabei auch auf die Ursache der Naturkatastrophe ein.
Schülerbuch Seiten 88 – 91

M4 Foto 1 für die Ausstellung

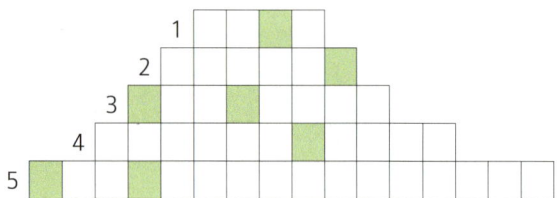

① vulkanischer Rohstoff, schwimmt auf Wasser, meistens helles Gestein, aus dem Mauersteine hergestellt werden.
② dunkles Gestein, das aus erstarrter Lava entstanden ist.
③ Name der Insel, auf der der Vulkan Ätna liegt.
④ Material, das ein Vulkan bei einem Ausbruch sehr hoch in die Luft schleudert.
⑤ Fachbegriff für ein Naturereignis, wenn dabei Menschen ums Leben kommen und große Schäden angerichtet werden.

M1 Rätsel

M5 Foto 2 für die Ausstellung

2. Löse das Rätsel. Notiere die Lösung und das Lösungswort in deinem Heft.
Schülerbuch Seiten 84 – 85

3. Beschreibe, wie auf Island der Vulkanismus genutzt wird.
Schülerbuch Seiten 96 – 97

4. Beschreibe die Situation bei ① und ② in der Abbildung M3. Verwende die Fachbegriffe in M2.
Schülerbuch, Seite 83

Bewegung der Erdplatten

Tiefseegraben

Ozeanischer Rücken

Vulkane

Faltengebirge

Magmaströme

Subduktion

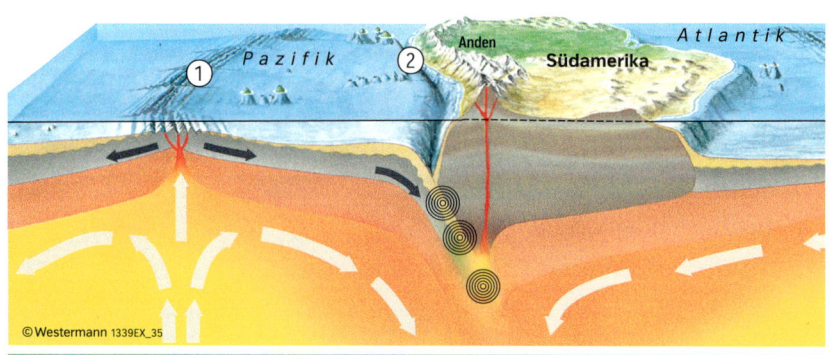

© Westermann 1339EX_35

M2 Begriffe der Plattentektonik

M3 Schnitt durch die oberen Schichten der Erde

Dieser PKW in Bonn wurde durch herabfallende Steine eines Gebäudes stark demoliert. Das stärkste Erdbeben seit nahezu 240 Jahren hatte in der Nacht zum Montag (13.4.1992) zahlreiche Bürgerinnen und Bürger in Deutschland in Angst und Schrecken versetzt.

M6 Am 12.4.1992 ereignete sich ein Erdbeben in der Region Bonn.

M8 Erdbeben in Deutschland und angrenzenden Gebieten seit 1000 n. Chr.

5. a) Beschreibe die Schäden nach dem Erdbeben in Bonn (M6).
b) Beschreibe, wo sich in Deutschland häufig Erdbeben ereignen (M8).
c) Überprüfe, ob dein Wohnort in einem erdbebengefährdeten Gebiet liegt (M8).
Schülerbuch Seiten 88 – 89

6. a) Beschreibe den Ausbruch des Vulkans auf La Palma (M7).
b) Liste mögliche Folgen eines Vulkanausbruchs auf.
c) Erkläre, warum Menschen in der Nähe von Vulkanen leben.
Schülerbuch, Seiten 84 – 85

7. a) Erläutere, welche vulkanischen Rohstoffe in der Eifel genutzt werden.
b) Nicht alle Menschen in der Eifel freuen sich über den Abbau vulkanischer Rohstoffe. Begründe.
Schülerbuch, Seiten 98 – 99

8. Vor den Auswirkungen von Erdbeben und Tsunamis kann man sich schützen. Erläutere anhand von Beispielen. Beurteile die Wirksamkeit von Schutzmaßnahmen.
Schülerbuch, Seiten 92 – 93

M7 Vulkanausbruch auf La Palma (2021)

Fachbegriffe

- das Erdbeeben
- das Faltengebirge
- das Frühwarnsystem
- die Geothermie
- der Geysir
- der Konvektionsstrom
- der Krater

- die Lava
- das Maar
- das Naturereignis
- die Naturkatastrophe
- der ozeanische Rücken
- die Plattentektonik
- die Richterskala

- der Schichtvulkan
- der Schildvulkan
- das Seebeben
- der Seismologe
- die Subduktion
- der Tsunami
- der Vulkan

WES-105367-100

Klimawandel und Klimaschutz

Jeden Tag erlebst du, wie sich das Wetter ändert. In den Nachrichten wird über extreme Wetterereignisse berichtet, zum Beispiel über Überschwemmungen nach starken Regenfällen. Trockene Sommer haben zu Dürren und Ernteausfällen in der Landwirtschaft geführt. Sogar die Schifffahrt auf dem Rhein war vom niedrigen Wasserstand im Fluss betroffen. Von welchen extremen Wetterereignissen kannst du berichten? Extreme Wetterereignisse haben etwas mit dem Klimawandel zu tun, sagen Experten. Was hast du bisher über den Klimawandel gehört? Welche Ursachen und welche Folgen hat der Klimawandel?
Überlegt gemeinsam, welche weiteren Fragestellungen ihr untersuchen wollt und wie ihr euch Informationen beschaffen könnt.

rechts: Bei einem Starkregen wurde ein Bach zu einem reißenden Fluss. Die Wiese am Bach wurde innerhalb von wenigen Minuten überschwemmt.

Es wird wärmer – Klimawandel weltweit

Sicherlich hast du schön gehört, dass sich beim Klima in den letzten Jahrzehnten etwas verändert hat. Die Medien berichten fast täglich darüber. Mal sind es Überschwemmungen, mal ist es extreme Trockenheit, mal sind es Stürme, mal sind es Kälteeinbrüche und mal ist es die Hitze. Wandelt sich das Klima? Woran erkennt man den Klimawandel?

1. Liste auf, was darauf hindeutet, dass sich das Klima weltweit wandelt (M1 – M7, Text).

2. a) Erstelle eine Tabelle mit den Werten von M4. Notiere darin die weltweiten Temperaturabweichungen von der Nulllinie. Beginne mit 1970. Notiere die Werte in Abständen von jeweils zehn Jahren. Was fällt dir auf? **140**
   b) Ergänze in der Tabelle die Werte für den Meeresspiegelanstieg. Was fällt dir auf?

3. a) Beschreibe, wie sich der Pasterze-Gletscher verändert hat (M1, M3). Begründe die Entwicklung. **138**
   b) Das Abschmelzen der Gletscher in den Alpen hat auch Einfluss auf andere Regionen der Erde. Nimm Stellung dazu (M5, M6).

Ⓦ 4. Wähle aus:
   A Die Temperatur beeinflusst andere Elemente des Klimas. Stelle mithilfe von M5 dar, welche Klimaelemente wie beeinflusst werden (Info).
   B „Es wird wärmer!" Stelle in einer Kausalkette die Auswirkungen der ansteigenden Temperaturen auf das Meer dar (M6). **154**

M2 Dürre in Deutschland 2022: Ein Bauer in Brandenburg zeigt die mögliche Höhe einer Maispflanze auf seinem vertrockneten Maisfeld.

Das Klima wandelt sich

In der Erdgeschichte gab es schon immer Klimaschwankungen. Warm- und Kaltzeiten wechselten sich ab. Heute beobachten wir seit Jahrzehnten einen weltweiten Temperaturanstieg. Das sieht man daran, dass die Gebirgsgletscher und das Polareis abschmelzen. Gletscherforscher rechnen damit, dass fast alle Alpengletscher noch in diesem Jahrhundert vollständig verschwinden werden.

Mit der Temperatur ändern sich auch andere Elemente des Klimas: die Niederschläge, die Luftfeuchtigkeit und die Winde. Es häufen sich weltweit extreme Wetterereignisse: Starkniederschläge, Dürreperioden, Wirbelstürme und Orkane. Da sich die Meerestemperatur erhöht und die Gletscher abschmelzen, steigt der Meeresspiegel. Der **Klimawandel** bedroht die Lebensräume der Menschen, Tiere und Pflanzen.

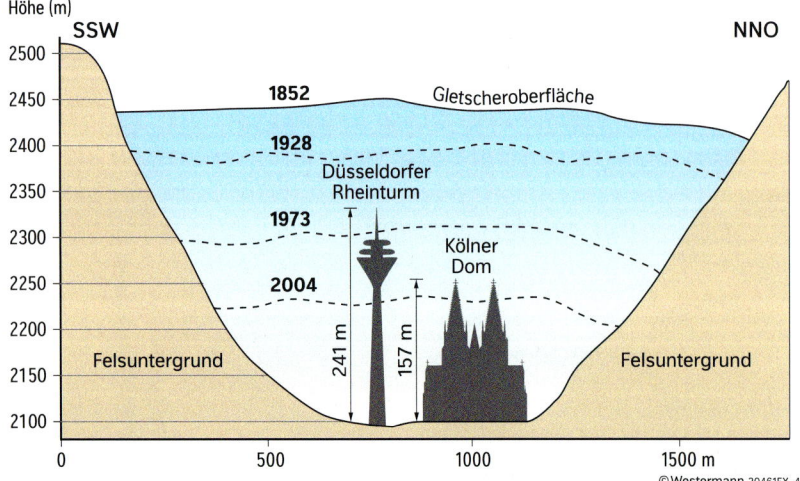

M1 Querschnitt durch den Gletscher Pasterze (Österreich) in verschiedenen Jahren (zum Vergleich: Kölner Dom, Düsseldorfer Rheinturm)

Klimawandel

„Klima" ist nicht das Wetter von heute oder in der nächsten Zeit. Als Klima werden die Wettervorgänge an einem Ort über einen Zeitraum von 30 Jahren bezeichnet. Dabei werden die Klimaelemente Temperatur, Niederschlag, Verdunstung, Luftdruck, Wind und die Sonneneinstrahlung betrachtet.

Unter Klimawandel versteht man die Veränderungen aller Klimaelemente weltweit.

Pasterze-Gletscher (Österreich) um 1960 ...

Nährgebiet

Gletscherzunge

... und 2020

Gletscherzunge

Seitenmoräne

See aus Schmelzwasser

M3 Die Pasterze, der größte Gletscher Österreichs, um 1960 und 2020. Der Parkplatz liegt etwa 2368 Meter über dem Meeresspiegel.

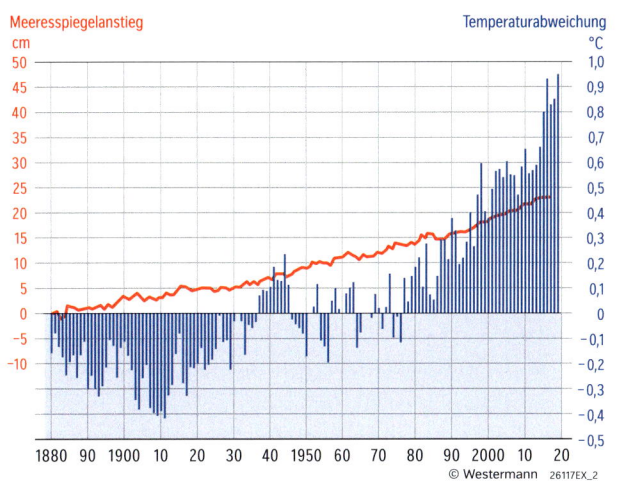

Meeresspiegelanstieg
cm

Temperaturabweichung
°C

© Westermann 26117EX_2

M4 Jährliche Abweichungen der weltweiten Mitteltemperatur gegenüber der Durchschnittstemperatur von 1951 bis 1980 (Nulllinie und Anstieg des Meeresspiegels)

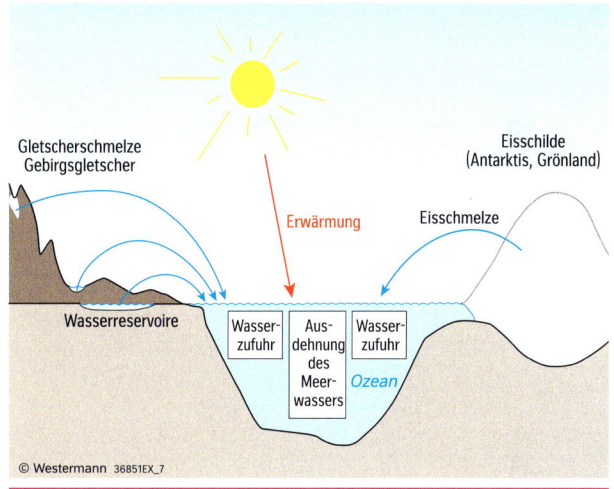

Gletscherschmelze Gebirgsgletscher

Erwärmung

Eisschilde (Antarktis, Grönland)

Eisschmelze

Wasserreservoire

Wasserzufuhr

Ausdehnung des Meerwassers
Ozean

Wasserzufuhr

© Westermann 36851EX_7

M6 Die wichtigsten Ursachen für den gegenwärtigen Meeresspiegelanstieg

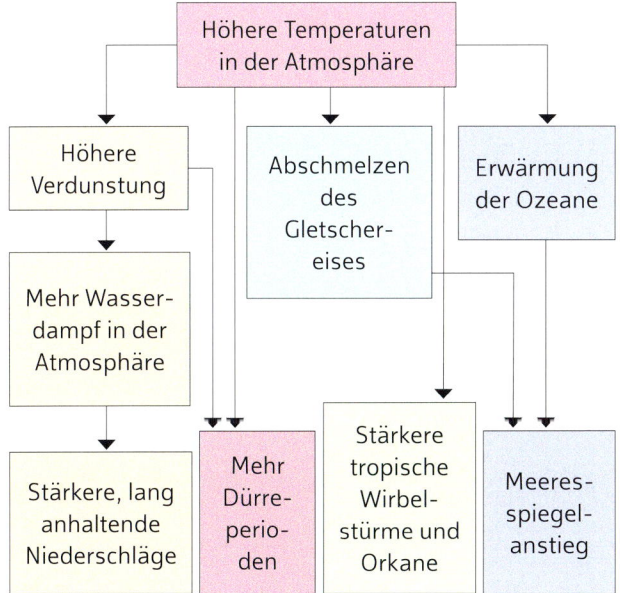

Höhere Temperaturen in der Atmosphäre

Höhere Verdunstung

Abschmelzen des Gletschereises

Erwärmung der Ozeane

Mehr Wasserdampf in der Atmosphäre

Stärkere, lang anhaltende Niederschläge

Mehr Dürreperioden

Stärkere tropische Wirbelstürme und Orkane

Meeresspiegelanstieg

M5 Die Temperatur beeinflusst viele andere Elemente des Klimas.

Formulierungshilfen

zu Aufgabe 3a:
Um 1960 reichte die Gletscherzunge ...
Der Gletscher füllte das Tal bis ... aus.
Das Nährgebiet ...
2020 ist ein großer Teil des Gletschers ...
Die Gletscherzunge ...
Auf dem Talboden hat sich ... gebildet.
Die Seitenmoränen ...
Ein großer Teil des Nährgebiets ...

Fachbegriff

■ der Klimawandel

Warum wird es wärmer? – Treibhaus Erde

Nur noch wenige Wissenschaftlerinnen und Wissenschaftler zweifeln daran, dass es auf der Erde immer wärmer wird.
Doch was sind die Ursachen dafür? Was haben wir Menschen damit zu tun?

1. Erstelle ein Wirkungsgefüge, das die Abläufe beim Treibhauseffekt zeigt (M2, M3). 154 ▶

2. a) Beschreibe den Verlauf der Kurven in M7.
   b) Erkläre den Zusammenhang zwischen den Kurven. 139 ▶

3. a) Erkläre den natürlichen Treibhauseffekt und seine Auswirkungen auf die Erde (M2).
   b) Erkläre den anthropogenen Treibhauseffekt (M4, Text).

Ⓦ 4. Wähle aus:
   Verdeutliche, wer den anthropogenen Treibhauseffekt verursacht, indem du
   A eine Mindmap erstellst (M1, M4, M6). 139 ▶
   B einen Zeitungsartikel schreibst (M1, M4, M6). 162 ▶

Ⓓ 5. Führe den Versuch M5 durch. Gestalte ein Erklärvideo. Nutze die Begriffe: kein Treibhauseffekt, anthropogener Treibhauseffekt, natürlicher Treibhauseffekt. 145 ▶

Ⓓ 6. In der Erdgeschichte gab es viele Klimaschwankungen. Informiere dich über die Folgen und die Ursachen. Präsentiere deine Ergebnisse mit einer PowerPoint Präsentation. 138 ▶ 144 ▶

M1 Ausstoß von Wasserdampf und dem Treibhausgas CO_2 aus einem Kraftwerk

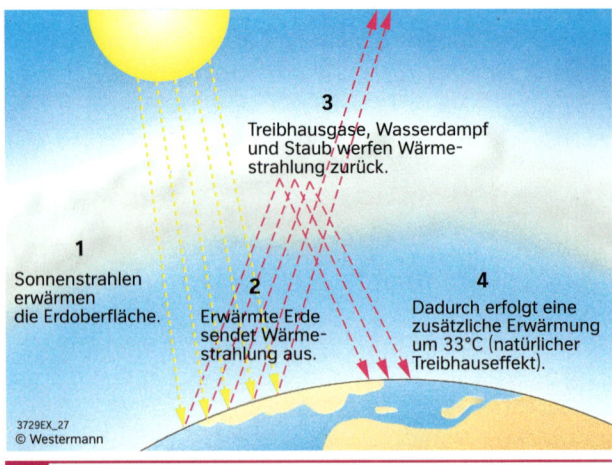

3 Treibhausgase, Wasserdampf und Staub werfen Wärmestrahlung zurück.

1 Sonnenstrahlen erwärmen die Erdoberfläche.

2 Erwärmte Erde sendet Wärmestrahlung aus.

4 Dadurch erfolgt eine zusätzliche Erwärmung um 33°C (natürlicher Treibhauseffekt).

3729EX_27
© Westermann

M2 Der natürliche Treibhauseffekt

Der Treibhauseffekt

Unsere Erde bezieht fast ihre gesamte Energie von der Sonne. Diese reicht allerdings nur dafür aus, die Erdoberfläche auf durchschnittlich -18°C zu erwärmen. Die durchschnittliche Temperatur auf der Erde beträgt aber ungefähr +15°C. Das liegt am **natürlichen Treibhauseffekt**.
Neben Stickstoff und Sauerstoff besteht die Atmosphäre aus Wasserdampf und **Treibhausgasen**. Wasserdampf und Treibhausgase wirken so ähnlich wie die Scheiben eines Gewächshauses. Sie lassen die Sonnenstrahlung ungehindert auf die Erde treffen. Die von der Erdoberfläche zurückgestrahlte Wärmestrahlung kann wegen des Wasserdampfs und der Treibhausgase nur teilweise ins Weltall entweichen. Diese Wärmestrahlung wird „eingefangen" und erhöht die Temperaturen auf der Erde um 33°C von -18°C auf +15°C. Die Menschen produzieren zusätzliche Treibhausgase. Wenn zum Beispiel Erdöl, Erdgas, Kohle und Holz verbrannt werden, gelangt das Treibhausgas **Kohlenstoffdioxid** (CO_2) in die Atmosphäre. Den Ausstoß dieser Treibhausgase nennt man **Emission**. Die zusätzliche Erwärmung der Atmosphäre, die von Menschen durch Emissionen verursacht wird, heißt **anthropogener Treibhauseffekt**.

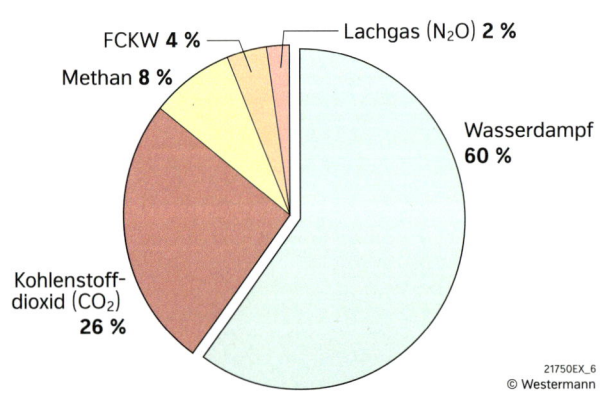

FCKW **4 %**
Lachgas (N_2O) **2 %**
Methan **8 %**
Wasserdampf **60 %**
Kohlenstoffdioxid (CO_2) **26 %**

21750EX_6
© Westermann

M3 Anteil von Wasserdampf und Treibhausgasen am Treibhauseffekt

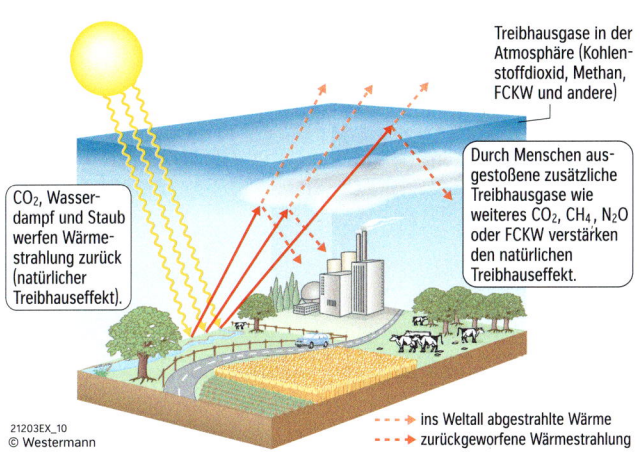

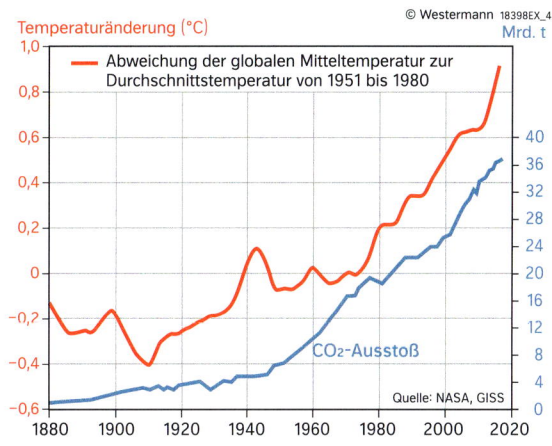

M4 Menschen verstärken den natürlichen Treibhauseffekt.

M7 Entwicklung der Durchschnittstemperaturen und des CO_2-Ausstoßes weltweit

Das brauchst du dazu:

zwei Einmachgläser, drei Thermometer,
drei feste Unterlagen (z. B. Karton),
ein Holzklötzchen, drei Stück weißes Papier

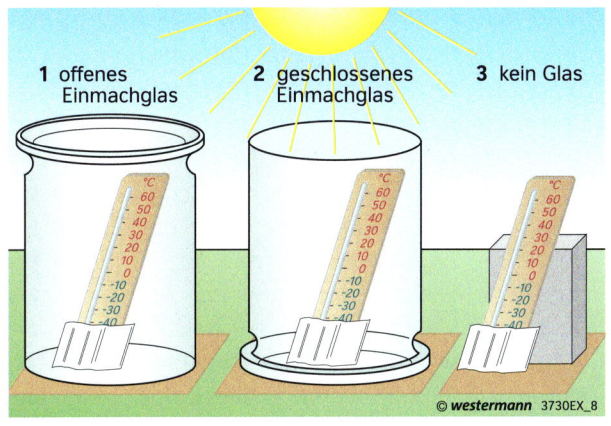

So führst du den Versuch durch:

1. Stelle ein Einmachglas mit der Öffnung nach oben und das andere mit der Öffnung nach unten auf eine Unterlage in die Sonne (siehe Abbildung).

2. Stelle je ein Thermometer in die Gläser hinein. Lehne das dritte Thermometer an das Holzklötzchen an.

3. Decke die Thermometerfühler mit je einem Stück weißem Papier ab.

4. Lies die Temperatur auf den drei Thermometern nach zehn Minuten ab. Vergleiche anschließend die Temperaturen.

5. Übertrage deine Ergebnisse auf das „Treibhaus Erde".

M5 Versuch zum Treibhauseffekt

Produzenten von Treibhausgasen	Aktivitäten	Emissionen	in %
Kraftwerke und Stromverbraucher	Verbrennung von Energierohstoffen, wie Kohle, Öl und Gas, zur Wärme- und Stromerzeugung	Durch Verbrennung entsteht Kohlenstoffdioxid (CO_2).	50
Verkehrsteilnehmer	Fahrten mit Kraftfahrzeugen, Flugreisen	Aus Auspuffrohren und Flugzeugdüsen entweicht Kohlenstoffdioxid (CO_2).	
Landwirte	Düngung der Felder	Zu große Düngemengen werden von Pflanzen nicht mehr aufgenommen. Bakterien wandeln diese in Distickstoffoxid (N_2O) um.	14
Viehzüchter	Zucht großer Rinderherden	Rindermägen produzieren Methan (CH_4).	
Reisbauern	Reisanbau	Im Wasser von Reisfeldern setzen Bakterien beim Abbau von Pflanzenabfällen Methan (CH_4) frei.	
chemische Industrie	Produktion von Kühlmitteln, Treibmitteln für Spraydosen, Schaumstoffen usw.	Fluorchlorkohlenwasserstoffe (FCKW) entweichen in die Atmosphäre.	19
Holzindustrie	Fällen von Bäumen, Abholzungen	Bäume binden Kohlenstoff. Besonders viel Kohlenstoff ist im tropischen Regenwald gebunden.	17
Menschen, die Brandrodung betreiben	Rodungsfeuer im tropischen Regenwald zur Landgewinnung	Durch Verbrennung wird CO_2 freigesetzt. Der verbrannte Wald kann keinen Kohlenstoff mehr binden.	

M6 Verursacher des anthropogenen Treibhauseffekts mit ihrem Anteil

Formulierungshilfen

zu Aufgabe 2:
*Bei der roten/blauen Kurve handelt es sich um ...
Die Nulllinie ist ...
Von ... bis ... Anstieg/Rückgang ...
Im gleichen Zeitraum ...*

Fachbegriffe

- der natürliche Treibhauseffekt
- das Treibhausgas
- das Kohlenstoffdioxid
- die Emission
- der anthropogene Treibhauseffekt

Leben mit dem Klimawandel – eine Herausforderung

M2 Die Arktis ist Lebensraum für Eisbären. Vom Meereis aus jagen sie.

Das Leben vieler Menschen, zum Beispiel in der Arktis, an den Küsten und auf Inseln, wird sich ändern. Die Arktis taut auf. Der Meeresspiegel steigt. Was bedeutet die Erderwärmung für das Leben in der Arktis? Was machen die Menschen, die in flachen Küstenregionen oder auf flachen Inseln leben?

1. Berichte über Veränderungen durch den Klimawandel in der Polarregion der Arktis. Gehe auf die Vor- und Nachteile ein (M1 – M4, M8).

2. Erkläre den Satz: „Der Verlust an Eisflächen führt zu einer stärkeren Erwärmung der Atmosphäre." (Text).

3. a) Ermittle, wie viele Menschen in den Niederlanden und Bangladesch jeweils vom Meeresspiegelanstieg betroffen sind (M7). 139 ▸
   b) Berichte, wie sich der Meeresspiegelanstieg in einem reichen Land und in einem armen Land auswirkt (M6, M8).

W **D** 4. Wähle aus:

   A Erstelle eine Präsentation: „Meeresspiegelanstieg – Millionen Menschen bedroht" (M5 – M8). 144 ▸

   B Gestalte eine Wandzeitung, die auf die Gefahren des Meeresspiegelanstiegs hinweist (M5 – M8). 141 ▸

D **E** 5. Nutze den QR-Code (Internet) und simuliere einen Meeresspiegelanstieg auf der Webseite. 138 ▸

Leben in der Arktis – Leben am Meer

Der Klimawandel verändert die Arktis: Das Eis der Arktis schmilzt. Die Sonnenstrahlen werden durch das Eis nicht mehr reflektiert, sondern in Wärme umgewandelt. Das verstärkt die Erwärmung und beschleunigt das Abschmelzen. Inzwischen sieht man die Folgen: In Südgrönland können schon Kartoffeln angebaut werden.
Die Nordwest-Passage, ein Seeweg vom Atlantischen zum Pazifischen Ozean, wird eisfrei und für Schiffe befahrbar. Rohstoffe, die gegenwärtig unter einer dicken Eisschicht liegen, können in Zukunft abgebaut werden. Der Meeresspiegel ist gestiegen und wird weiter steigen. Dafür sorgen das Abschmelzen der Gletscher und die Erwärmung der Weltmeere. Insel- und Küstenbewohner müssen sich vor Überflutungen schützen. Arme Länder haben nicht genügend Geld dafür. Die Bevölkerung in diesen Gebieten lebt deshalb in ständiger Gefahr, ihr Leben, ihren Besitz und ihr Land zu verlieren.

WES-105367-108

INTERNET

Auf der folgenden Webseite kannst du den Meeresspiegel ansteigen lassen.

M1 Schmelzende Eisberge vor Grönland

M3 Neue Siedlungen auf Grönland

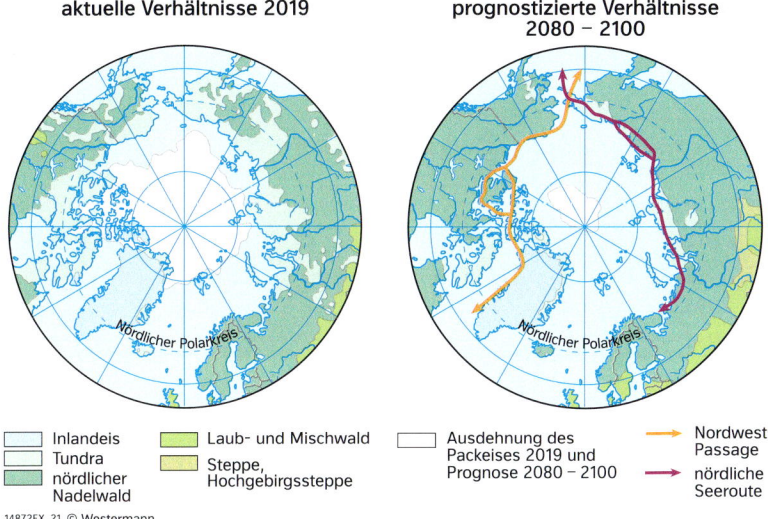

aktuelle Verhältnisse 2019

prognostizierte Verhältnisse 2080 – 2100

☐ Inlandeis	☐ Laub- und Mischwald	☐ Ausdehnung des Packeises 2019 und Prognose 2080 – 2100	→ Nordwest-Passage
☐ Tundra	☐ Steppe, Hochgebirgssteppe		→ nördliche Seeroute
☐ nördlicher Nadelwald			

14872EX_21 © Westermann

M4 Aktuelle und prognostizierte Veränderungen in der Nordpolarregion

Durch die steigenden Temperaturen wird Grönland immer mehr zu einem Reiseziel für zahlungskräftige Urlauber. Da der Hafen nicht mehr zufriert, legen jetzt auch im Winter Kreuzfahrtschiffe an. Der Traum vom Ackerbau in Grönland wird wahr. Im Süden ist die Wachstumsperiode bereits so lang wie in den Alpen auf 1500 Metern. Und die Möglichkeit, die Rohstoffe unter Grönland abbauen zu können, lockt viele Interessenten. Gold, Diamanten, Blei und Zink wurden bereits gefunden.

M8 Zeitungsbericht: „Grönland – Gewinner durch die Erderwärmung"

Der Inselstaat Kiribati liegt zwischen Australien und Hawaii. Er besteht aus 32, meist kleineren Inseln, die über fast 5000 Kilometer verteilt liegen. Sie ragen mit Ausnahme einer Vulkaninsel nicht mehr als drei Meter aus dem Meer heraus. Der Präsident und die Regierung planen die Umsiedlung aller 100 000 Einwohner. Gespräche wurden bereits mit der Regierung des Nachbarstaates Fidschi geführt. „Es ist schmerzhaft, sich auf den Tag vorzubereiten, an dem man kein eigenes Land mehr hat. Aber genau das müssen wir wohl tun", sagte der Präsident Anote Tong in einem Fernsehinterview. Er will Fidschi 2000 ha Land abkaufen, um eine neue Heimat für die Einwohner von Kiribati zu schaffen.

M5 Einwohner von Kiribati halten ein Plakat in der Hand mit der Aufschrift „Rettet uns, wir ertrinken".

Land	Gesamtbevölkerung in Millionen (2019)	Anteil der betroffenen Menschen in %
Niederlande	17,33	47
Vietnam	96,46	26
Thailand	69,63	12
Japan	126,26	10
Myanmar	54,05	9
Verein. Arabische Emirate	9,77	7
Bangladesch	163,05	7
Philippinen	108,12	7
Belgien	11,48	6
Bahrain	1,64	6

M7 Die zehn Länder mit dem höchsten Anteil betroffener Menschen am Meeresspiegelanstieg

Formulierungshilfen

zu Aufgabe 1:
Manche sehen in den Veränderungen in der Arktis Vorteile. Die steigenden Temperaturen ermöglichen nämlich …
Schmilzt das Eis, kann man …
Außerdem können bei eisfreien Häfen …
Der Schifffahrtsweg …
Andere weisen auf die Nachteile hin: …
Insbesondere die Tierwelt …
Außerdem werden die Sonnenstrahlen …
Das wirkt sich auf … aus.
Bei den Vorteilen/Nachteilen handelt es sich überwiegend um … wirtschaftliche/ökologische/soziale Interessen/Aspekte.

M6 Land ohne Deiche: Überschwemmung in Bangladesch

Tropische Wirbelstürme – geballte Energie

Der tropische Wirbelsturm „Irma" fegte im September 2017 mit Windgeschwindigkeiten von bis zu 290 Kilometern pro Stunde über die Karibik. Mehrere Inseln wurden völlig verwüstet. Er nahm Kurs auf Kuba und den US-Bundesstaat Florida. Dort versetzte er die Menschen in Angst und Schrecken.

Wie und wo entstehen solche starken Stürme? Welche Schäden können entstehen? Wie kann man sich schützen?

1. a) Nenne Voraussetzungen dafür, dass ein tropischer Wirbelsturm entstehen kann (M5, Text).
   b) Fertige eine Conceptmap an: „Ein tropischer Wirbelsturm entsteht" (M5). 154 ▶

W 2. Wähle aus:
   A Beschreibe Form, Lage und Größe des Hurrikans „Irma" (M1).
   B Beschreibe die Zugbahn von Hurrikan „Irma" (M3, Atlas).

3. Je nach Zugbahn eines tropischen Wirbelsturms ist das Ausmaß der Schäden unterschiedlich hoch. Erkläre diese Aussage (M3, M4, Text).

4. Nenne Maßnahmen zum Schutz vor tropischen Wirbelstürmen (M6).

5. a) Ermittle, über welchen Ozeanen und Meeresteilen sich tropische Wirbelstürme bilden (M4, Atlas). 140 ▶
   b) Nenne die Bezeichnungen für Wirbelstürme in der jeweiligen Region (M4).
   c) Liste mindestens zehn Länder auf, die von tropischen Wirbelstürmen bedroht sind (M4, Atlas).

M2 Hurrikan „Irma" trifft am 10.09.2017 bei Fort Lauderdale (Florida) auf Land.

Wirbelstürme mit zerstörerischer Kraft

Tropische Wirbelstürme zählen zu den Naturkräften, die von außen auf die Erdoberfläche einwirken. Sie werden je nach Region Hurrikan, Zyklon oder Taifun genannt. Tropische Wirbelstürme entstehen über mindestens 26 °C warmen tropischen Meeren südlich und nördlich des Äquators. Sie erreichen Windgeschwindigkeiten von bis zu 350 km/h. Ihr Durchmesser kann 2 000 Kilometer betragen. Mit einer Geschwindigkeit von 10 bis 30 km/h bewegt sich ein tropischer Wirbelsturm auf seiner Zugbahn fort. Die Zugbahn und die Stärke der Wirbelstürme kann vorhergesagt werden. Deshalb werden die Menschen in den betroffenen Gebieten oftmals rechtzeitig gewarnt. Die gefährdeten Bewohner können sich vorbereiten oder es kommt zu **Evakuierungen**.

Auf Inseln und an den Küsten richten tropische Wirbelstürme oft verheerende Schäden an. Hohe Windgeschwindigkeiten, sehr starker Regen und meterhohe Flutwellen gefährden Menschenleben und Siedlungen. Ziehen tropische Wirbelstürme in kältere Meeresgebiete oder weiter über das Festland, so schwächen sie sich ab.

◀--- Zugbahn   ◀ Drehbewegung   0 [500 km

M1 Satellitenbild des Hurrikans „Irma" am 08.09.2017 über der Karibik

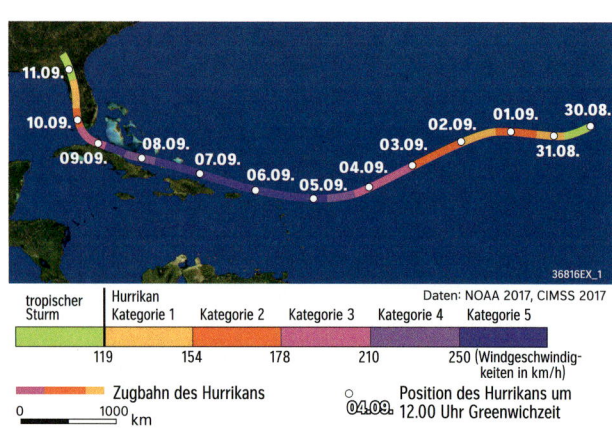

| tropischer Sturm | Hurrikan | | | | | Daten: NOAA 2017, CIMSS 2017 |
| | Kategorie 1 | Kategorie 2 | Kategorie 3 | Kategorie 4 | Kategorie 5 | |

119   154   178   210   250 (Windgeschwindigkeiten in km/h)

—— Zugbahn des Hurrikans   ○ Position des Hurrikans um 04.09. 12.00 Uhr Greenwichzeit

0 [1000 km

M3 Zugbahn und Stärke des Hurrikans „Irma"

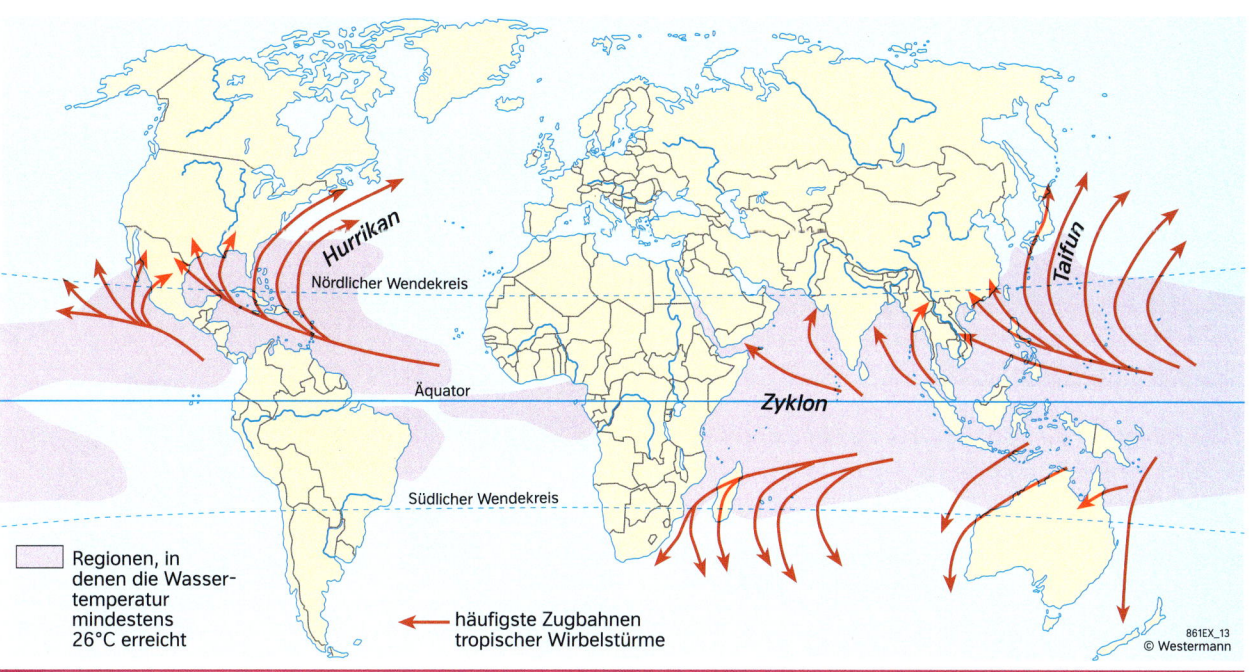

M4 Entstehungsgebiete und Zugbahnen tropischer Wirbelstürme

Innerhalb der Karte:
- Hurrikan
- Taifun
- Zyklon
- Nördlicher Wendekreis
- Äquator
- Südlicher Wendekreis
- Regionen, in denen die Wassertemperatur mindestens 26°C erreicht
- häufigste Zugbahnen tropischer Wirbelstürme
- 861EX_13
- © Westermann

– Das Meerwasser nördlich und südlich des Äquators hat sich auf mindestens 26 °C erwärmt.
– Das Meerwasser gibt die Wärme an die feuchte Luft über dem Meer ab. Sie steigt nach oben.
– In der Höhe kühlt sich die Luft ab. Es bilden sich Wolken.

– Über dem Wasser sinkt der Luftdruck (Tiefdruckgebiet).
– Feuchte Luft strömt ins Tiefdruckgebiet und steigt auf. Es kommt zu starken Niederschlägen.
– Die einströmende Luft wird durch die Erdrotation in Drehung versetzt. Der Wolkenwirbel beginnt sich zu drehen.

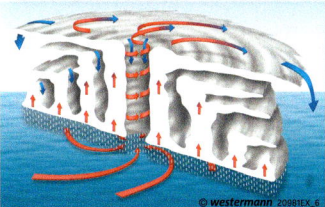

– Die Luftmassen werden nach außen gedrückt. Im Inneren des Wirbelsturms entsteht ein wolkenloses, windstilles „Auge".
– Um das „Auge" drehen sich gewaltige, sich weiträumig ausdehnende Wolkenbänder mit hoher Geschwindigkeit. Aus ihnen regnet es heftig.

© westermann 20861EX_6

M5 So entsteht ein tropischer Wirbelsturm.

Stärke	Geschwindigkeit	Schäden
T1	über 118 km/h	leichte Schäden
T2	über 154 km/h	Autos, Dächer wehen weg.
T3	über 178 km/h	schwere Schäden an Gebäuden
T4	über 210 km/h	Bäume werden entwurzelt, Häuser sind unbewohnbar.
T5	über 250 km/h	Schiffe werden an Land geworfen, Häuser und Brücken zerstört.

M7 Hurrikan-Skala

Die Menschen in den USA bereiten sich auf die Ankunft des Hurrikans „Irma" vor. Die Evakuierungen haben begonnen. In Florida sollen mehr als 6,5 Millionen Menschen ihre Häuser verlassen und sich vor dem Sturm in Sicherheit bringen. Vor Supermärkten stehen Menschen Schlange, an Tankstellen stauen sich Autos. Fenster und Türen von Häusern wurden mit Brettern vernagelt. Es gibt bestimmte Dinge, die man bei einer Wirbelsturmwarnung tun sollte. Experten raten, sich mit Essen und Wasser für mehrere Tage einzudecken. Darüber hinaus müssen die Menschen Wohnungen oder Häuser und Grundstücke sturmfest machen. Lose Dinge wie Gartenmöbel und Blumentöpfe werden in Sicherheit gebracht.

M6 So können sich die Menschen auf einen Hurrikan vorbereiten.

Formulierungshilfen

zu Aufgabe 2A:
Der Hurrikan hat eine ... Form mit spiralförmigen ...
Der Hurrikan befindet sich über ..., südöstlich von ...
Er hat einen Durchmesser von ...

Fachbegriffe

- der tropische Wirbelsturm
- die Evakuierung

Folgen des Klimawandels weltweit – was kommt auf uns zu?

Schon heute erleben wir einen Meeresspiegelanstieg, ein Abtauen des Polareises und einen weltweiten Anstieg der Temperaturen.

Wie geht es weiter? Welche Folgen hat der weltweite Temperaturanstieg? Worauf müssen sich die Menschen einstellen?

1. Notiere ein Beispiel für eine positive und drei Beispiele für negative Folgen des Klimawandels (M3).

2. Schreibe eine Reportage über die klimatische Situation in Deutschland 2040 (M1). `162`

3. Fasse die Folgen des Klimawandels im Hochgebirge zusammen (M5).

4. Beschreibe die Karikatur in M2. Was will der Zeichner damit aussagen? `155`

5. Erkläre, warum Klimamodelle und Klimaszenarien große Unsicherheiten aufweisen (Text, Info).

W 6. Wähle aus:

   A Du bist ein Zeitungsredakteur im Jahre 2050. Entwirf acht Schlagzeilen einer Zeitung über die Weltlage (M3 – M6). Schreibe zu einer Schlagzeile einen Kurzbericht. `162`

   B Formuliere mithilfe von M3 ein Szenario in Form einer Conceptmap zum Thema „Leben mit dem Klimawandel". `154`

D E 7. Stelle mögliche Folgen des Klimawandels in einem PowerPoint-Vortrag vor und erkläre die Folgen. `144`

M2 Karikatur

Welche Folgen hat das Klima der Zukunft?

Menschen müssen die Folgen des Klimawandels kennen, damit sie sich auf die weltweite Erderwärmung einstellen können.

Wissenschaftler aller Fachrichtungen beschäftigen sich mit Vorhersagen über mögliche Folgen des Klimawandels. Sicher ist: Die Auswirkungen sind auf der Erde sehr unterschiedlich. In einigen Gebieten regnet es mehr, in anderen weniger. Hier schmelzen die Gletscher, dort nehmen sie zu. In einigen Gebieten können Nutzpflanzen angebaut werden, für die es bislang zu kalt war. Andere Gebiete gehen für den Ackerbau verloren, weil es dort zu trocken sein wird.

Die Wissenschaftler versuchen, zukünftige Entwicklungen mithilfe von **Szenarien** zu erkennen, um rechtzeitig geeignete Maßnahmen zu ergreifen. Diese werden in Klimamodellen beschrieben. Ein Szenario ist eine Voraussage, die das Leben in der Zukunft beschreibt. Als Grundlage für das Zukunftsbild dienen Entwicklungen der Vergangenheit und Gegenwart. Die Voraussagen beruhen auf vermuteten Wirkungsketten („Was-wäre-wenn-Voraussagen").

INFO

Klimamodelle

Das Klimasystem ist sehr komplex. Deshalb werden zur Voraussage Klimamodelle entwickelt. Trotz umfangreicher Datenlage werden Klimaprognosen aber immer Unsicherheiten aufweisen. Die natürlichen Einflüsse und die Einflüsse des Menschen sind nur schwer berechenbar. Daher beinhalten wissenschaftliche Klimamodelle Szenarien, die verschiedene Möglichkeiten voraussagen.

Merkmal	Erwartete Änderungen	Auswirkungen
Temperatur	1,7 °C wärmer als 1900, häufige und stärkere Hitzeperioden, Abschmelzen der Alpengletscher	früherer Pflanzenaustrieb, hohe Gesundheitsbelastung, mehr Waldbrände
Meeresspiegel	etwa 10 cm höher gegenüber heute	Gefährdung der Nord- und Ostseeküste
Niederschlag	trockene Sommer, nasse Winter mit mehr Regen als Schnee, häufige Starkniederschläge und Gewitter	Überschwemmungsgefahr, Schäden durch Gewitter und Hagel, Probleme für die Landwirtschaft
Stürme	heftiger als heute, veränderte Zugbahnen, mehr und gefährlichere Sturmfluten	erhebliches Schadensrisiko, hohe Versicherungsprämien

M1 Erwartete Folgen des Klimawandels für Deutschland bis 2040

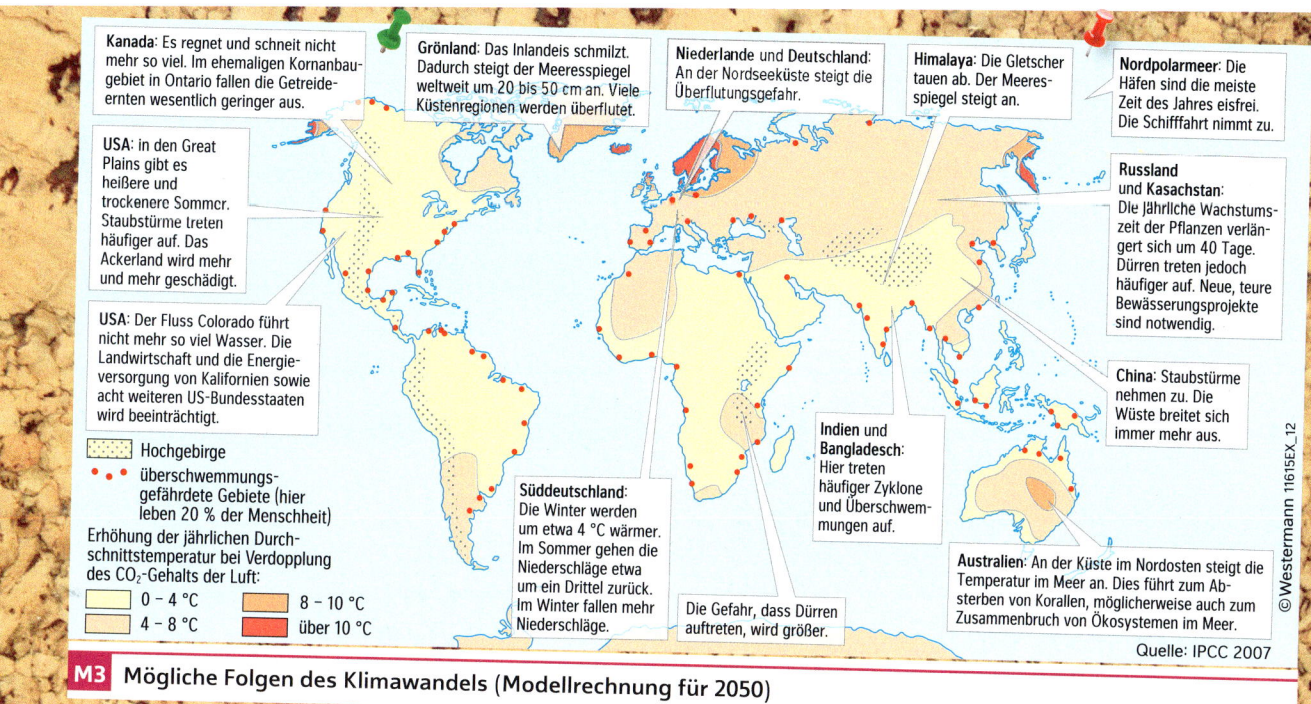

Kanada: Es regnet und schneit nicht mehr so viel. Im ehemaligen Kornanbaugebiet in Ontario fallen die Getreideernten wesentlich geringer aus.

Grönland: Das Inlandeis schmilzt. Dadurch steigt der Meeresspiegel weltweit um 20 bis 50 cm an. Viele Küstenregionen werden überflutet.

Niederlande und Deutschland: An der Nordseeküste steigt die Überflutungsgefahr.

Himalaya: Die Gletscher tauen ab. Der Meeresspiegel steigt an.

Nordpolarmeer: Die Häfen sind die meiste Zeit des Jahres eisfrei. Die Schifffahrt nimmt zu.

USA: in den Great Plains gibt es heißere und trockenere Sommer. Staubstürme treten häufiger auf. Das Ackerland wird mehr und mehr geschädigt.

Russland und Kasachstan: Die jährliche Wachstumszeit der Pflanzen verlängert sich um 40 Tage. Dürren treten jedoch häufiger auf. Neue, teure Bewässerungsprojekte sind notwendig.

USA: Der Fluss Colorado führt nicht mehr so viel Wasser. Die Landwirtschaft und die Energieversorgung von Kalifornien sowie acht weiteren US-Bundesstaaten wird beeinträchtigt.

China: Staubstürme nehmen zu. Die Wüste breitet sich immer mehr aus.

Indien und Bangladesch: Hier treten häufiger Zyklone und Überschwemmungen auf.

Süddeutschland: Die Winter werden um etwa 4 °C wärmer. Im Sommer gehen die Niederschläge etwa um ein Drittel zurück. Im Winter fallen mehr Niederschläge.

Die Gefahr, dass Dürren auftreten, wird größer.

Australien: An der Küste im Nordosten steigt die Temperatur im Meer an. Dies führt zum Absterben von Korallen, möglicherweise auch zum Zusammenbruch von Ökosystemen im Meer.

Legende:
- Hochgebirge
- • • • überschwemmungsgefährdete Gebiete (hier leben 20 % der Menschheit)

Erhöhung der jährlichen Durchschnittstemperatur bei Verdopplung des CO_2-Gehalts der Luft:
- 0 – 4 °C
- 4 – 8 °C
- 8 – 10 °C
- über 10 °C

© Westermann 11615EX_12

Quelle: IPCC 2007

M3 Mögliche Folgen des Klimawandels (Modellrechnung für 2050)

Häufig extreme Wetterlagen

Extreme Wetterlagen werden öfter als heute auftreten. Sintflutartige Regenfälle mit katastrophalen Überschwemmungen werden sich mit lang anhaltender Dürre abwechseln. Dort, wo heute Getreidegürtel liegen, werden Dürreperioden die Ernte vernichten. Die Wüsten werden größer. Weltweit sinkende Ernteerträge verschärfen den Hunger. Dadurch kommt es zu Millionen von Hungerflüchtlingen. Es finden Kriege um klimatisch begünstigte Gebiete statt.

M4 Häufig extreme Wetterlagen

Dauerfrostboden verliert Kohlenstoffspeicher

Böden, die dauerhaft gefroren sind, bedecken ein Viertel der Erdoberfläche. Diese Böden weisen eine Besonderheit auf: Sie speichern große Mengen an Kohlenstoff, weil sie durch das Gefrieren den Kohlenstoff in Pflanzen konservieren. Wenn ein großer Teil des Dauerfrostbodens zukünftig auftauen wird, werden vermehrt Kohlenstoffdioxid oder Methan freigesetzt. Der Treibhauseffekt wird dadurch verstärkt.

M6 Dauerfrostboden verliert Kohlenstoffspeicher

Mehr Regen als Schneefall, Boden wird aufgeweicht und instabil – Hangrutschungen

starker Rückgang der Gletscher

Wetterextreme nehmen zu, Schneelawinen und Ströme aus Schlamm und Gestein (Muren) bedrohen Siedlungen und Straßen, teure Schutzbauten sind nötig, im Extremfall sogar Umsiedlung

Mittlere Schneehöhenlinie steigt um 300 bis 500 m, dadurch existiert unterhalb von 1200 m ü. M. im Winter keine geschlossene Schneedecke mehr – negative Folgen für den Tourismus

11620EX_5

M5 Folgen des Klimawandels im Hochgebirge

Formulierungshilfen

zu Aufgabe 4:
In der Karikatur ist ... zu sehen.
Im Hintergrund sieht man ...
Es handelt sich also um ...
Die Menschen ..., einer sagt: ...
Die dargestellte Situation verdeutlicht überspitzt ...
... Szenario
Ein vermeintlicher Vorteil verdeckt die Nachteile des ...

Fachbegriff
- das Szenario

Ozeane und Klimawandel

Die Erde ist zu drei Vierteln von Ozeanen bedeckt. Das Weltmeer beeinflusst den Klimawandel. Der Klimawandel verändert das Weltmeer.

Welche Bedeutung haben die Ozeane für das Klima? Auf welche Veränderungen müssen wir uns einstellen?

1. Stelle dar, welche Bedeutung die Ozeane für das Klima haben (Text).

2. Beschreibe und erkläre den Kreislauf der Meeresströmungen (M4, Text).

W 3. Wähle aus:
   A Begründe, warum Ozeane CO_2-Speicher sind. Erkläre, warum der Klimawandel diese Funktion gefährdet.
   B Nimm Stellung zu der Aussage: „Ozeane können weniger CO_2 speichern, weil wir immer mehr CO_2 produzieren."

D 4. Verfasse einen Lexikonbeitrag zur Bedeutung des Golfstroms für Europa (M1, M4, M5). **162**

5. a) Erkläre die Bedeutung von Korallen für viele Inseln im Indischen und Pazifischen Ozean (M2, M3).
   b) Beschreibe die Gefahren für die Korallen durch den Klimawandel (Info).

D E 6. Du bist ein Zeitungsredakteur im Jahre 2100 und sollst über den Golfstrom berichten, der seinen Verlauf geändert hat (M5). Erstelle Schlagzeilen, die Auskunft über die Lebensverhältnisse in Europa geben. **138**

D E 7. Zur Entstehung von Koralleninseln gibt es im Internet viele Zeichnungen mit Erklärungen. Wähle eine aus, die du für die beste hältst. Begründe deine Wahl (Internet). **138**

M2 Die Malediven – Koralleninseln im Indischen Ozean

Das Weltmeer – wichtig für den Klimaausgleich und als CO_2-Speicher

Die Ozeane der Erde, das Weltmeer, haben eine wichtige Funktion für das Weltklima. Das Weltmeer nimmt große Energiemengen der Sonnenstrahlung auf und gibt die aufgenommene Wärme nur langsam und gleichmäßig wieder an die Luft ab. So wirkt das Weltmeer ausgleichend auf das Klima. Diese Wirkung verhindert auch, dass die vom Menschen produzierten Treibhausgase die Erde zu stark „aufheizen". Außerdem speichern die Ozeane riesige Mengen an Kohlenstoff. Sie könnten fast das gesamte CO_2 aufnehmen, das vom Menschen zusätzlich produziert wird. Doch bei steigenden Temperaturen kann Wasser weniger CO_2 aufnehmen.

Die Meeresströmungen im Weltmeer beeinflussen das Klima. Das Klima und die Vegetation in Nord- und Mitteleuropa werden maßgeblich von einer warmen Meeresströmung, dem **Golfstrom**, bestimmt. Ohne ihn wären die Temperaturen in Europa deutlich niedriger. Wenn der Golfstrom versiegt, also nicht mehr warmes Wasser aus dem Golf von Mexiko nach Norden transportiert, hätte das für uns katastrophale Folgen. Die Temperaturen in Mittel- und Nordeuropa würden stark absinken.

Aus dem Südostatlantik kommend „tankt" die Meeresströmung im Golf von Mexiko Wärme und strömt von dort in Richtung Nordosten. Ein Teil davon fließt als warmer „Nordatlantischer Strom" bis nach Norwegen. Westwinde nehmen die Wärme auf, wehen sie über das Land und bescheren großen Teilen West- und Nordeuropas ein für diese geographischen Breiten ungewöhnlich mildes Klima.

Das warme Golfstromwasser kühlt in den arktischen Meeresgebieten um Grönland ab, wobei sich seine Dichte infolge des hohen Salzgehaltes in Kombination mit der geringeren Temperatur erhöht. Das Wasser wird schließlich schwerer als das der Umgebung, sinkt in die Tiefe und fließt wieder in die warmen südlichen Ozeane zurück. Hier beginnt der Kreislauf von neuem.

M1 Der Golfstrom

M3 Korallen – Baumeister im Ozean

INFO

Korallenriffe

Viele Inseln im Indischen und Pazifischen Ozean liegen auf Korallenriffen. Korallen bauen im Laufe vieler Jahrhunderte aus ihren Kalk-Skeletten die Riffstruktur auf. Da das Korallenriff bis zur Wasseroberfläche wachsen kann, bildet sich nach späterem Absenken des Meeresspiegels oder Anheben des Bodens eine Insel oder eine Reihe von Inseln.

Steigt nun infolge des Klimawandels der Meeresspiegel, wachsen auch die Riffe. Aber die Erwärmung des Wassers schädigt die Riff-Korallen. Sie bleichen aus und sterben ab.

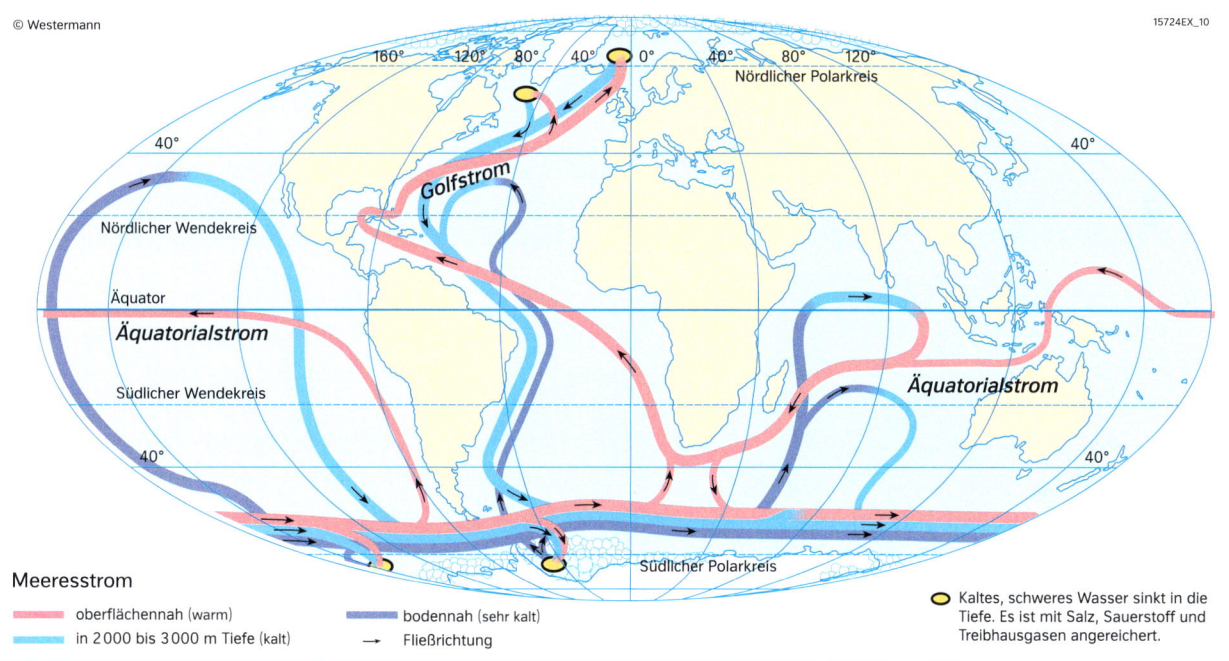

Meeresstrom

— oberflächennah (warm)
— in 2 000 bis 3 000 m Tiefe (kalt)
— bodennah (sehr kalt)
→ Fließrichtung

⬭ Kaltes, schweres Wasser sinkt in die Tiefe. Es ist mit Salz, Sauerstoff und Treibhausgasen angereichert.

M4 Meeresströmungen im Weltmeer

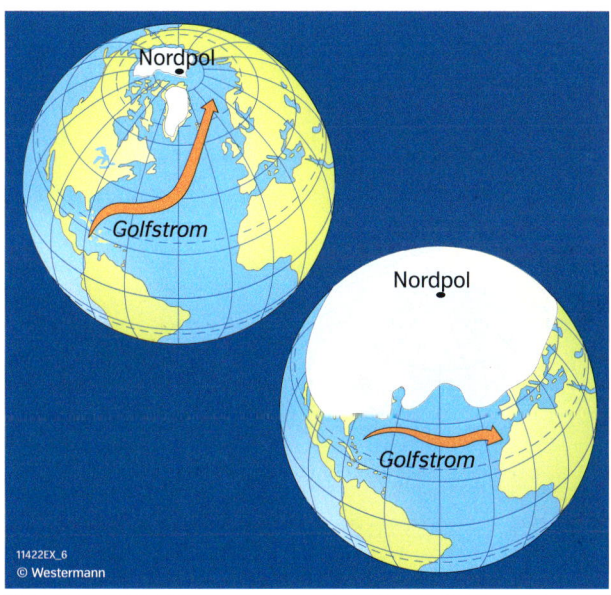

M5 Wenn der Golfstrom versiegt, ändert sich das Klima.

Formulierungshilfen

zu Aufgabe 2:
Es gibt oberflächennahe und … Meeresströmungen.
Vom Indischen Ozean fließt oberflächennah ein … nach …
Im Golf von Mexiko …
Von dort aus strömt … nach Nordeuropa.
Der warme … kühlt ab und …
Das kalte … strömt durch den … Ozean zurück … bis …
Im Indischen Ozean …
Im Pazifischen Ozean gibt es … und …

Fachbegriff

■ der Golfstrom

Klimaschutz – aber wie?

Der Klimawandel bedroht die Lebensräume der Menschen. Viele Menschen wollen deshalb das Klima schützen. Dazu gehören Maßnahmen, die einer weltweiten Erwärmung entgegenwirken oder die möglichen Folgen abmindern oder verhindern.
Welche Möglichkeiten haben wir dafür? Was wird weltweit dafür getan?

1. Liste Länder auf, die jährlich pro Person mehr als 15 Tonnen CO_2 ausstoßen (M4, Atlas).

2. a) Werte die Karikatur in M6 aus. `155`
b) Finde eine passende Überschrift.

3. a) Fasse das Ergebnis der Klimaschutzkonferenz von Paris in Stichworten zusammen (M1).
b) Erläutere, welche Ziele sich Deutschland nach der Klimakonferenz von Paris gesetzt hat (M3).

W 4. Wähle aus:
A Liste Möglichkeiten auf, das Klima zu schützen (M5, M7, Text).
B Fertige eine Mindmap an, die Möglichkeiten zum Klimaschutz aufzeigt (M5, M7, Text). `139`

D 5. Recherchiere Maßnahmen zum Klimaschutz in Deutschland. Präsentiere sie in einer PowerPoint-Präsentation. `138` `144`

6. Führt in der Klasse eine Pro- und Kontra-Diskussion durch. Thema: „Klimaschutz – tun wir genug?" `140` `159`

D 7. Recherchiere Ziele und Vorgehen der Klimaschutzbewegung „Fridays for Future" (M2, Internet). `138`

E 8. Erörtere mögliche Klimaschutzmaßnahmen in Bezug auf die Sicherung und Finanzierbarkeit, den Erhalt des Lebensraums und die politische Situation (M5, M7, Internet). `138`

M2 Fridays for Future Demonstration

Klimapolitik und weltweiter Klimaschutz

Die Folgen des Klimawandels können nur vermieden oder gemildert werden, wenn der Ausstoß an Treibhausgasen weltweit verringert wird. Der Treibhausgasausstoß ist in den reichen Staaten mit großen Industrien besonders hoch. Die weniger stark entwickelten Ländern tragen nur im geringen Ausmaß zum Treibhauseffekt bei.
Zahlreiche Politiker sind davon überzeugt, dass wirksamer Klimaschutz nur durch internationale Vereinbarungen garantiert werden kann. Deshalb wurde auf mehreren **Klimaschutzkonferenzen** eine grenzüberschreitende Zusammenarbeit vereinbart.
Es gibt zwei Möglichkeiten zu handeln: Verringerung des Treibhausgasausstoßes oder Anpassung an die Klimaveränderungen.
Bei der ersten Möglichkeit geht es zum Beispiel darum, in Betrieben und Haushalten Energie einzusparen, Häuser zu dämmen, Heizungen zu modernisieren und **erneuerbare Energien** zum Beispiel aus Windkraft und Sonnenenergie einzusetzen. Anreize dafür sollen staatliche Zuschüsse, Steuererleichterungen und Steuern auf den CO_2-Ausstoß sein.
Zur Anpassung an die Klimaveränderungen gehören zum Beispiel der Bau von Deichen, die Züchtung neuer Pflanzensorten, der Ausbau von Bewässerungssystemen.

Auf der Klimakonferenz in Paris (2015) haben sich 195 Staaten dazu verpflichtet, die Erderwärmung auf unter 2 °C zu beschränken, möglichst aber auf 1,5 °C. Jedes Land legt selbstständig bis zum Jahr 2020 fest, in welchem Maße der Ausstoß an Treibhausgasen im eigenen Land gesenkt werden soll und durch welche Maßnahmen man das erreichen will. Alle fünf Jahre müssen die Länder ihre Ziele überprüfen und neue Ziele vorlegen.

M1 Wichtige Ergebnisse der Klimakonferenz von Paris 2015

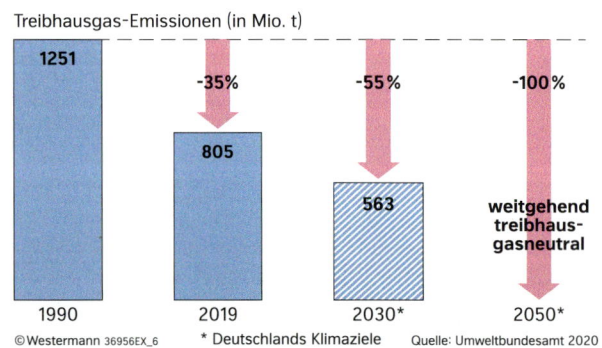

M3 Deutschlands Ziele zur Verringerung der Treibhausgas-Emissionen im Vergleich zu 1990

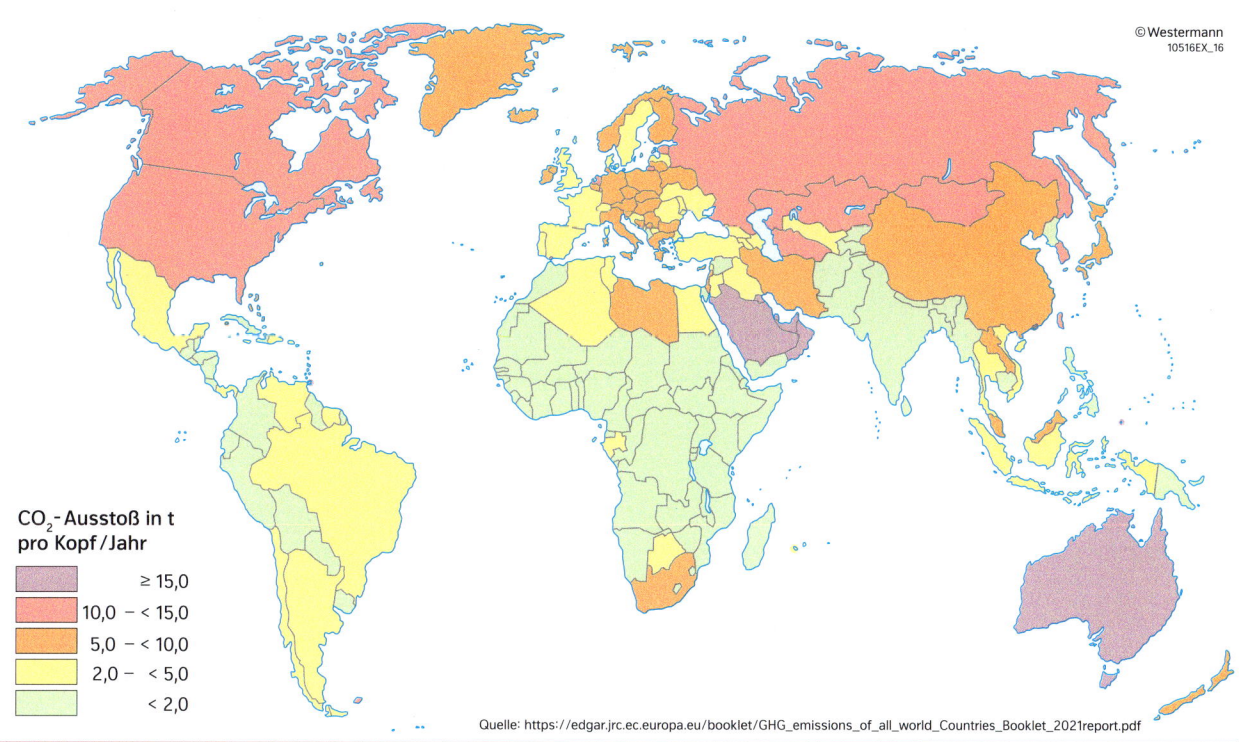

© Westermann
10516EX_16

CO₂-Ausstoß in t pro Kopf/Jahr

	≥ 15,0
	10,0 − < 15,0
	5,0 − < 10,0
	2,0 − < 5,0
	< 2,0

Quelle: https://edgar.jrc.ec.europa.eu/booklet/GHG_emissions_of_all_world_Countries_Booklet_2021report.pdf

M4 Ausstoß von Kohlenstoffdioxid (CO₂) in Tonnen pro Person und Jahr (2021)

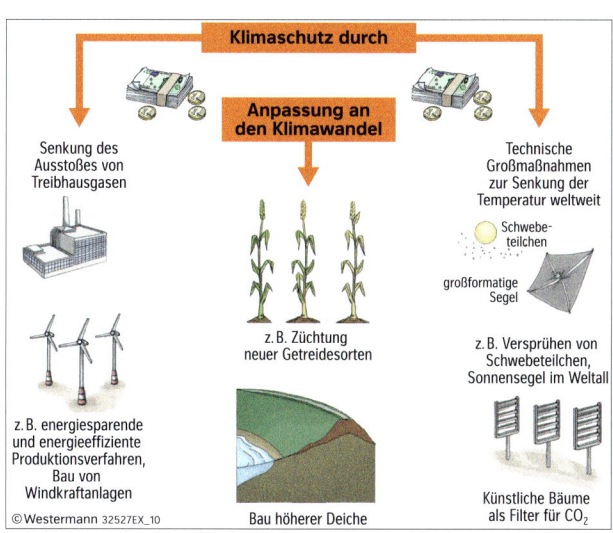

Klimaschutz durch

Anpassung an den Klimawandel

Senkung des Ausstoßes von Treibhausgasen

z.B. Züchtung neuer Getreidesorten

Technische Großmaßnahmen zur Senkung der Temperatur weltweit

Schwebeteilchen

großformatige Segel

z.B. energiesparende und energieeffiziente Produktionsverfahren, Bau von Windkraftanlagen

Bau höherer Deiche

z.B. Versprühen von Schwebeteilchen, Sonnensegel im Weltall

Künstliche Bäume als Filter für CO₂

© Westermann 32527EX_10

M5 Klimaschutz und Anpassung an den Klimawandel

M6 Karikatur

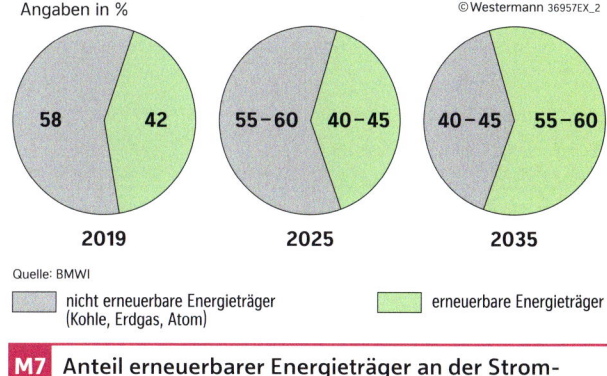

Angaben in %

© Westermann 36957EX_2

2019	2025	2035
58 / 42	55−60 / 40−45	40−45 / 55−60

Quelle: BMWI

☐ nicht erneuerbare Energieträger (Kohle, Erdgas, Atom)

☐ erneuerbare Energieträger

M7 Anteil erneuerbarer Energieträger an der Stromerzeugung in Deutschland

Formulierungshilfen

zu Aufgabe 2:

Ein Schiff mit dem Namen ...
Aus dem Schornstein fliegen ...
Die ... schwimmen/verteilen sich auf dem Wasser.
Ein ... hält sich an ... fest, ... im Wasser steht.
Sein Kopf sieht wie ... aus.
Das Schiff symbolisiert ...
Der ... steht für ...
Die Kernaussage ist ...

Fachbegriffe

- die Klimaschutzkonferenz
- die erneuerbaren Energien

Wir schützen das Klima

Keiner von uns kann das Klimaproblem allein lösen, aber jeder kann seinen Beitrag leisten. Dazu müssen wir untersuchen, was wir zum Treibhauseffekt beisteuern.
Wie sieht mein Beitrag zum CO_2-Ausstoß aus? Wie kann ich das Klima schützen?

1. Berechne den durchschnittlichen jährlichen CO_2-Ausstoß einer dreiköpfigen Familie (M5).

2. Vergleiche den CO_2-Ausstoß der Verkehrsmittel in M1. Berechne den CO_2-Ausstoß jedes Verkehrsmittels auf 1000 km in kg pro Person.

3. a) Erkläre, was der CO_2-Fußabdruck aussagt (Info).
   b) Vergleiche die CO2-Fußabdrücke bei einer Fahrt zur Schule (M2).

W 4. Wähle aus:
   A Führt ein Projekt „Energiesparen in der Schule" durch. Bildet dafür die Arbeitsgruppen „Heizung", „Strom", „Verkehr". Stellt für jede Gruppe einen Arbeitsplan nach dem muster von M4 auf.
   B Führt das Projekt „Wie trage ich mit meiner Familie zum Klimaschutz bei?" durch. Untersucht die Energienutzung bei euch zu Hause. Erarbeitet einen Maßnahmenplan (M3).

D **E** 5. Recherchiere im CO_2-Rechner des Umweltbundesamtes und bestimme damit deinen täglichen CO_2-Fußabdruck. **138**

Als Klimadetektive unterwegs

Wir wissen, dass das Treibhausgas Kohlenstoffdioxid (CO_2) durch die Verbrennung von Energie-Rohstoffen in die Atmosphäre gelangt. Nutzen wir weniger Energie, verringern wir den anthropogenen Treibhauseffekt. Das Treibhausgas CO_2 entsteht im privaten Bereich vor allem beim Heizen, durch Mobilität, Ernährung und die Verwendung von Haushaltsgeräten und Lampen. Durch sein Verhalten kann jeder seinen **CO_2-Fußabdruck** verkleinern.

Als Klimadetektive könnt ihr zum Beispiel in einem Projekt die Energienutzung in eurer Schule untersuchen. Dabei solltet ihr Arbeitsgruppen für Heizung, Strom und Verkehr bilden. Die Ergebnisse können in einem Informationsblatt oder einer „Energiespar-Hausordnung" zusammengefasst werden.

Du kannst auch den Beitrag deiner Familie zum Klimawandel untersuchen. Dafür musst du die verwendeten Verkehrsmittel, deine Energienutzung beim Heizen und deinen Bedarf an elektrischem Strom unter die Lupe nehmen. Mit dem Ergebnis kannst du dich auf die Suche machen, wo eingespart werden kann. Anschließend solltet ihr einen Maßnahmenplan aufstellen.

Die Ergebnisse eurer Untersuchung und eurer Vorschläge könnt ihr zum Beispiel in einer Ausstellung in der Schule präsentieren.

INFO

CO_2-Fußabdruck

Der CO_2-Fußabdruck ist ein Maß, das den Treibhausgasausstoß veranschaulichen soll. Es handelt sich dabei um den Gesamtbetrag von Kohlenstoffdioxid-Emissionen, die direkt oder indirekt durch Aktivitäten und Konsum verursacht werden.

Treibhausgas-Ausstoß in kg pro Person
→ Flugzeug
→ Auto
→ Eisenbahn

51 20 Berlin
— 83 Hannover
371
406
147
2096 km
4000 km
Mádrid
772
Kanarische Inseln

© westermann 21752EX_2

M1 CO_2-Ausstoß verschiedener Verkehrsmittel

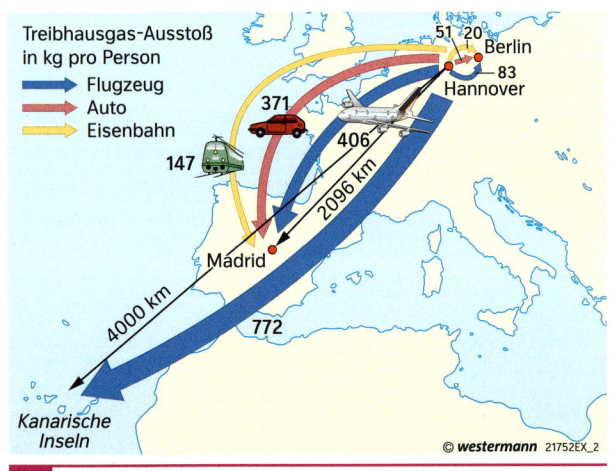

21751EX_2

Fußabdruckfläche für 2 mal 8 km Fahrt an 210 Tagen im Jahr

Auto mit Benzinmotor	Auto mit Erdgasmotor	Fahrgemeinschaft	Benzin-Roller	Bus	Fahrrad
2700 m²	2280 m²	1400 m²	684 m²	179 m²	19 m²

M2 CO_2-Fußabdruck bei der Fahrt zur Schule

M3 Wie Schülerinnen und Schüler zum Klimaschutz beitragen wollen

Was?	Wie?	Wo?	Wer?	Wann?
• Heizung: - Art der Heizung - Verbrauch - Heizkosten - Heizperiode - Raumtemperatur - Isolierung der Wände / Fenster - Lüftung	• Erkundungs- und Fragebogen	• Hausmeisterin oder Hausmeister • Schulträger • Bauamt • Schulleiterin oder Schulleiter	• Namen der Gruppenmitglieder	• Zeiteinteilung der Arbeit: - Planen - Erkunden / Befragen - Ergebnisdarstellung

M4 Arbeitsplan der Gruppe „Heizung" beim Projekt „Energiesparen in der Schule"

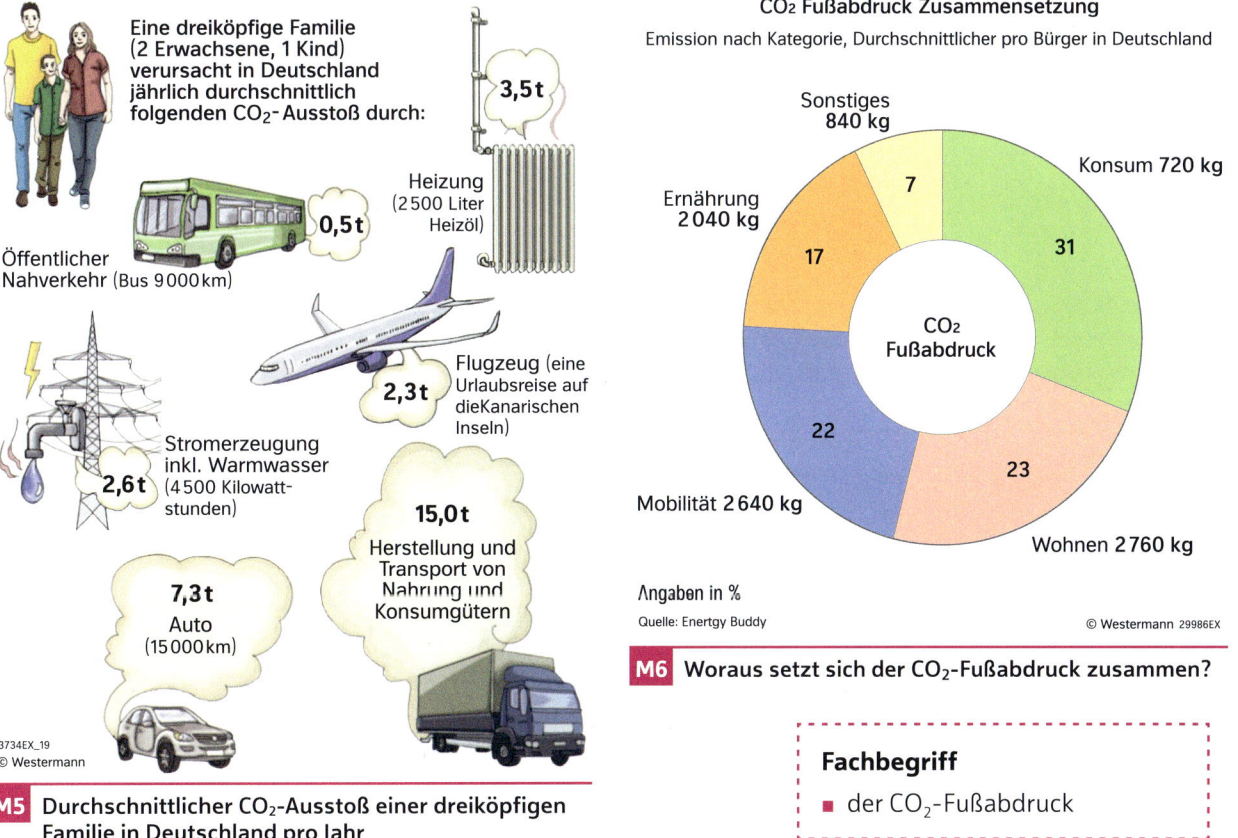

Eine dreiköpfige Familie (2 Erwachsene, 1 Kind) verursacht in Deutschland jährlich durchschnittlich folgenden CO_2-Ausstoß durch:

3,5 t Heizung (2500 Liter Heizöl)

0,5 t Öffentlicher Nahverkehr (Bus 9000 km)

2,3 t Flugzeug (eine Urlaubsreise auf die Kanarischen Inseln)

2,6 t Stromerzeugung inkl. Warmwasser (4500 Kilowattstunden)

15,0 t Herstellung und Transport von Nahrung und Konsumgütern

7,3 t Auto (15000 km)

3734EX_19
© Westermann

M5 Durchschnittlicher CO_2-Ausstoß einer dreiköpfigen Familie in Deutschland pro Jahr

CO_2 Fußabdruck Zusammensetzung
Emission nach Kategorie, Durchschnittlicher pro Bürger in Deutschland

Sonstiges 840 kg — 7

Konsum 720 kg — 31

Ernährung 2040 kg — 17

CO_2 Fußabdruck

Mobilität 2640 kg — 22

Wohnen 2760 kg — 23

Angaben in %
Quelle: Enertgy Buddy

© Westermann 29986EX

M6 Woraus setzt sich der CO_2-Fußabdruck zusammen?

Fachbegriff
■ der CO_2-Fußabdruck

Klimawandel und Klimaschutz

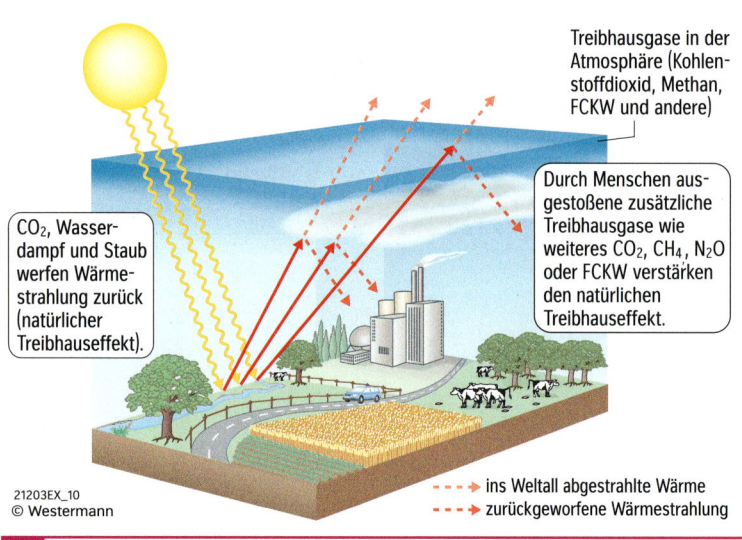

M1 Der Treibhauseffekt

1. a) Erkläre den natürlichen Treibhauseffekt (M1).
   b) Erkläre den durch den Menschen verstärkten Treibhauseffekt (M1).
   Schülerbuch Seiten 106 – 107

2. Erstelle eine Übersicht, getrennt nach positiven und negativen Auswirkungen des Klimawandels, für die Regionen in Europa (M2).
   Schülerbuch Seiten 112 – 113

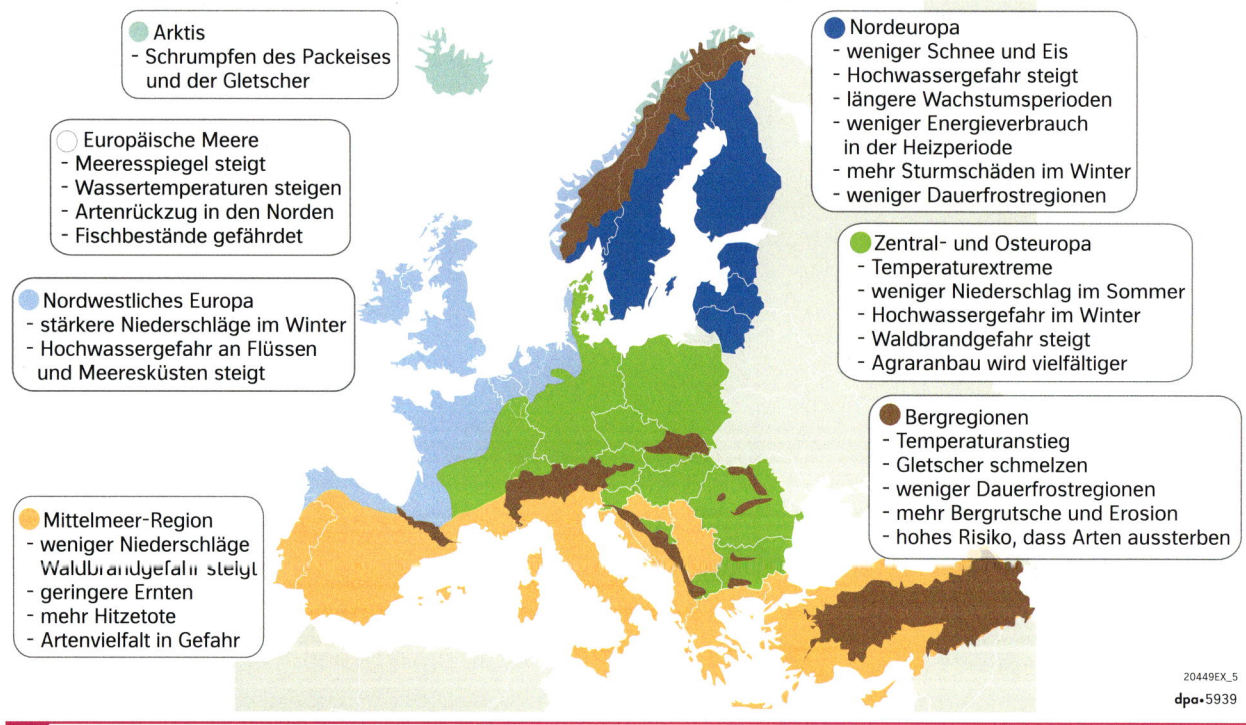

Arktis
- Schrumpfen des Packeises und der Gletscher

Europäische Meere
- Meeresspiegel steigt
- Wassertemperaturen steigen
- Artenrückzug in den Norden
- Fischbestände gefährdet

Nordwestliches Europa
- stärkere Niederschläge im Winter
- Hochwassergefahr an Flüssen und Meeresküsten steigt

Mittelmeer-Region
- weniger Niederschläge
- Waldbrandgefahr steigt
- geringere Ernten
- mehr Hitzetote
- Artenvielfalt in Gefahr

Nordeuropa
- weniger Schnee und Eis
- Hochwassergefahr steigt
- längere Wachstumsperioden
- weniger Energieverbrauch in der Heizperiode
- mehr Sturmschäden im Winter
- weniger Dauerfrostregionen

Zentral- und Osteuropa
- Temperaturextreme
- weniger Niederschlag im Sommer
- Hochwassergefahr im Winter
- Waldbrandgefahr steigt
- Agraranbau wird vielfältiger

Bergregionen
- Temperaturanstieg
- Gletscher schmelzen
- weniger Dauerfrostregionen
- mehr Bergrutsche und Erosion
- hohes Risiko, dass Arten aussterben

M2 Mögliche Folgen des Klimawandels ab 2050 in Europa

3. a) Vergleiche die Abbildungen in M3. Beschreibe die Veränderungen.
   b) Erläutere die Ursachen der Veränderungen.
   Schülerbuch Seiten 112 – 113

M3 Der Franz-Josef-Gletscher in Neuseeland im Jahr 2008 (links) und im Jahr 2018 (rechts)

M4 Verursacher des Treibhauseffekts

4. Wähle aus:

A Zeichne die Abbildungen in M4 jeweils als Skizze ab. Benenne die „Treibhaustäter" und ihre Taten.

B Erkläre, wie die einzelnen Treibhausgase in die Atmosphäre gelangen. Du kannst zu den Erklärungen auch Skizzen anfertigen (M1, M4).
Schülerbuch Seiten 106 – 107

5. Nimm Stellung zur Aussage: „Jeder ist ein Treibhaustäter."
Schülerbuch Seiten 106 – 107

6. Erkläre einzelne Maßnahmen zum Klimaschutz. Gehe dabei auf ihre Wirksamkeit ein.
Schülerbuch Seiten 116 – 119

7. a) Erkläre, wie tropische Wirbelstürme entstehen.
b) Beschreibe die Auswirkungen von Wirbelstürmen.
Schülerbuch Seiten 108 – 109

8. Nimm Stellung zu folgender Aussage: „Reiche Länder können besser mit den Folgen des Klimawandels leben als arme Länder".
Schülerbuch Seiten 112 – 113

Tuvalu ist ein klitzekleiner Inselstaat im Pazifik. [...] Das Problem: Der höchste Punkt ist vier Meter über dem Meeresspiegel, im Schnitt sind es nur zwei Meter. [...] Tuvalus Premier [...] redet [...] den Delegierten bei der UN-Klimakonferenz ins Gewissen: „Werden wir überleben oder werden wir im Meer verschwinden?" [...] Für Tuvalu könne einer der dunkelsten Plätze in der Hölle reserviert sein – obwohl man das Klimaproblem keineswegs verschuldet habe.

Quelle: Georg Ismar: UN-Klimagipfel: Versinken wir im Meer? Berlin: Springer Medizin Verlag GmbH, 11.12.2014. https://www.aerztezeitung.de/Panorama/Versinken-wir-im-Meer-242261.html (Zugriff 24.10.2022)

M6 Wasser bis zum Hals

9. Fasse die Problematik zusammen, der sich der Inselstaat Tuvalu ausgesetzt sieht (M6).
Schülerbuch Seiten 104 – 105 und 114 – 115

10. Erläutere mithilfe von M5, wie sich die Polarregion in der Zukunft vermutlich verändern wird.
Schülerbuch Seiten 108 – 109

11. Wähle fünf Fachbegriffe und notiere sie in deiner Muttersprache. Vergleicht in der Gruppe. Welche Gemeinsamkeiten gibt es?

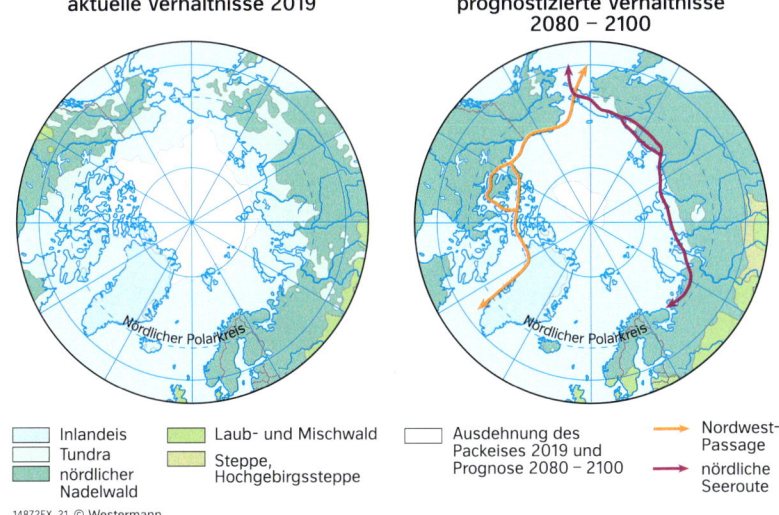

aktuelle Verhältnisse 2019

prognostizierte Verhältnisse 2080 – 2100

Inlandeis
Tundra
nördlicher Nadelwald

Laub- und Mischwald
Steppe, Hochgebirgssteppe

Ausdehnung des Packeises 2019 und Prognose 2080 – 2100

Nordwest-Passage
nördliche Seeroute

14872EX_21 © Westermann

M5 Aktuelle und prognostizierte Veränderungen in der Nordpolarregion

Fachbegriffe

- der anthropogene Treibhauseffekt
- der CO_2-Fußabdruck
- die Emission
- die erneuerbaren Energien
- die Evakuierung
- der Golfstrom
- die Klimaschutzkonferenz
- der Klimawandel
- das Kohlenstoffdioxid
- der natürliche Treibhauseffekt
- das Szenario
- das Treibhausgas
- der tropische Wirbelsturm

WES-105367-120

Verletzliche Erde – wie können wir sie schützen?

Seit 2018 gibt es die Bewegung Fridays for Future in Deutschland, die ab Mitte März 2019 globale Ausmaße annahm. Hunderte Schülerinnen und Schüler demonstrierten in vielen Ländern der Erde. Demonstriert wird immer freitags während der Unterrichtszeit nach dem Motto von Greta Thunberg: Schulstreik für das Klima. Greta Thunberg hatte im August 2018 drei Wochen lang den Unterrichtsbesuch verweigert und für das Klima gestreikt. Sie initiierte damit eine weltweite Protestbewegung.

Und tatsächlich kann jeder etwas tun. Es gibt viele Möglichkeiten. Auch im Kleinen kann man etwas bewirken. Wie habt ihr euch bisher für das Klima engagiert? Welche Erfahrungen habt ihr gemacht? In welchen Bereichen kann jeder etwas für den Klimaschutz tun?

Fridays-for-Future-Demonstration

Nachhaltiges Handeln für die Zukunft

„Wir haben nur eine Erde, aber wir leben so, als ob wir mehrere Erden hätten." Mit dieser Aussage meinen Forscher, dass die Menschen durch ihr Verhalten ihre Umwelt stark belasten.

Wodurch entstehen die Umweltbelastungen? Welche Rolle spielt dabei der Mensch? Wie kann man diese Umweltbelastungen messen? Wie können wir sie zukünftig vermeiden?

W 1. Wähle aus:
  A Beschreibe die Fotos M1 und M2. Gib ihnen eine passende Unterschrift. **138** ▸
  B Erläutere, wie die in M1 und M2 dargestellten Bildinhalte im Zusammenhang mit nachhaltiger Entwicklung stehen (Info 1).

2. a) Erläutere die Begriffe „ökologischer Fußabdruck" und „Wasserfußabdruck" (M3, M5, Text, Info 2).
   b) Erkläre den ökologischen Rucksack des Smartphones (M5).

3. Beschreibe, wie die Gesamtgröße des ökologischen Fußabdrucks entsteht (M3, M4).

4. Vergleiche die ökologischen Fußabdrücke der ausgewählten Länder (M6).

D 5. a) Ermittle die Daten für den globalen Overshoot Day der letzten 8 Jahre (Internet). **138** ▸
   b) Notiere mögliche Gründe für die Entwicklung.

E 6. Notiere Situationen, in denen du zur nachhaltigen Entwicklung beitragen kannst (Info 1, Info 2).

M1 ...

Der Mensch beeinflusst seine Umwelt

Wir möchten mit dem Auto schnell von einem Ort zum anderen fahren können, daher müssen Straßen gebaut werden. In Kraftwerken erzeugt man Strom und Wärme. Dadurch können wir ständig heizen und elektrische Geräte nutzen.

Diese Beispiele zeigen, dass wir in unserem Leben bestimmte Bedürfnisse haben. Jedoch kann das Handeln des Menschen dabei auch zu negativen Folgen für die Umwelt führen. Mit dem Straßenbau wird beispielsweise der Lebensraum von Pflanzen und Tieren eingeschränkt. Bei der Energiegewinnung in Kohlekraftwerken werden klimaschädliche Gase erzeugt.

Forscher haben Vergleiche entwickelt, um die Umweltbelastungen durch den Menschen zu messen. Der **ökologische Rucksack**, der **ökologische Fußabdruck** und der **Wasserfußabdruck** sind drei Messverfahren. Die Ergebnisse dieser Messverfahren können dabei helfen, unser Leben jetzt und in Zukunft nachhaltiger zu gestalten.

INFO 1

Eine **nachhaltige Entwicklung** erfordert, dass wir heute so leben und handeln, dass zukünftige Generationen eine lebenswerte Umwelt vorfinden. Es müssen Umweltgesichtspunkte gleichberechtigt neben sozialen und wirtschaftlichen Gesichtspunkten berücksichtigt werden.

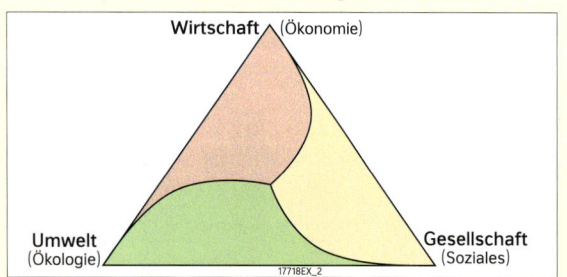

Wirtschaft (Ökonomie)

Umwelt (Ökologie)

Gesellschaft (Soziales)

17718EX_2

INFO 2

Die Berechnung des **ökologischen Fußabdrucks** geht davon aus, dass jeder Mensch Rohstoffe verbraucht: für seine Versorgung (Energie, Wasser, Nahrung, Konsumgüter) sowie für die von ihm verursachten Emissionen (Abfälle, Abwasser, Luftverschmutzung). Dieser Verbrauch an Rohstoffen wird in Landfläche umgerechnet. Wichtigster Faktor ist dabei der Ausstoß des Treibhausgases CO_2 (siehe S. 118/119).

INTERNET

Unter *www.fussabdruck.de* oder *www.footprint-deutschland.de* kannst du deinen eigenen ökologischen Fußabdruck ermitteln.

M2 ...

Beim Wasserfußabdruck wird ermittelt, wie hoch die Wassermenge ist, die pro Kopf von den Einwohnern eines Landes beansprucht wird. Dabei wird nicht nur das direkt verbrauchte Wasser berücksichtigt, sondern auch das *virtuelle Wasser*, das bei der Herstellung von Lebensmitteln und Industriegütern verbraucht wird.

Schließlich haben Forscher einen anschaulichen Vergleich entwickelt, um den Verbrauch von Rohstoffen bei der Herstellung eines Produkts zu verdeutlichen, den ökologischen Rucksack. Bei der Herstellung, dem Transport und der Entsorgung eines Produkts werden Rohstoffe verbraucht. Diese werden umgerechnet in ein Gesamtgewicht für das Produkt. Das ist dann der ökologische Rucksack des Produkts.

Anhand des ökologischen Fußabdrucks lässt sich der sogenannte **Overshoot Day**, der Erdüberlastungstag, berechnen. Es ist der Tag, an dem die Menschen durch ihren Konsum genau das an Ressourcen verbraucht haben, was sich in der Natur in einem Jahr regenerieren kann.

M3 Wasserfußabdruck, ökologischer Rucksack und ökologischer Fußabdruck

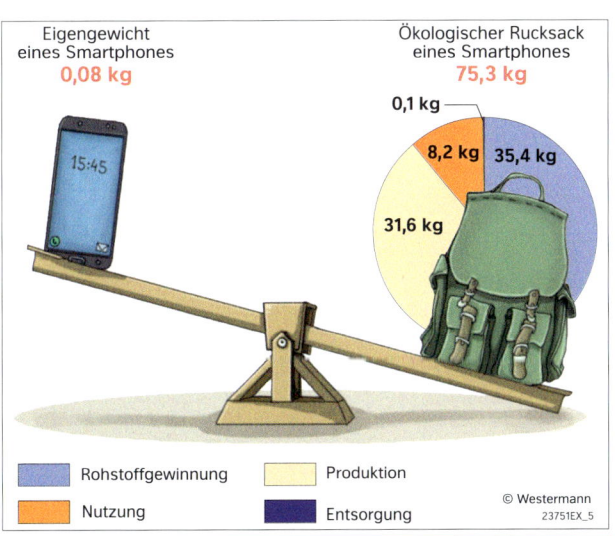

Eigengewicht eines Smartphones
0,08 kg

Ökologischer Rucksack eines Smartphones
75,3 kg

0,1 kg
8,2 kg
35,4 kg
31,6 kg

- Rohstoffgewinnung
- Produktion
- Nutzung
- Entsorgung

© Westermann
23751EX_5

M4 Ökologischer Rucksack eines Smartphones

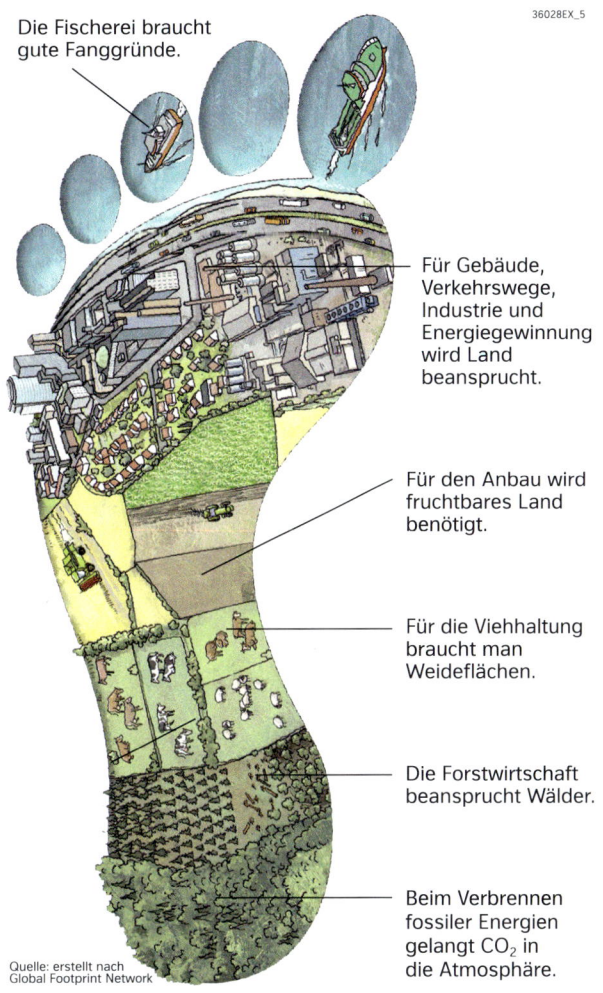

36028EX_5

Die Fischerei braucht gute Fanggründe.

Für Gebäude, Verkehrswege, Industrie und Energiegewinnung wird Land beansprucht.

Für den Anbau wird fruchtbares Land benötigt.

Für die Viehhaltung braucht man Weideflächen.

Die Forstwirtschaft beansprucht Wälder.

Beim Verbrennen fossiler Energien gelangt CO_2 in die Atmosphäre.

Quelle: erstellt nach Global Footprint Network

M5 Der ökologische Fußabdruck

Land	Fußabdruck in gha (globale Hektar) pro Person	Land	Fußabdruck in gha (globale Hektar) pro Person
Katar	15	Luxemburg	11,82
Deutschland	4,7	Banglasesh	0,8
Eritrea	0,5	Äthiopien	1,0
Pakistan	0,86	Nicaragua	1,7
USA	9,6	Australien	6,6
Durchschnitt Welt		2,7	

M6 Ökologischer Fußabdruck im Ländervergleich (2021)

Formulierungshilfen

zu Aufgabe 1B:
Nachhaltige Entwicklung bedeutet ...
Die Abbildungen zeigen ...

Fachbegriffe

- der ökologische Rucksack
- der ökologische Fußabdruck
- der Wasserfußabdruck
- der Overshoot Day

Projekte für unsere Zukunft – packen wir's an!

„Make our planet cool again!", so lautet das Motto vieler Schülerinnen und Schüler gegen die Erderwärmung. Tatsächlich kann jeder etwas tun. Es gibt viele Möglichkeiten.
Was könnte dein persönlicher Beitrag für die Umwelt sein? Auf den folgenden Seiten findet ihr Materialien zu fünf Themen, die alle im Zusammenhang mit der Erderwärmung und der Bedrohung unserer Umwelt stehen.

W **1.** Orientiert euch auf den folgenden Seiten 128 – 137 und wählt ein Projekt aus:

PROJEKT 1 Energienutzung verbessern (S. 128 – 129)
PROJEKT 2 Verkehrsverhalten neu denken (S.130 – 131)
PROJEKT 3 Müll vermeiden (S. 132– 133)
PROJEKT 4 Die Wasserversorgung sichern (S. 134 – 135)
PROJEKT 5 Die Ernährung verändern (S. 136 – 137)

2. a) Skizziert euren Tagesablauf. Orientiert euch an M1. Prüft, in welchen Situationen ihr den Projektthemen Ernährung, Energie, Verkehr, Müll, Wasserversorgung und Ernährung begegnet.
b) Erläutert Situationen aus eurem Alltag, in denen ihr nicht umweltbewusst handelt.

3. a) Besprecht in der Klasse die Fotos in M3. Was seht ihr? Wie hängen die Bilder mit den Projektthemen zusammen?
b) Erläutert anhand der Bilder in M3, welche Bedürfnisse wir im Alltag haben. Überprüft, welche Möglichkeiten es gibt, sich nachhaltig zu verhalten.

4. a) Notiert, welche Nutzungskonflikte ihr in den Abbildungen in M3 erkennen könnt.
b) Führt als Abschluss der Projektarbeit eine Pro- und Kontra-Diskussion zu einem Nutzungskonflikt durch. **140** **159**

1. Planung: Arbeitet in Gruppen. Legt einen Zeit- und Arbeitsplan fest. Nutzt die Materialien des Buches als Ausgangspunkte und Anregungen. Wichtig: Klärt direkt zu Beginn, was am Ende präsentiert werden soll und entscheidet euch für eine geeignete Darstellungsweise.

2. Recherche, Durchführung: Informiert euch im Internet und im Schulbuch. Forscht möglichst konkret vor Ort. Entdeckt die Umgebung der Schule und euer Zuhause neu, besucht öffentliche Einrichtungen, führt Befragungen, Zählungen oder Kartierungen durch. Diskutiert mit verschiedenen Personen.

3. Präsentation: Stellt die Projektergebnisse vor und erörtert sie. Reflektiert sowohl lokale als auch globale Auswirkungen. Vergleicht die Folgen, wenn ihr in Bezug auf die Umwelt positiv oder negativ handelt. Gebt ein Feedback zur Präsentation.

M2 Hinweise zum Vorgehen für alle Projekte

Aylin

8.00 – 15.00 Uhr:
*In der Pause kauft Aylin sich am Schulkiosk einen **Schokoriegel**. Mittags gibt es in der Mensa Spaghetti mit **Hackfleischsoße**. Später fährt sie mit dem Bus nach Hause und verabredet sich per **Smartphone** mit ihrer Freundin zum Sport.*

18.00 Uhr:
*Aylin ist mit dem **Fahrrad** zum Sportplatz gefahren; das Fußballtraining findet unter Flutlicht statt. Anschließend ein **Energydrink** und schnell unter die heiße **Dusche**.*

20.00 Uhr:
*Abends schaut Aylin mit ihrer Mutter über einen **Streaminganbieter eine Serie**; zum Naschen gibt es **Popcorn** und **Trauben**.*

7.00 Uhr:
*Aylin steht auf, geht ins Bad und schaltet das Radio ein. Sie putzt die Zähne, **duscht**, wäscht sich die Haare und **föhnt** sie sorgfältig. Die leere **Haarspraydose** kommt in den Mülleimer.*

7.30 Uhr:
*Aylin frühstückt ein Müsli mit **Bananen**. Weil sie spät dran ist, greift sie schnell ihren **Rucksack**, und die Mutter bringt sie und ihren Bruder mit dem **Auto** pünktlich zur Schule.*

M1 Aylins Tagesablauf – beispielhafte Situationen und Ansätze für Untersuchungsfragen und Recherchen

Wasser

Energie

Ernährung

Müll

Verkehr

M3 Bedürfnisse in unserem Alltag – wie nachhaltig können wir sein?

Nutzung von Föhn, Smartphone, TV
- Energie: Wie viel Strom wird verbraucht? Wie wurde der Strom erzeugt?
  Folge: Anstieg der CO_2-Emissionen ...
- Transport: Aus welchen Materialien sind sie gefertigt? Welche Strecken haben sie zurückgelegt?
  Folge: Energieverbrauch und CO_2-Anstieg ...
- Müll: Wie werden die Geräte entsorgt?
  Folge: Müllberge, Plastik in den Weltmeeren ...

Rucksäcke aus Kunststoff
- Transport/Rohstoffe: Aus welchen Materialien bestehen sie? Welche Strecken wurden zurückgelegt? Folge: Rohstoff-, Energieverbrauch ...
- Müll: Wie werden Rucksäcke entsorgt?
  Folge: Müllberge ...

Duschen
- Wasser und Energie: Wie viel Wasser wird verbraucht?
  Folge: Energieverbrauch ...

Banane, Schokoriegel, Weintrauben
- Ernährung/Transport: Handelt es sich um lokale, regionale, globale Produkte? Welche Strecken wurden zurückgelegt?
  Folge: Energieverbrauch und CO_2-Anstieg ...

Elterntaxi
- Energie, Transport: Wie viel Treibstoff wird verbraucht? Straßenbau/Parkflächenverbrauch ...
  Folge: Benzinverbrauch, CO_2-Anstieg, Bodenversiegelung ...

M4 Beispiele für eine Untersuchung, wie sich Aylins Verhalten auf die Umwelt auswirkt

PROJEKT 1 # Energienutzung verbessern

Ohne Energie geht in unserem Leben fast nichts. Wir sind von der Versorgung mit Wärmeenergie und Strom abhängig. Um unsere Energieversorgung langfristig umweltschonender und nachhaltiger zu gestalten, brauchen wir heute und in Zukunft neue Energiekonzepte. Welche Probleme gibt es durch die Energiegewinnung? Wie können wir Energie umweltfreundlicher erzeugen? Wodurch kann der Energieverbrauch verringert werden?

1. In welchen Situationen nutzt ihr Strom und Wärmeenergie? Notiert für einen Tag.

2. Wärmeenergie wird häufig verschwendet. Erklärt mithilfe von M5.

W 3. a) Die Energieproduktion führt auch zu Problemen. Wählt aus:
   A Fasst die Aussagen des Textes M4 zusammen.
   B Wertet das Diagramm M6 aus. **139** ▶
   b) Tauscht euch über eure Ergebnisse aus.

4. Erläutert die Bezeichnung „graue Energie" anhand von Beispielen (M1).

5. a) Beschreibt das Stromnetz der Zukunft (M3).
   b) Beurteilt, ob wir zukünftig intelligente Stromnetze (Smart Grids) benötigen (M3).

D 6. Überprüft, ob auch durch die Internetnutzung viel Energie verbraucht wird. Recherchiert dazu im Internet und präsentiert eure Ergebnisse. **138** ▶

7. Stellt Maßnahmen in einer Wandzeitung zusammen, wie jeder Einzelne Energie sparen kann. **141** ▶

Für die Herstellung, den Transport, die Lagerung, den Verkauf und die Entsorgung eines Produktes wird Energie benötigt. Diese versteckte Energie wird als „**graue Energie**" bezeichnet. Beispiele:
– Laptop: 1000 kWh graue Energie: Mit der Energiemenge könnte man 40 Tage lang staubsaugen.
– Jeans: 40 kWh graue Energie: Mit der Energiemenge könnte man 400 Stunden lang fernsehen.

M1 „Graue Energie" steckt in vielen Produkten.

Probleme der Energiegewinnung und Lösungsmöglichkeiten

Zur Energiegewinnung nutzen wir unterschiedliche Energieträger, erneuerbare und nicht erneuerbare. Durch die Energiegewinnung belasten wir die Umwelt in unterschiedlichem Maße. Werden Kohle und Erdöl zur Energiegewinnung verbrannt, wird klimaschädliches CO_2 ausgestoßen. Bei der Verbrennung von Erdgas entsteht weniger CO_2. Kohle, Erdöl und Erdgas sind nicht erneuerbare Energieträger. Sie werden also einmal aufgebraucht sein.

Für eine nachhaltige Energieversorgung sind die erneuerbaren Energieträger wichtig: Wind, Sonnenstrahlung, Wasser, Biomasse, Erdwärme. Um diese Energieträger nutzen zu können, müssen geeignete Standorte gefunden werden. Windkraftanlagen baut man zum Beispiel in Gebieten mit viel und starkem Wind. Die Wasserkraft kann man nur an Talsperren und großen Flüssen nutzen. Bei der Solar- und Windkraft gibt es Schwankungen. Die Sonne scheint nicht immer, der Wind weht nicht immer. Stromspeicher sind notwendig.

Um den Strom dann zu den Verbrauchern zu leiten, braucht man ein Leitungsnetz. Viele Menschen möchten keine Hochspannungsleitungen in der Nähe haben. Sie wehren sich gegen den Ausbau des Leitungsnetzes. Windkraftanlagen möchten auch viele Menschen nicht vor ihrer Haustür haben.

Einfacher umzusetzen ist die Idee, dass private Haushalte selbst Strom erzeugen. Ein intelligentes System, das **Smart Grid**, soll die Speicherung und Verteilung der erzeugten Energie regeln. Neben dem Stromnetz braucht man auch ein Datennetz.

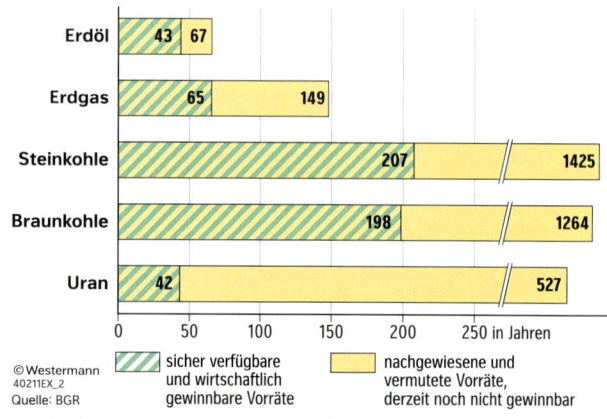

© Westermann
40211EX_2
Quelle: BGR

▨ sicher verfügbare und wirtschaftlich gewinnbare Vorräte

☐ nachgewiesene und vermutete Vorräte, derzeit noch nicht gewinnbar

M2 Nicht erneuerbare Energieträger sind begrenzt verfügbar.

schueler.diercke.de | 100391-045-02, 100391-045-03, 100391-045-04

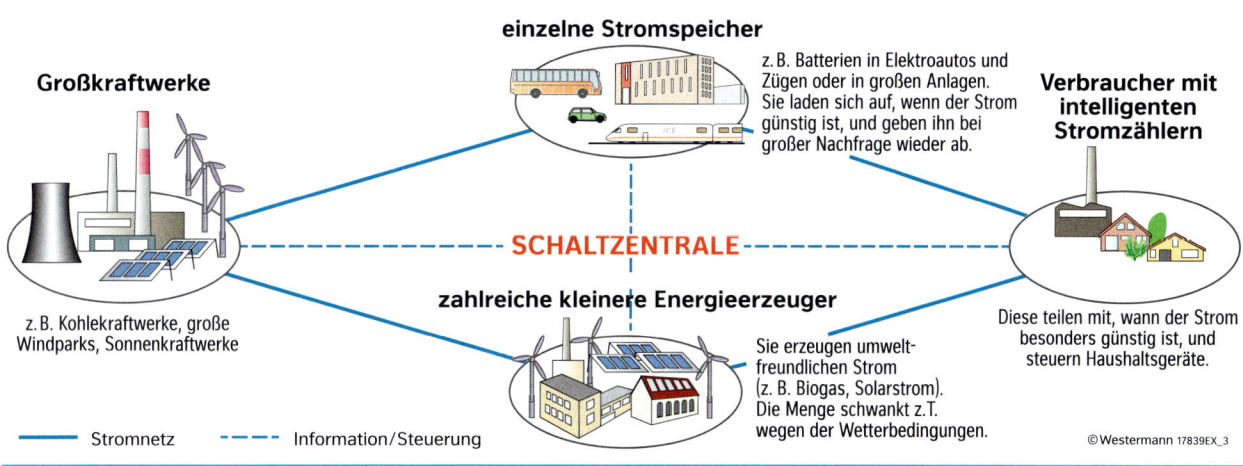

Großkraftwerke

z.B. Kohlekraftwerke, große Windparks, Sonnenkraftwerke

einzelne Stromspeicher

z. B. Batterien in Elektroautos und Zügen oder in großen Anlagen. Sie laden sich auf, wenn der Strom günstig ist, und geben ihn bei großer Nachfrage wieder ab.

Verbraucher mit intelligenten Stromzählern

Diese teilen mit, wann der Strom besonders günstig ist, und steuern Haushaltsgeräte.

SCHALTZENTRALE

zahlreiche kleinere Energieerzeuger

Sie erzeugen umweltfreundlichen Strom (z. B. Biogas, Solarstrom). Die Menge schwankt z.T. wegen der Wetterbedingungen.

© Westermann 17839EX_3

—— Stromnetz   - - - - Information/Steuerung

M3 Intelligentes Stromnetz der Zukunft: : Smart Grid (smart = schlau, intelligent; grid = Versorgungsnetz)

In Atomkraftwerken gewinnt man mithilfe von Uran große Mengen an Strom. Die Nutzung der Atomenergie ist jedoch mit hohen Risiken verbunden. Bei der Energiegewinnung entsteht radioaktive Strahlung. Diese führt zu Gesundheitsschäden und kann bei langfristiger Einwirkung sogar zum Tod führen.

Trotz strenger Sicherheitsmaßnahmen konnten bei Unfällen in Atomkraftwerken schon große Mengen an Strahlung austreten. In Japan ist beispielsweise 2011 durch einen Unfall im Atomkraftwerk Fukushima die Umgebung des Ortes durch die hohe Strahlenbelastung für einen langen Zeitraum unbewohnbar geworden.
Auch die Entsorgung des strahlenden Atommülls ist problematisch. Ein Endlager für sehr stark strahlenden Atommüll gibt es weltweit bis heute nicht.

M4 Gefahren durch Atomenergie

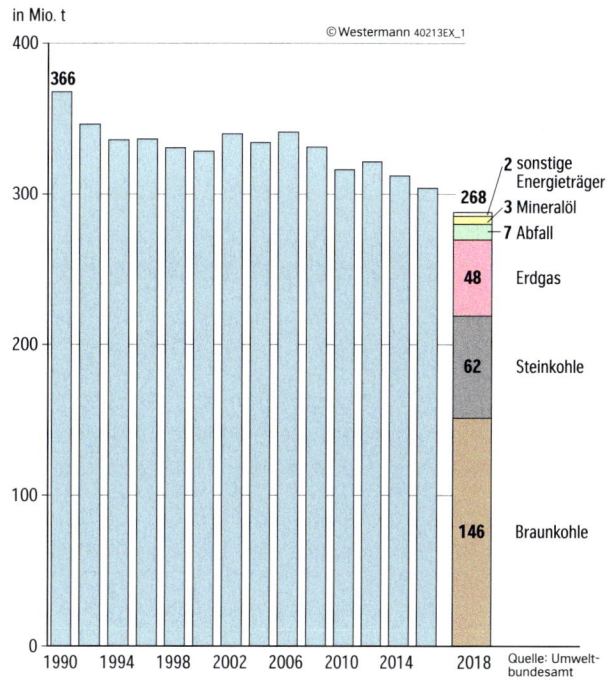

in Mio. t

© Westermann 40213EX_1

366

2 sonstige Energieträger
268
3 Mineralöl
7 Abfall
48 Erdgas
62 Steinkohle
146 Braunkohle

1990 1994 1998 2002 2006 2010 2014 2018

Quelle: Umweltbundesamt

M6 CO$_2$-Ausstoß nicht erneuerbarer Energieträger bei der Stromgewinnung

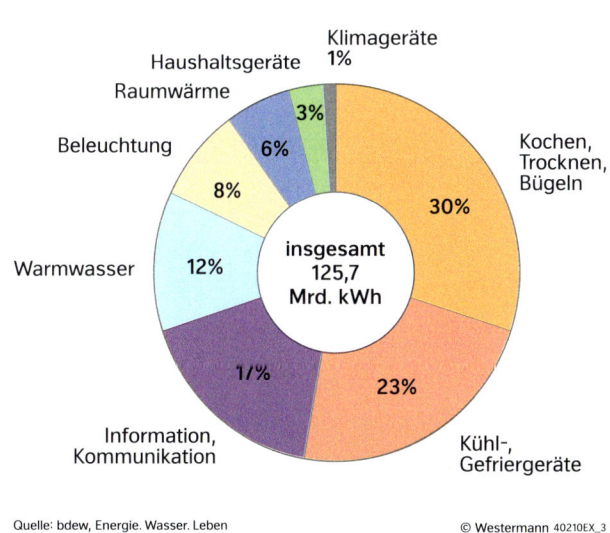

Klimageräte 1%
Haushaltsgeräte
Raumwärme 3%
Beleuchtung 6%
8%
Warmwasser 12%
insgesamt 125,7 Mrd. kWh
Information, Kommunikation 17%
Kochen, Trocknen, Bügeln 30%
Kühl-, Gefriergeräte 23%

Quelle: bdew, Energie. Wasser. Leben   © Westermann 40210EX_3

M5 Energieverbrauch privater Haushalte in Deutschland (2019)

Formulierungshilfen

zu Aufgabe 2:
Wärmeenergie wird benötigt bei ...
Wärmeenergie wird zum Beispiel verschwendet, wenn man ...
Wenn man ..., könnte man Wärmeenergie einsparen.

zu Aufgabe 3B:
Das Diagramm zeigt ...
Nicht erneuerbare Energieträger sind ...
Seit ...
Zwischen ... und ...
... insgesamt angestiegen/gesunken
Den größten Anteil am CO$_2$-Ausstoß hat die Energiegewinnung aus ...
An zweiter Stelle folgt ...
Geringer ist ...

Fachbegriffe
■ der graue Energie
■ das Smart Grid

PROJEKT 2   Verkehrsverhalten neu denken

Mit dem Bus zur Schule, mit dem Auto zur Arbeitsstelle, mit der Eisenbahn oder dem Flugzeug in den Urlaub – wir leben in einer mobilen Welt. Der Personen- und Güterverkehr ist in Deutschland gut organisiert. Wir nutzen verschiedene Verkehrsmittel ganz selbstverständlich. Das hat jedoch auch Folgen für die Umwelt.
Welche Belastungen entstehen durch den Verkehr? Wie kann der Verkehr nachhaltiger werden? Wie müssen wir unser Verkehrsverhalten verändern?

W 1. Wählt aus:
   A Beschreibt die Lärmbelastung durch den Verkehr (M1, M2).
   B Beschreibt die Luftbelastung und den Flächenverbrauch durch den Verkehr (M5, M7).

2. Beschreibt die Entwicklung der Staukilometer (M3).

3. Durch die Entwicklung neuer Technologien bei Kraftfahrzeugen kann der Verkehr zukünftig nachhaltiger gestaltet werden. Erläutert.

4. a) Legt eine Tabelle an und tragt ein: Maßnahmen zur Verringerung des Verkehrslärms und Maßnahmen zur Verringerung des Flächenverbrauchs (M4, M5, M6). 140 ▶
   b) Beurteilt die Maßnahmen.

5. Das Projekt „Radschnellweg Ruhr RS1" gilt als nachhaltiges Verkehrsprojekt. Erläutert (M4).

6. Erläutert, wie ihr euer eigenes Verkehrsverhalten umweltverträglicher gestalten könnt.

M2 Fluglärm stört Anwohner in Flughafennähe

Probleme des Verkehrs und Lösungsmöglichkeiten

In der Nähe von Hauptverkehrsstraßen leiden Anwohner besonders stark unter Verkehrslärm. Aber auch im Umfeld von Flughäfen kann dauerhafter Lärm zu gesundheitlichen Schäden wie Schlafstörungen führen.
Der Bau von Straßen, Bahnlinien sowie Start- und Landebahnen auf Flughäfen führt zu einem hohen Flächenverbrauch. Die versiegelten Flächen schränken den Lebensraum vieler Pflanzen und Tiere ein.
Die Zahl der Pkw in Deutschland ist gestiegen. Für die vielen Fahrzeuge müssen Parkflächen gebaut werden. Auch dadurch wird viel Fläche verbraucht.
Die Verbrennung von Treibstoffen wie Diesel und Benzin führt zu Schadstoffen in der Luft. Der Abrieb von Reifen und Bremsen verursacht Feinstäube.
Um den Verkehr nachhaltiger zu gestalten, werden neue Technologien entwickelt. Batteriebetriebene Elektroautos stoßen beispielsweise keine Treibhausgase aus. Sie brauchen aber Strom und bei der Herstellung der Akkus werden viele Rohstoffe verbraucht. Die Antriebstechnik mit Wasserstoff wird noch entwickelt.

M1 Verkehrsstau auf einer Autobahn

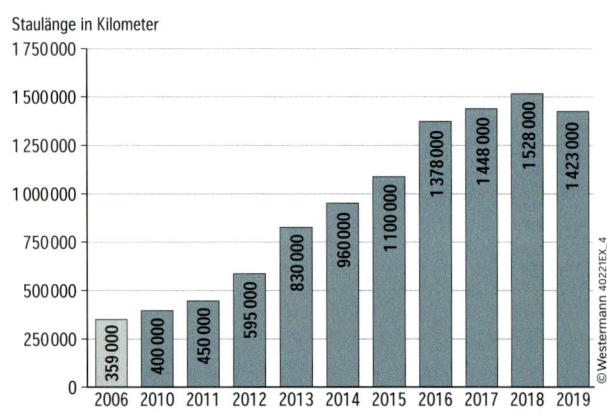

Staulänge in Kilometer

Jahr	Staukilometer
2006	359 000
2010	400 000
2011	450 000
2012	595 000
2013	830 000
2014	960 000
2015	1 100 000
2016	1 378 000
2017	1 448 000
2018	1 528 000
2019	1 423 000

© Westermann 40221EX_4

M3 Staukilometer in Deutschland

Länge?

114 Kilometer von Moers bis Hamm

Ziel?

Steigerung der Lebensqualität und Verbesserung der Mobilität in der Metropole Ruhr

Für wen?

Pendler und Touristen

Kennzeichen?

Durchgängige Trennung von Rad- und Fußverkehr, Mindestbreite von vier Metern, wenige Steigungen (daher oft auf stillgelegten Güterbahntrassen), Winterdienst und Reinigung

Nutzungsvorhersage?

Der RS1 verbindet zehn Zentren und vier Universitäten; im Einzugsbereich des RS1 leben 1,65 Millionen Menschen; 430000 Arbeitsplätze entlang des RS1; Einsparpotenzial von über 50000 Pkw-Fahrten täglich und 16000 t CO_2.

Kosten?

ca. 184 Mio. €

M4 Der Radschnellweg Ruhr RS1

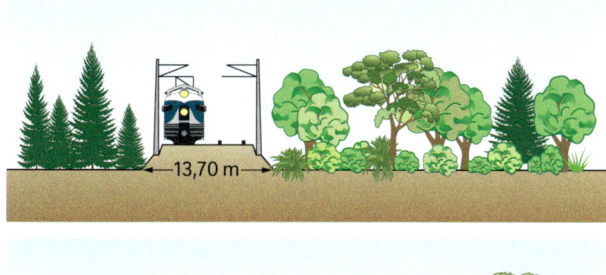

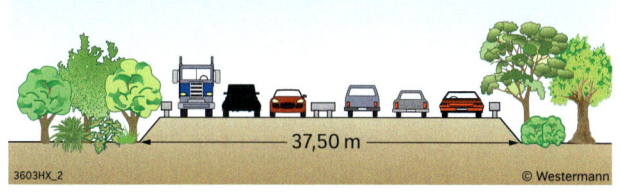

M5 Der Verkehr verbraucht Fläche.

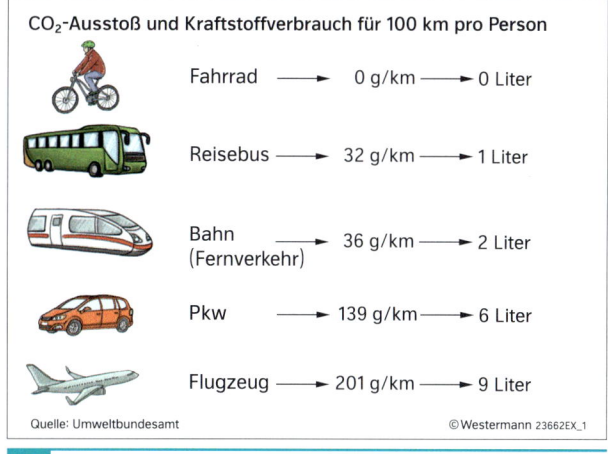

CO_2-Ausstoß und Kraftstoffverbrauch für 100 km pro Person

Fahrrad	0 g/km	0 Liter
Reisebus	32 g/km	1 Liter
Bahn (Fernverkehr)	36 g/km	2 Liter
Pkw	139 g/km	6 Liter
Flugzeug	201 g/km	9 Liter

Quelle: Umweltbundesamt   © Westermann 23662EX_1

M7 CO_2-Ausstoß und Kraftstoffverbrauch für 100 km pro Person

M6 Verkehrsschilder, die im Zusammenhang mit einem nachhaltigen Verkehrskonzept stehen können.

Mit Lärmschutzwänden an Autobahnen sollen Anwohner vor Lärm geschützt werden. An vielen Flughäfen gibt es ein Nachtflugverbot. Sollen neue Flächen versiegelt werden, müssen dafür Ausgleichsflächen geschaffen werden, also Naturflächen. Verkehrsberuhigte Zonen in Städten oder eine Maut für die Einfahrt in die Stadt sollen die Situation in den Städten verbessern. Wichtig ist jedoch, dass der öffentliche Personennahverkehr verbessert wird.

M8 Maßnahmen zur Verringerung der Belastungen durch den Verkehr

PROJEKT 3 — Müll vermeiden

Wir verbrauchen in Deutschland viele Güter aus unterschiedlichen Materialien. Diese Güter werden zu Müll. Dieser Müll wird in Deutschland getrennt und recycelt. Nur etwa 17 Prozent des gesamten Mülls werden auf einer Deponie eingelagert. Warum stellt Müll trotzdem ein Problem dar?

1. a) Nennt Vor- und Nachteile des Pfandsystems für Mehrwegbecher (M2, M8).
b) Ist das Pfandsystem auch für andere Produkte denkbar? Erstellt eine Grafik mit euren Ideen.

2. „Recycling ist gut, Müllvermeidung ist besser!" Erklärt, was mit dieser Aussage gemeint ist (M1). Nutzt dazu die Materialien dieser Doppelseite und nennt konkrete Beispiele.

D W 3. Moderne Start-ups entwickeln neue Recycling-Ideen. Recherchiert dazu und wählt aus (Internet): 138
  A Gestaltet eine Wandzeitung zu einer neuen Recycling-Idee. 141
  B Verfasst ein ausgedachtes Interview mit dem Gründer des Start-ups. 162

4. Es gibt Kunststoffverpackungen aus nachwachsenden Rohstoffen. Recherchiert zu den folgenden Rohstoffen im Internet und listet deren Vor-und Nachteile auf: a) Holz, b) Mais, c) Zuckerrohr, d) Algen (M5). 138

D E 5. Erläutert die folgende Aussage: „Wir hatten früher nicht viel. Socken stopfen und den Teller leer essen, war ganz normal."

Müll – das Ergebnis einer Wegwerfgesellschaft

Wegwerfen statt Aufbewahren oder Reparieren ist heute für viele ganz normal. Produkte werden so preiswert angeboten, dass es sich für viele Menschen nicht lohnt, Kleidung oder Elektrogeräte oder andere Dinge zu erhalten. Sie kaufen lieber neu.

Das Wegwerfen von Lebensmitteln gehört ebenfalls zum Alltag. Das liegt zum Teil auch an den niedrigen Preisen. Der Überfluss an Lebensmitteln ist allerdings auch eine Ursache. Jährlich landen rund 12 Millionen Tonnen Lebensmittel im Müll.

Viele Produkte sind aus Kunststoff hergestellt. Den größten Anteil machen Verpackungen aus. Oft bestehen die Verpackungen aus unterschiedlichen, miteinander verschmolzenen Kunststoffarten, Aluminium, Papier oder Pappe. Diese Materialien können in den meisten Anlagen nicht recycelt werden.

Viel Müll wird aber auch einfach weggeworfen und nicht richtig entsorgt. Durch Wind und Wasser gelangt der Müll in die Flüsse und schließlich ins Meer. Mittlerweile gibt es riesige Müllstrudel in den Weltmeeren.

INTERNET

Hier findest du eine Übersicht zu Start-ups, die neue Recycling-Ideen entwickeln.

WES-105367-132

Befragung mit 1415 Teilnehmern

46 %	**27 %**	**26 %**	**1 %**
unnötige Verpackung (z.B. verpacktes Obst und Gemüse)	Einwegprodukte (z.B. Coffee-to-go-Becher, Plastikflaschen, Dosen)	Obsoleszenz (absichtlich geringe Lebensdauer) (z.B. Elektroartikel, Kleidung)	Recyclinggesellschaft „Befragter findet, dass wir bereits in einer Recyclinggesellschaft leben."

Quelle: Utopia.de
© Westermann 40420EX_1

M2 „Die größten Aufreger der Wegwerfgesellschaft"

462 kg

Angaben in kg

Textilien 2
Kunststoffe 2
Metalle 4
Glas 23
Biomüll 59
Restmüll 157
Sonstiges 2
Holz 16
Sperrmüll 30
Verpackungen 33
Gartenabfälle 65
Papier 69

Quelle: Umweltbundesamt
© Westermann 40199EX

M1 462 Kilogramm Haushaltsmüll verursachte jeder Einwohner in Deutschland im Jahr 2018.

M3 Warum nur einmal schön? Es geht auch „Zweimalschön"! – Kleidung und andere Produkte werden in Second-Hand-Läden und im Internet angeboten. Diese Produkte gelangen in einen neuen Kreislauf der Wiederverwertung.

M6 Die Tafel: Ein Beitrag für Umwelt und Gesellschaft – Einige Supermärkte nutzen das Angebot verschiedener Organisationen. Sie geben unverkäufliche Lebensmittel ab Ehrenamtliche verteilen die Lebensmittel an Bedürftige.

M4 Unverpackt-Läden – plastikfrei ist angesagt! – In diesen Läden füllen sich die Kunden die Produkte in mitgebrachte Behälter.

M7 Aus alt mach neu – **Up-Cycling** zur Müllvermeidung – Aus abgetragener Kleidung kann ein neues Produkt entstehen.

Altglas	89 %	100 %
Altpapier	87 %	100 %
Textilien	80 %	100 %
Kunststoffe	46 %	100 %
Holz	27 %	100 %
Sperrmüll	20 bis 50 %	100 %
Hausmüll	5 %	100 %

Quelle: TOMM+C, Bundesumweltministerium
© Westermann 40218EX_2

M8 Coffee-to go and to come-back – Viele Geschäfte bieten Mehrweggefäße an, für die man Pfand bezahlt. Gibt man die Gefäße später wieder ab, bekommt man das Pfandgeld zurück.

Die Recyclingquoten berücksichtigen den Müllanteil einer bestimmten Sorte von Müll, der zu Recyclinganlagen geliefert wird. Dieser Anteil wird aber nur zu einem Teil wiederverwertet, also wirklich recycelt. Der andere Teil wird verbrannt oder in andere Lander, wie Polen oder die Turkei, exportiert. So werden zum Beispiel von allen Kunststoffabfällen 46 Prozent zu Recyclinganlagen geliefert. Der Anteil der recycelten Menge liegt jedoch nur bei etwa 17 Prozent.

M5 „Recyclingquote" – ein irreführender Begriff

Formulierungshilfen

zu Aufgabe 2:
Recycling bedeutet, dass man ...
Müllvermeidung bedeutet, dass erst gar nicht ...
Mit der Aussage ist also gemeint, dass ...

Fachbegriffe

■ das Up-Cycling

PROJEKT 4 # Die Wasserversorgung sichern

Wasser ist ein überlebenswichtiger Rohstoff. Ohne Wasser kann ein Mensch nur wenige Tage überleben. Auch Pflanzen und Tiere benötigen ausreichend Wasser. In vielen Gebieten der Erde ist das Wasser knapp und auch bei uns gibt es in trockenen Sommern ein Wasserproblem. Wodurch verursachen wir ein Wasserproblem? Was können wir tun, damit die Versorgung mit sauberem Trinkwasser langfristig gesichert ist, und zwar auch in anderen Ländern?

1. Notiere Regionen in Europa, die durch Wasserstress stark betroffen sind (M7).

2. Erklärt, aus welchen Quellen unser Trinkwasser stammt (M5).

W 3. „Virtuelles Wasser" steckt in vielen Produkten. Wählt aus:

    A Erklärt die Bezeichnung „virtuelles Wasser" (M2).

    B Erstellt eine Tabelle. Tragt den virtuellen Wasserverbrauch der Produkte in M2 ein. **140▶**

    C Erläutert den Verbrauch „virtuellen Wassers" am Beispiel einer Jeans (M4).

4. a) Wertet das Kreisdiagramm M6 aus. **139▶**
    b) Beurteilt, ob wir durch unser Konsumverhalten den Wasserverbrauch in anderen Ländern beeinflussen (M2, M4, M6).

5. Beschreibt, wie wir unsere Wasserversorgung schützen können (M1, M3, M6).

D E 6. Auf der Erde gibt es Konflikte um den knappen Rohstoff Wasser. Recherchiert zu diesem Thema und stellt einen Wasserkonflikt in einem Kurzvortrag vor. **138▶**

1 kg Kakao **27 000** Liter Wasser
1 T-Shirt **4 100** Liter Wasser
1 Packung Kartoffelchips (200 g) **185** Liter Wasser
3 kg Leder **10 600** Liter Wasser
500 g Kaffee **10 500** Liter Wasser
800 g Baumwolle oder 1 Jeans **8 000** Liter Wasser
1 Liter Apfelsaft **950** Liter Wasser (1 Apfel (100g) 70 Liter)
1 Microchip (2 g) **32** Liter Wasser
1 kg Eier **3 300** Liter Wasser (1 Ei 200 Liter)
1 Pkw (1600 kg) **400 000** Liter Wasser

16857EX_13

M2 Virtuelles Wasser in Produkten

Wasserversorgung und Wasserverbrauch

Die Sommermonate waren in den letzten Jahren in Deutschland oft zu trocken. Die geringen oder ausbleibenden Niederschläge führen dazu, dass Bäume in den Wäldern absterben, Waldbrände entstehen und die Landwirte ihre Felder bewässern müssen. In Deutschland ist die Versorgung mit Trinkwasser bisher generell noch nicht gefährdet. In anderen Ländern Europas und der Erde gibt es schon Gebiete mit **Wasserstress**. Werden mehr als 20 Prozent der vorhandenen Wasservorräte verbraucht, ist die Schwelle zum Wasserstress erreicht.

Jeder kann Wasser sparen. Es geht aber nicht nur um die Wasservorräte bei uns, sondern auch das Wasser in anderen Ländern. Wir verbrauchen auch **virtuelles Wasser** (verstecktes Wasser). Es handelt sich um das Wasser, das zur Herstellung, Lagerung und zum Transport eines Produkts benötigt wird.

Wir müssen außerdem darauf achten, dass wir unsere Trinkwasserquellen nicht verschmutzen.

Baumwolle aus biologischem Anbau erkennen Sie zuverlässig am Siegel des Global Organic Textile Standard (GOTS). Das Siegel Cotton made in Africa steht für konventionell angebaute Baumwolle [...], die unter bestimmten ökologischen und sozialen Kriterien produziert wurde. Der dahinterstehende Standard wird von der Aid by Trade Foundation vergeben, die Baumwollbauern anhand einer Reihe von Nachhaltigkeitskriterien zertifiziert. Sie müssen unter anderem auf künstliche Bewässerung verzichten [...].

Quelle: Kleidung aus Bio-Baumwolle. RENN.süd, Regionale Netzstellen Nachhaltigkeitsstrategien et al. https://www.nachhaltiger-warenkorb.de/themen/bio-baumwolle/ (Zugriff 24.10.2022)

M1 Trinkwasser sparen – aufgefangenes Regenwasser kann zur Bewässerung im Garten genutzt werden.

M3 Der Kauf von Bio-Baumwolle senkt den Verbrauch von virtuellem Wasser.

Baumwolle stammt häufig aus Ländern wie Indien und Usbekistan. **Über 40 Prozent** der 8000 Liter Wasser, die beispielsweise eine Jeans braucht, sind Niederschlagswasser.

Über 40 Prozent des Wasserverbrauchs für die Produktion der Baumwolle einer Jeans werden durch die künstliche Bewässerung verursacht.

Die Düngung der Felder sowie das Bleichen und Färben der Baumwolle erzeugen Abwässer, die mit frischem Wasser verdünnt werden müssen. Der Anteil an der Jeans: **rund 15 Prozent**.

© Westermann 23674EX_7

M4 Verbrauch von virtuellem Wasser am Beispiel einer Jeans

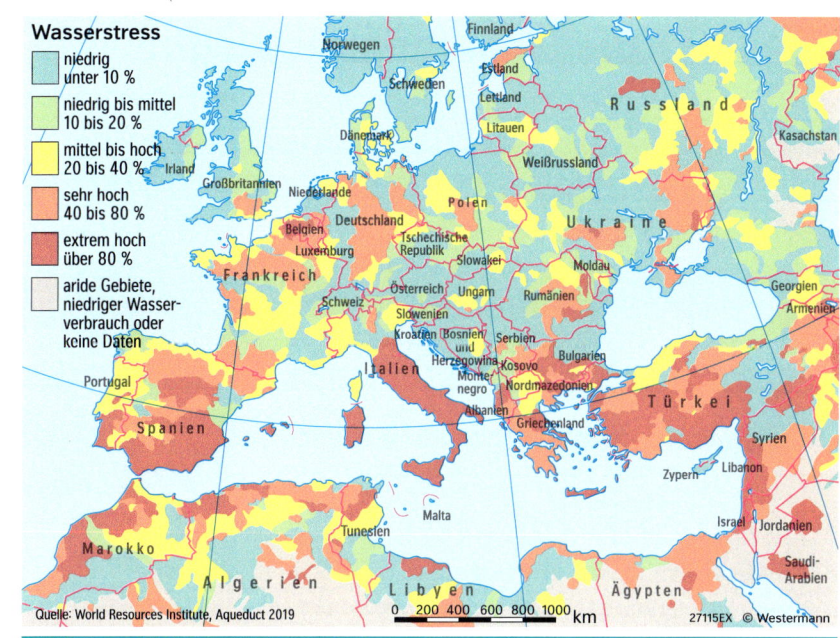

Wasserstress

- niedrig unter 10 %
- niedrig bis mittel 10 bis 20 %
- mittel bis hoch 20 bis 40 %
- sehr hoch 40 bis 80 %
- extrem hoch über 80 %
- aride Gebiete, niedriger Wasserverbrauch oder keine Daten

Quelle: World Resources Institute, Aqueduct 2019

0 200 400 600 800 1000 km

27115EX © Westermann

M7 Gebiete mit Wasserstress in Europa (der Prozentwert gibt an, wie viel Prozent der vorhandenen Wasservorräte verbraucht werden)

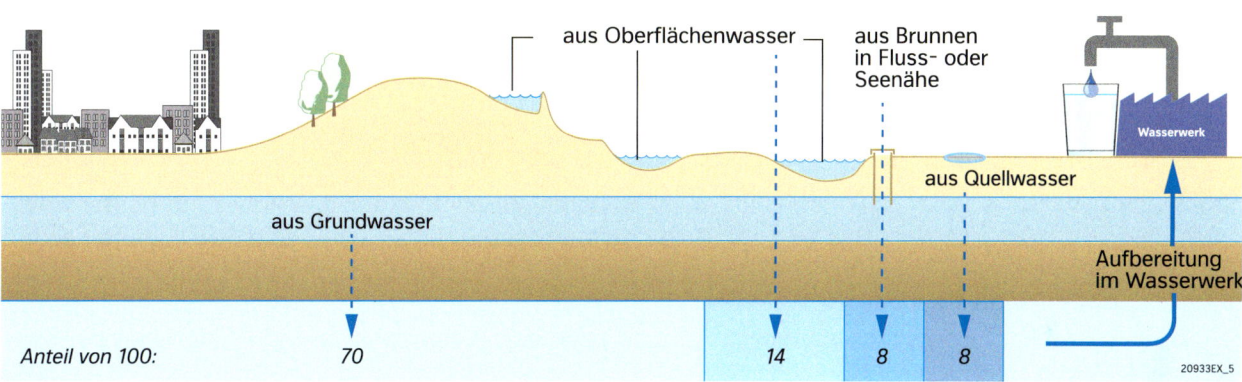

aus Oberflächenwasser

aus Brunnen in Fluss- oder Seenähe

aus Quellwasser

aus Grundwasser

Wasserwerk

Aufbereitung im Wasserwerk

Anteil von 100: 70   14   8   8

20933EX_5

M5 Unser Trinkwasser kommt aus verschiedenen Quellen.

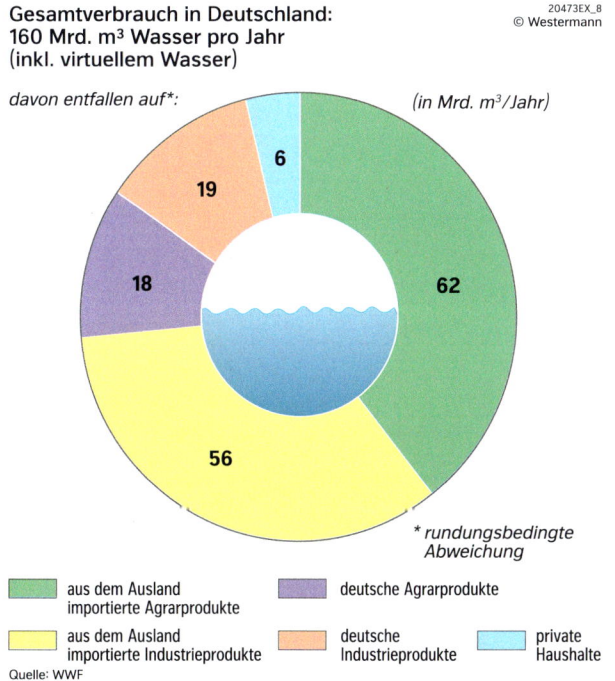

Gesamtverbrauch in Deutschland: 160 Mrd. m³ Wasser pro Jahr (inkl. virtuellem Wasser)

20473EX_8
© Westermann

davon entfallen auf*:   (in Mrd. m³/Jahr)

6
19
18
62
56

* rundungsbedingte Abweichung

- aus dem Ausland importierte Agrarprodukte
- deutsche Agrarprodukte
- aus dem Ausland importierte Industrieprodukte
- deutsche Industrieprodukte
- private Haushalte

Quelle: WWF

M6 So setzt sich unser Wasserverbrauch zusammen.

Formulierungshilfen

zu Aufgabe 2:
Der größte Teil unseres Trinkwassers stammt …
Ein wesentlich geringerer Teil …
Einen Anteil von nur … von 100 hat …

zu Aufgabe 4a:
Das Kreisdiagramm veranschaulicht …
Der Gesamtverbrauch beträgt …
Den größten Anteil am Gesamtverbrauch hat …, nämlich … m³/Jahr.
An zweiter Stelle …
Dabei handelt es sich um virtuelles Wasser, das …
Der Wasserverbrauch der … beträgt …

Fachbegriffe

- der Wasserstress
- das virtuelle Wasser

Die Ernährung verändern

Lebensmittel stehen in Deutschland ständig zur Verfügung. Die Auswahl an Lebensmitteln in den Supermärkten ist groß. Jeder kann sich nach eigenen Bedürfnissen einen Essensplan zusammenstellen. Häufig denken wir jedoch wenig darüber nach, welche Folgen die Produktion von Lebensmitteln hat.

Warum gelten einige Lebensmittel als wenig nachhaltig? Welche Probleme gibt es im Zusammenhang mit unserem Lebensmittelkonsum? Wie können wir unsere Ernährung nachhaltiger gestalten?

1. Der Wasserverbrauch spielt bei der Herstellung von vielen Lebensmitteln eine große Rolle. Erläutert mithilfe von M2, welche Lebensmittel in dieser Hinsicht wenig nachhaltig sind.

2. a) Erläutert die Aussage „Der Kakaohandel ist häufig nicht fair organisiert" (M3, M6).
b) Berechnet mithilfe von M6 den Anteil, den ein Kakaobauer an einer Tafel Schokolade verdient (Preis einer Tafel Schokolade: 1,30 €)

3. a) „Landwirtschaftliche Nutzungen zerstören den Regenwald." Erklärt diese Aussage mithilfe von M7.
b) Recherchiert zehn Produkte, in denen Palmöl enthalten ist (Internet). `138` ▶

4. Erklärt, warum Produkte aus der Region nachhaltiger als Produkte aus anderen Ländern sind (M1, M4).

5. Beurteilt die Idee der Stadtfarm in Berlin (M5).

6. Stellt in einer Wandzeitung zusammen, wie man sich nachhaltig ernähren kann. `141` ▶

7. a) Vegetarische Ernährung gilt als nachhaltig. Begründet.
b) Kritiker behaupten, dass vegetarische Produkte nicht immer nachhaltig sind. Überprüft anhand der Produkte Soja und Avocado (Internet). `138` ▶

Bilder: Frambach/macrovector (freepik.com)

M1 Lkw transportieren viele Nahrungsmittel über weite Strecken.

Unsere Ernährungsgewohnheiten und die Folgen

Die Herstellung vieler Lebensmittel, zum Beispiel Butter, Käse, Pommes, Fleisch oder Schokolade, belastet das Klima. Konsumieren viele Menschen diese Produkte, wird das Klima immer stärker belastet.

Zu einer nachhaltigeren Ernährung kann jeder durch seinen Einkauf beitragen. Am besten kauft man Lebensmittel, die wenig verarbeitet worden sind, zum Beispiel Obst und Gemüse. Auf Fertiggerichte sollte man möglichst verzichten. Bei der Produktion von Fleisch wird viel Wasser benötigt und viel CO_2 erzeugt. Eine Ernährung mit weniger Fleisch ist daher klimafreundlich.

Nachhaltig verhält man sich, wenn man Lebensmittel aus der Region kauft. Die Transportwege vom Landwirt zum Verbraucher sind dann kurz. Auch Bioprodukte sind nachhaltig. Man sollte auch nur so viel einkaufen, wie man tatsächlich braucht.

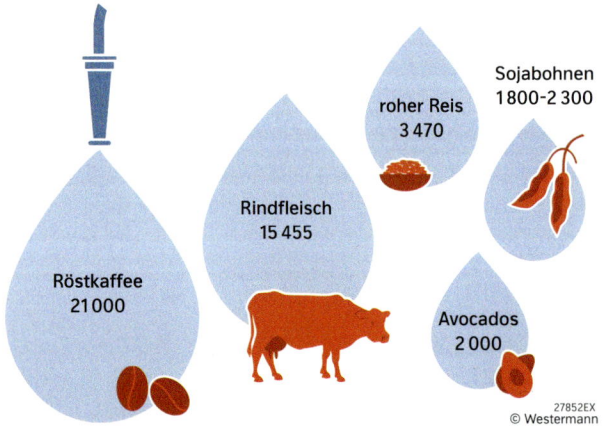

Wasserverbrauch von ausgewählten Lebensmitteln in Litern pro Kilogramm (l/kg)

roher Reis 3 470
Sojabohnen 1800–2 300
Rindfleisch 15 455
Röstkaffee 21 000
Avocados 2 000

27852EX
© Westermann

M2 Wasserverbrauch bei der Herstellung verschiedener Lebensmittel

Schokolade wird in Deutschland gerne und viel gegessen. Im Durchschnitt isst jeder Deutsche zehn Kilogramm Schokolade in einem Jahr.
Für die Herstellung von Schokolade benötigt man Kakao. Dieser wird überwiegend in Ländern Westafrikas hergestellt.
Kakao ist ein wichtiges weltweites Handelsgut. Trotzdem verdienen die Kakobauern in den westafrikanischen Ländern sehr wenig Geld. Das Einkommen vieler Bauern reicht gerade so für das Überleben. Viele leben in Armut. Das liegt auch daran, dass weltweit nur drei Großunternehmen den Handel mit Kakao beherrschen und dabei hohe Gewinne erzielen. Den Kakaobauern zahlt man für die Kakaobohnen nur niedrige Preise. Sie müssen die Preisvorgaben der Unternehmen akzeptieren. Der Handel mit Kakao ist von daher meistens nicht fair organisiert.

M3 Die Situation der Kakaobauern

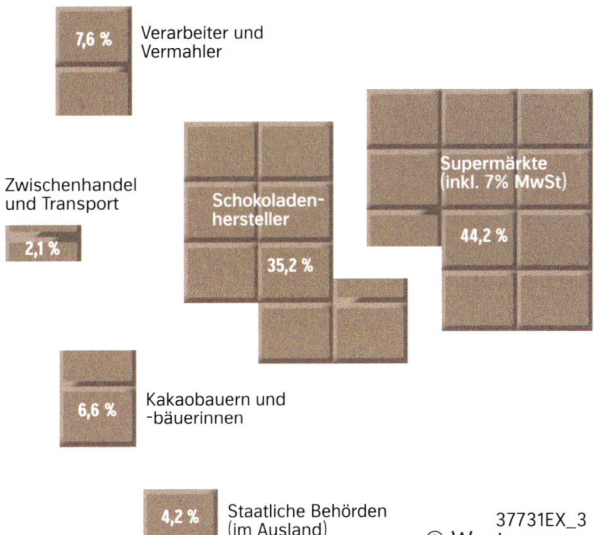

Verdienstanteile am Kakao in einer Tafel Schokolade

7,6 % Verarbeiter und Vermahler

Zwischenhandel und Transport
2,1 %

Schokoladenhersteller
35,2 %

Supermärkte (inkl. 7% MwSt)
44,2 %

6,6 % Kakaobauern und -bäuerinnen

4,2 % Staatliche Behörden (im Ausland)

37731EX_3
© Westermann

M6 Verdienst an einer Tafel Schokolade

Immer frisch auf dem Tisch – selbst exotische Früchte aus aller Welt kann man täglich in unseren Läden kaufen. Auch Tomaten, Erdbeeren oder Salat liegen in den Wintermonaten in den Obst- und Gemüseregalen, obwohl diese in Deutschland nur im Sommer geerntet werden können.
Das liegt daran, dass Obst und Gemüse in der kalten Jahreszeit in Ländern angebaut werden, in denen die klimatischen Bedingungen auch im Winter günstig sind. Der günstige und schnelle Transport der leicht verderblichen Ware mit Lkw oder dem Flugzeug ermöglicht dies.
Der Transport von Lebensmitteln über weite Strecken ist jedoch wenig nachhaltig. Der Ausstoß an CO_2 durch die Verkehrsmittel beschleunigt beispielsweise den Klimawandel. Wenn viel Obst und Gemüse aus entfernten Regionen gekauft werden, hat dies negative Folgen für das Klima.

M4 Nahrungsmitteltransport mit Folgen

Die Regenwälder der Erde befinden sich in Äquatornähe auf mehreren Kontinenten. Sie sind für das weltweite Klimagleichgewicht unersetzlich. Die Bäume nehmen z. B. große Mengen an CO_2 auf. Die Regenwälder gelten deshalb als die „grüne Lunge" der Erde.
Für die landwirtschaftliche Nutzung werden immer größere Regenwaldflächen gerodet und zerstört. Häufig wird auf den gerodeten Flächen Soja angebaut. Soja wird beispielsweise für die Rindermast benötigt. Auch für das Anlegen von Rinderfarmen werden Regenwaldflächen gerodet. Der weltweite Konsum an Rindfleisch beschleunigt somit die Regenwaldzerstörung. Auch Palmölplantagen siedelt man häufig auf ehemaligen Regenwaldflächen an. Palmöl kann man sehr günstig produzieren und ist deshalb in vielen Produkten enthalten. Es ist ein wichtiges Welthandelsgut.

M7 Landwirtschaftliche Nutzung beschleunigt Regenwaldzerstörung

Mitten in Berlin werden auf einem alten Fabrikgelände Buntbarsche in Wassertanks gezüchtet. Das Wasser ist durch die Fischausscheidungen und Bakterien sehr nährstoffreich. Man nutzt es als Nährstoffbasis in benachbarten Gewächshäusern zum Basilikumanbau. Die Fische und das Basilikum werden frisch in Berlin und im Umland verkauft. Die Wege zu den Verbrauchern sind kurz. So muss der Fisch nicht aufwendig gekühlt werden. Durch die Fischzucht werden natürliche Fischbestände geschont. Auch in anderen Städten gibt es Unternehmen, die wie die Stadtfarm nachhaltig produzieren.

M5 Die Stadtfarm Berlin – nachhaltige Nahrungsmittelproduktion

Formulierungshilfen

zu Aufgabe 1:
Der Wasserverbrauch ist bei der Herstellung von ... besonders groß.
... größer als bei ...
Je größer der Wasserverbrauch bei der Herstellung ist, desto ...

zu Aufgabe 3a:
Für die landwirtschaftliche Nutzung wird ...
Insbesondere für ...
Auch für ...

Ausgewählte Methoden aus Band 1 kurz und knapp

Ein Foto auswerten

Ein Foto zeigt zum Beispiel einen Ort und Einzelheiten, die du auswerten kannst.

1. Ermittle anhand der Bildunterschrift und des Atlas die Lage des dargestellten Ortes.
2. Teile das Bild in Vordergrund, Mitte und Hintergrund.
3. Beschreibe die Einzelheiten, die man erkennen kann.
4. Fasse die Informationen des Bildes zu einer Kernaussage zusammen.
5. Erstelle mithilfe von Transparentpapier eine vereinfachte Darstellung des Bildes.
6. Erkläre die Zusammenhänge zwischen einzelnen Bildeinheiten.

Einen Fachtext auswerten

Einen Fachtext wertest du in fünf Schritten aus.

1. Lies den Text aufmerksam durch. Schlage unbekannte Wörter nach.
2. Gliedere den Text und formuliere Zwischenüberschriften.
3. Schreibe aus jedem Abschnitt die wichtigsten Begriffe, die Schlüssel-Wörter heraus.
4. Fasse den Text in vollständigen Sätzen zu einer Inhaltsangabe zusammen.
5. Überlege, welche Absichten die Autorin oder der Autor des Textes verfolgt.

Informationen in Medien recherchieren

Oft musst du für dein Thema zusätzliche Informationen suchen, weil dein Wissen nicht ausreicht. Dann kannst du im Internet, aber auch in Fachbüchern, Fachzeitschriften oder Zeitungen recherchieren oder Fachleute befragen.

1. Überlege genau, was du wissen willst. Formuliere Fragen.
2. Notiere die Fragen. Unterstreiche darin die wichtigsten Wörter, die Schlüsselwörter oder Schlüsselbegriffe.
3. Durchsuche die ausgewählten Medien nach den Schlüsselbegriffen. Wenn du das Internet nutzt, tippe die Schlüsselwörter in die Suchmaske einer Suchmaschine ein (M1).
4. Schau dir die ersten 10 Suchergebnisse (Treffer) an. Werte sie aus.
   Überprüfe, ob du schon ausreichend Informationen für deine Suche hast.
5. Wenn dir die Informationen nicht ausreichen, hast du drei Möglichkeiten:
   - Gib andere Schlüsselwörter in die Suchmaske ein.
   - Gib Schlüsselwörter in einer anderen Reihenfolge ein.
   - Verwende eine andere Suchmaschine.

M1 Suchmaschinen im Internet (Auswahl)

Ein Diagramm lesen

1. Nenne das Thema des Diagramms. Beachte die Unter- bzw. Überschrift.
2. Beschreibe, in welcher Form die Informationen dargestellt sind (Säulendiagramm, Balkendiagramm, Kurvendiagramm).
3. Beschreibe, wie die einzelnen Werte verteilt sind. Nenne die Extremwerte.
4. Weise auf die Besonderheiten hin, die dir auffallen.
5. Fasse die Hauptaussagen der Darstellung zusammen.

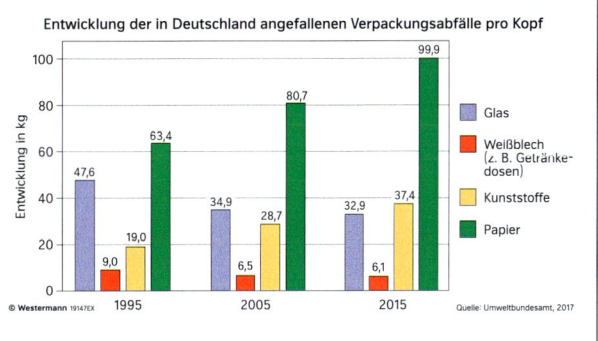

Eine Tabelle auswerten

Verschaffe dir Schritt für Schritt einen Überblick und beschreibe dann.

1. Nenne das Thema der Tabelle (Abbildungsüberschrift, Tabellenkopf).
2. Erfasse den Zeitraum der Aussagen.
3. Nenne die Extremwerte. Beschreibe die Verteilung der anderen Werte zwischen den Extremwerten.
4. Gib Auskunft darüber, in welchem Verhältnis die Werte zueinander stehen. Vergleiche einzelne Werte. Gibt es Zusammenhänge?
5. Fasse die Gesamtaussage der Tabelle zusammen.

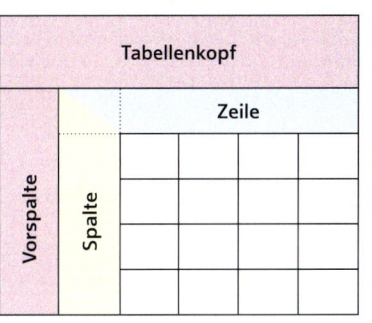

Eine Mindmap erstellen

1. Schreibe das Hauptthema in die Mitte des Blattes und umkreise es.
2. Zeichne, von dort ausgehend, die Hauptäste und benenne sie mit übergeordneten Schlüsselwörtern.
3. Trage dünnere Nebenäste ein und bezeichne sie mit dazugehörigen, unterteilenden Schlüsselwörtern.
4. Trage nach Bedarf von den Nebenästen weitere untergeordnete Nebenäste ein.

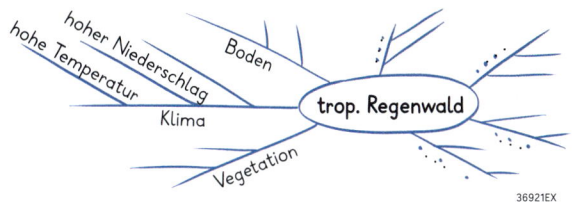

Einen Vortrag halten

Eine Präsentation muss anschaulich sein.

1. Recherchiere Materialien zu dem Thema (Internet, Lexika, Fachbücher).
2. Gliedere deinen Vortrag. Schreibe Stichwörter auf Karteikarten.
3. Wähle ein sinnvolles Medium für die Präsentation (Plakat, Folie, Präsentationsprogramm).
4. Bereite die Medien zur Präsentation vor.
5. Halte dich an die Regeln der 5-A-Technik.
6. Nutze deine Hilfsmittel, um die Zuhörerinnen und Zuhörer zu fesseln.
7. Gib den Zuhörerinnen und Zuhörern am Ende Zeit, um Fragen stellen und ein Feedback abgeben zu können.

5-A-Technik beim Präsentieren

Ansehen: Lies das Stichwort auf dem Stichwortzettel oder der Karteikarte.

Aufsehen: Sieh die Zuhörerinnen und Zuhörer an.

Ansprechen: Sprich erst dann zu den Zuhörerinnen und Zuhörern, wenn du deren volle Aufmerksamkeit hast.

Abwechslung: Verwende eine abwechslungsreiche Sprache, formuliere frei, lies nicht nur eintönig ab.
Setze Hilfsmittel ein, die den Vortrag anschaulich und interessant machen.
Sprich langsam und mache Pausen, gib den Zuhörerinnen und Zuhörern Zeit, dir zu folgen.

Aufrecht stehen: Steh aufrecht und wende deinen Zuhörerinnen und Zuhörern nicht den Rücken zu.

Eine Kartenskizze erstellen

1. Zeichne zunächst den Umriss des Raumes, den du in einer Kartenskizze darstellen möchtest.
2. Lege eine Auswahl von bedeutenden Flüssen, Gebirgen und Städten fest. Zeichne sie in den Umriss ein.
3. Trage je nach Thema Signaturen ein und gestalte deine Kartenskizze farbig.
4. Erstelle eine Legende, in der du verwendete Farben und Signaturen erklärst.
5. Wähle eine Überschrift für deine Kartenskizze.

Eine thematische Karte auswerten

1. Lies das Thema der Karte. Stelle fest, um welchen Raum es sich handelt.
2. Lies die Legende.
3. Stelle fest, wo es in der Karte besonders viele Signaturen gibt. Um welche Signaturen handelt es sich? Notiere die Orte und die Bedeutung der Signaturen dort.
4. Stelle fest, wo es in der Karte wenige Signaturen gibt. Notiere die Orte und die Bedeutung der Signaturen.
5. Gliedere deine Auswertung. Eine Hilfe können Himmelsrichtungen sein.
6. Fasse die Aussage der Karte in wenigen Sätzen zusammen.

Eine Tabelle erstellen

1. Schau dir die Daten an, die du für die Tabelle verwenden willst. Was stellen sie dar? Für welche Regionen gelten sie? Von wann stammen sie?
2. Notiere eine Unterschrift oder einen Titel für deine Tabelle.
3. Zeichne eine Tabelle mit Tabellenkopf, Vorspalte, Spalten und Zeilen.
4. Trage die Zeilenbezeichnungen und Spaltenbezeichnungen ein. Gib die Maßeinheiten an.
5. Trage die Daten in die richtigen Zeilen der Tabelle ein.

Mit einem Modell arbeiten

1. Lies den Titel/die Unterschrift des Modells.
2. Sieh dir die Beschriftungen genau an, die Farben, die Verbindungen zwischen einzelnen Begriffen. Was wird verallgemeinert? Was ist das Typische, das hier dargestellt werden soll?
3. Stelle fest, zu welchen Einzelbeispielen aus der Wirklichkeit das Modell passt.
4. Fasse die Aussage des Modells in ein bis zwei Sätzen zusammen.

Eine Pro- und Kontra-Diskussion vorbereiten

1. Suche passende Argumente aus einem Text, einer Abbildung, einer Tabelle oder einem Diagramm heraus.
2. Überlege selbst Gründe, die für oder gegen eine Entscheidung sprechen.
3. Notiere die Argumente.
4. Sortiere die Argumente nach pro (dafür) und kontra (dagegen).
5. Unterstreiche die für dich wichtigsten Argumente. Triff dann eine Entscheidung.

Ein Diagramm erstellen

1. Nimm ein kariertes Blatt Papier. Zeichne auf der linken Seite des Blattes eine senkrechte Linie. Zeichne unten am Ende der senkrechten Linie eine waagerechte Linie nach rechts.
2. Trage auf der senkrechten Linie die Zahlenwerte ein. Überlege geeignete Abstände. Die senkrechte Linie muss so hoch sein, dass sie über den höchsten Wert hinausreicht.
3. Beschrifte die waagerechte Linie.
4. Trage die Daten ein: für ein Säulendiagramm Säulen in der entsprechenden Höhe zeichnen, für ein Liniendiagramm für jeden Zahlenwert ei Kreuz in der richtigen Höhe eintragen.
5. Male die Säulen ggf. farbig aus bzw. verbinde die Kreuze mit einer Linie.
6. Gib dem Diagramm eine passende Überschrift.

Eine Wandzeitung erstellen

1. Beschaffe dir Materialien über das Thema.
2. Ordne die Informationen und wähle geeignete aus.
3. Überlege, wie du die Informationen klar und interessant präsentieren kannst.
4. Fertige Kopien von den Materialien an (Tipp: mit dem Fotokopierer kann man Darstellungen vergrößern) oder zeichne Grafiken, Karten und Diagramme.
5. Schreibe kurze Texte zum Thema, die später auf die Wandzeitung geklebt werden. Schreibe in großer Schrift und gut lesbar.
6. Besorge dir einen Bogen Karton oder Tapete.
7. Lege die einzelnen Materialien probeweise auf.
8. Kontrolliere, ob du alle wichtigen Punkte berücksichtigt hast.
9. Zeichne Hinweise und Verbindungslinien zwischen den Materialien ein.
10. Präsentiere deine Wandzeitung.

Eine Befragung durchführen

1. Überlege, wen du zu deinem Thema befragen willst.
2. Notiere, was du wissen willst. Stelle die Fragen in einer Liste zusammen.
3. Stelle die Materialien zusammen, die du für die Befragung brauchst (Notizblock, Stift, Smartphone usw.).
4. Führe die Befragung durch: Stelle dich dem Befragten vor. Erkläre, worum es in der Befragung geht.
5. Stelle deine Fragen und notiere die Antworten.
6. Mache ein Foto, wenn es die Person erlaubt.
7. Trage die wichtigsten Ergebnisse der Befragung zusammen und erstelle eine Präsentation.
8. Stelle die Ergebnisse vor.

Ein Rollenspiel durchführen

1. Bestimmt einen oder mehrere Diskussionsleiter oder Diskussionsleiterinnen.
2. Bildet entsprechend der Anzahl der Rollen Gruppen.
3. Jede Gruppe notiert die Argumente, die für die eigene Rolle wichtig sind. Dabei helfen Rollenkarten.
4. Überlegt, welche Gegenargumente die anderen Gruppen vorbringen könnten.
5. Bestimmt eine Person aus der Gruppe, die an der Diskussion teilnimmt.
6. Führt das Rollenspiel in der Klasse durch: Der Diskussionsleiter bzw. die Diskussionsleiterin beschreibt die Ausgangssituation. Er bzw. sie leitet dann die Diskussion.
7. Die Rollenspieler und Rollenspielerinnen tragen ihren Standpunkt vor. Danach erfolgt die Diskussion.
8. Die anderen Schülerinnen und Schüler stellen als „Journalisten" Fragen an die Diskussionsteilnehmer und Diskussionsteilnehmerinnen.
9. Die Rollenspieler und Rollenspielerinnen bewerten den Spielverlauf.
10. Die anderen Schülerinnen und Schüler nehmen Stellung zum Spielverlauf.
11. Erarbeitet in einer gemeinsamen Abschlussdiskussion, losgelöst von den Rollen, mögliche Lösungen für den Konflikt.

Eine Erkundung planen und durchführen

1. Vorbereitung
Legt fest, was ihr erkunden wollt.
Bildet Expertenteams
Überlegt Fragen, die ihr stellen oder erforschen wollt.
Stellt Arbeitsmittel zusammen, die ihr für die Erkundung benötigt.
2. Durchführung vor Ort
Besichtigt den ausgewählten Ort.
Führt ggf. Interviews durch.
Fertigt Fotos und Skizzen an.
3. Auswertung und Präsentation
Besprecht die Ergebnisse in den Expertenteams.
Wählt eine Form der Präsentation.
Stellt eure Ergebnisse zur Präsentation zusammen.
Präsentiert eure Ergebnisse
4. Gebt euch gegenseitig ein Feedback.

Wie arbeite ich im Lerntempoduett?

Schülerinnen und Schüler bearbeiten Aufgaben häufig in ganz unterschiedlichen Geschwindigkeiten. Bei einem Lerntempoduett kommen Schülerinnen und Schüler zusammen, die etwa im selben Tempo arbeiten. Sie sollen ihre Arbeitsergebnisse miteinander vergleichen.

 **Schritte zur Arbeit im Lerntempoduett**

 Einzelarbeit
Legt im Klassenraum mehrere Kontaktpunkte (Haltestellen) fest. An diesen Punkten sollt ihr später in Partnerarbeit eure Arbeitsergebnisse vergleichen.
Bearbeitet aber zunächst eure Arbeitsaufgabe alleine.

② **Austausch der Arbeitsergebnisse**
Nachdem ihr eine erste Aufgabe bearbeitet habt, geht ihr zu einem der Kontaktpunkte im Klassenraum. Wartet dort auf einen Partner, der seine Aufgabe in einem ähnlichen Tempo bearbeitet hat. Tauscht eure Ergebnisse in Partnerarbeit aus. Wiederholt diesen Vorgang, bis ihr alle Aufgaben bearbeitet habt.

Wie arbeite ich mit der Greenscreen-Technik?

Ein Vortrag ist eine gute Möglichkeit, um anderen Schülerinnen und Schülern Informationen zu einem Thema zu präsentieren. Wichtig dabei ist vor allem:

Der Vortrag muss für die Zuhörerinnen und Zuhörer so interessant sein, dass davon auch etwas im Gedächtnis haften bleibt.

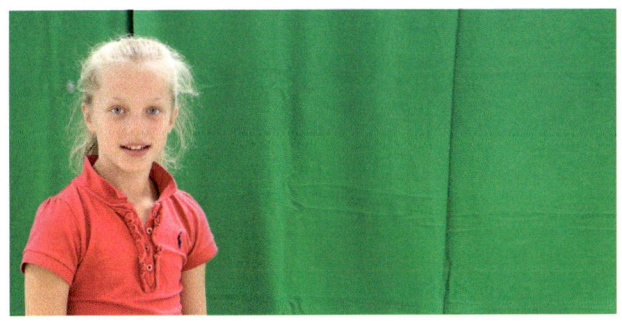

M1 Vom grünen Hintergrund zum fertigen Film.

M2 Einen Film drehen mit der App „Greenscreen by DoInk".

Einen Film mit der Greenscreen-Technik drehen

① Material beschaffen und anfertigen
Überlegt euch gemeinsam, wie ihr die Informationen klar und interessant präsentieren könnt. Beschafft euch Materialien über das Thema, das ihr vorstellen möchtet. Informationen und geeignete Fotos findet ihr zum Beispiel im Internet. Achtet bei der Auswahl auf die Bild-, Urheber- und Nutzungsrechte.

② Film planen
Überlegt euch gemeinsam, wie ihr die Informationen klar und interessant präsentieren könnt.
– Plant die verschiedenen Schritte und Szenen für euren Film.
– Überlegt euch, wo die handelnden Personen stehen sollen und was sie machen sollen (z.B. „Reporterkind zeigt mit der Hand nach rechts.").

③ Filmausschnitte aufnehmen
Dreht eure Filmausschnitte vor dem grünen Hintergrund.
– Achtet darauf, alle Bewegungen so auszuführen, als wenn ihr tatsächlich am Drehort stehen würdet.

④ Personen freistellen und Hintergrund einfügen
Entfernt die grüne Farbe aus dem ursprünglichen Video.
– Bei der App „Greenscreen by DoInk" wird die grüne Farbe automatisch entfernt.
Fügt den neuen Hintergrund zu eurem Film hinzu.
– Für den Betrachter soll möglichst nicht zu erkennen sein, dass es sich um ein zusammengesetztes Bild oder einen zusammengesetzten Film handelt.

⑤ Film sichern und präsentieren
Speichert euren Film an einem sicheren Ort. Präsentiert euren fertigen Film anderen Schülerinnen und Schülern.

Wie präsentiere ich meine Ergebnisse mithilfe eines Computerprogramms?

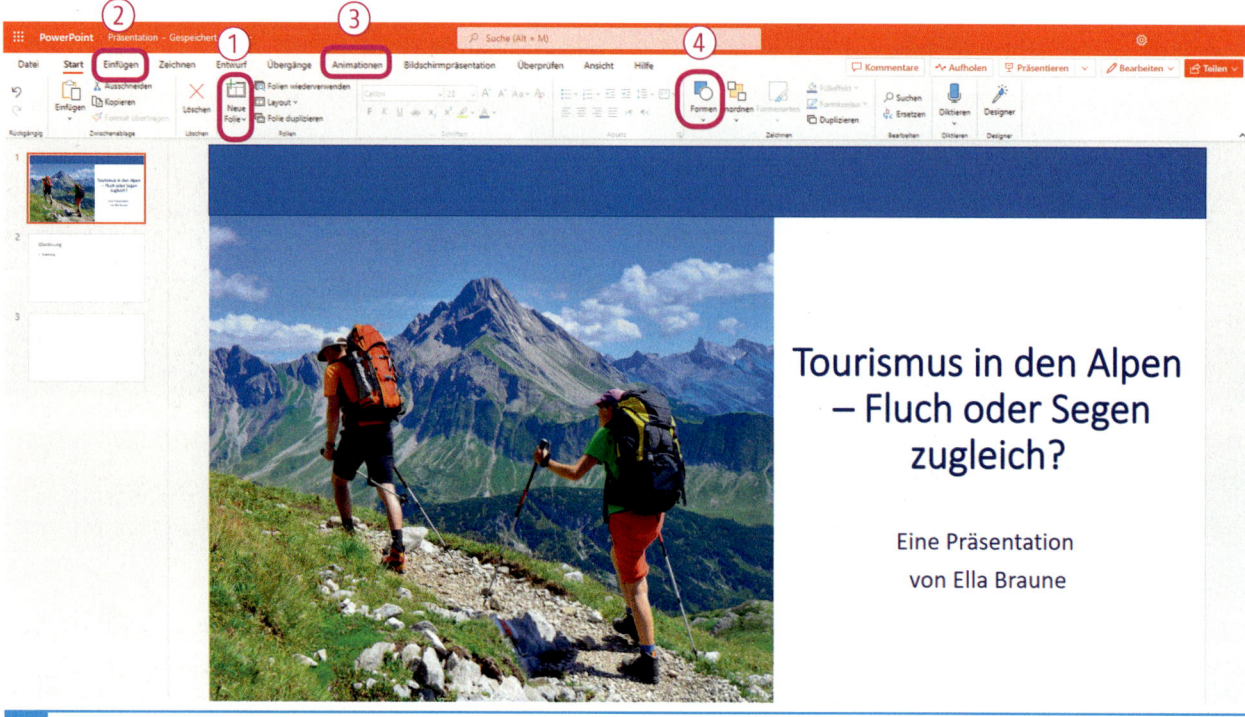

M1 Screenshot aus *PowerPoint*

Es gibt verschiedene Computerprogramme, die es möglich machen, deinen Vortrag geschickt zu veranschaulichen (z. B. PowerPoint, Keynote).
Mithilfe dieser Programme kannst du „Folien" erstellen. Mit Hilfe dieser Folien kannst du deinen Vortrag anschaulich und interessant gestalten.

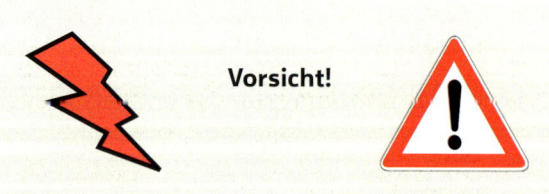

Vorsicht!

- Solche Programme können zu „Zeitfressern" werden (zu viele Animationen usw.).
- Eine *PowerPoint*-Präsentation schützt nicht vor sachlich schlechtem Inhalt.
- Du kannst nicht schnell zwischen Themenaspekten wechseln. Dadurch kannst du nicht so flexibel auf Einwürfe reagieren.
- Überlade die Seiten nicht. Achte auf große Schrift. Die Textmenge sollte sehr gering sein.
- Gestalte den Hintergrund nicht zu dunkel, dafür aber für alle Folien einheitlich.
- Die Präsentation ist kein Ablese-Skript, sondern soll deine gesprochenen Worte lediglich unterstützen.

M2 Zu beachten bei der Computerarbeit

Vier Grundfunktionen zur Erstellung einer Präsentation, zum Beispiel mit *PowerPoint*

① Neue Folie wählen
Hier wählst du das Grundlayout für deine Folie aus, je nachdem, ob du Bild, Text oder Diagramm darstellen willst. Das bestehende Layout kannst du noch verändern.

② Einfügen von Bildern/Grafiken/Texten
Hast du bei deiner Recherche gute Bilder oder Grafiken gefunden, so kannst du diese in *PowerPoint* einfügen (Quelle nennen!). Unter „Einfügen" – „Grafik" kannst du auf alle Ordner deines Rechners zugreifen. Die eingefügten Objekte kannst du auf der Folie verschieben, in der Größe verändern und vieles mehr. Unter diesem Button kannst du bei Bedarf auch eigene Diagramme erstellen.

③ Benutzerdefinierte Animation
Hiermit entscheidest du, was wann wie auf der Folie erscheinen soll. So kannst du die Folien auf deinen Vortrag abstimmen. Aber Vorsicht: Zu viel Animation lenkt ab und ist auf Dauer langweilig.

④ Autoformen
Über die Autoformen kannst du Aspekte auf deiner Folie hervorheben.

Wie erstelle ich ein Erklärvideo?

Ein Erklärvideo ist ein kurzer Film, in dem ein Sachverhalt anschaulich erklärt wird. Da zwei Sinne (sehen und hören) angesprochen werden, kann man sich die Erklärungen gut merken. Außerdem ist ein Film beliebig oft wiederholbar.

Ein Erklärvideo mit der Legetechnik ist relativ einfach herzustellen. Man schneidet Formen (zum Beispiel kleine Figuren, Sprechblasen) aus Papier aus sowie Kärtchen mit Fachbegriffen. Sie werden auf eine Unterlage gelegt und kurz gefilmt. Dann wird die nächste Einstellung gedreht.

Oder:

Es wird durchgehend gefilmt. Die Formen werden mit Händen auf einer Unterlage hin- und hergeschoben oder ins Bild hineingeschoben oder weggewischt. Dabei wird der erklärende Text gesprochen.

M1 Erstellung eines Erklärvideos mit der Legetechnik

M2 Wie funktioniert die Legetechnik?

Erstellung eines Erklärvideos

①› Planung des Erklärvideos
- Wählt die Art des Videos (Legetechnik oder Spielfilm).
- Grenzt das Thema genau ein.
- Reduziert das, was ihr erklären wollt, auf das Wesentliche. Bedenkt, wer die Zielgruppe ist.
- Gliedert das Thema.
  Überlegt einen Einstieg und das Ende.
- Erstellt eine Tabelle, in der jede einzelne Szene aufgeführt wird (Material, Bewegungen, Geräusche, Musik, Sprechertext).
- Beschafft alle Requisiten.
  Am besten teilt ihr euch die Arbeit auf.
- Zeigt euer Drehbuch eurer Lehrerin oder eurem Lehrer und holt euch ein Feedback ein. (So werden Fehler in der Erklärung vermieden.)

②› Durchführung
- Dreht das Video.
- Wenn sinnvoll: Schneidet das Video.

③› Präsentation
- Präsentiert den Film.
- Holt ein Feedback ein.

④› Reflexion
- Wertet das Feedback aus.
- Überlegung/Diskussion: Was hätte man besser machen können?
- Gab es inhaltliche Ungenauigkeiten?
- Waren die Art des Videos und die Form der Darstellung angemessen?
- Hätte es bessere Wege der Erklärung gegeben?

INFO

Welche Arten von Erklärvideos gibt es?

- **Legetechnik-Video:**
  ausgeschnittene Figuren und Texte werden vor der Kamera verschoben.
- **Trickfilm-Video:**
  Puppen (z. B. Playmobil) werden durch zahlreiche Einzelaufnahmen animiert.
- **Bild-Video:**
  Fotos (Bildrechte beachten!), Zeichnungen usw. werden gefilmt, evtl. gezoomt.

- **Film-Video:**
  eigene oder kopierte (Bildrechte beachten!) Filmsequenzen werden aneinandergeschnitten.
- **Dokumentarfilm:**
  dokumentarische Aufnahmen werden aneinandergeschnitten.
- **Spielfilm:**
  einstudierte Spielsequenzen werden aneinandergeschnitten.

Wie nutze ich Google Earth als geographische Informationsquelle?

Digitale Globen wie Google Earth können nicht nur genutzt werden, um Satellitenbilder anzuzeigen. Sie dienen auch als geographische Informationsquelle. Mit Werkzeugen in Google Earth kannst du Entfernungen und Umfänge messen, Räume im zeitlichen Verlauf betrachten und sogar thematische Karten erstellen.

Luftlinie: Messen der direkten Entfernung zwischen zwei Punkten
- Klicke in der Menüleiste auf das Lineal.
- Wähle die Registerkarte „Linie" und das geeignete Längenmaß (z. B. Meter) aus.
- Klicke auf den Startpunkt und dann auf den Endpunkt deiner zu messenden Strecke.

Wegstrecke: Ermitteln nicht gerader Strecken (z. B. Straßen) oder von Umfängen (z. B. Tagebau)
- Klicke in der Menüleiste auf das Lineal.
- Wähle die Registerkarte „Pfad" und das geeignete Längenmaß (z. B. Kilometer) aus.
- Klicke auf den Startpunkt und bei jeder Änderung des Verlaufs.

M1 Nutzung des Werkzeugs ‚Lineal'

Zeitschieberegler: Untersuchung eines Raumes im zeitlichen Verlauf
- Klicke in der Menüleiste auf den Zeitschieberegler.
- Innerhalb der erscheinenden Leiste kannst du den Knopf verschieben. Das jeweilige Datum der Aufnahme erscheint über der Leiste.

Für Google Earth Profis:
Durch das Einfügen von Polygonen und Markierungen kannst du selbst thematische Karten erstellen. Zum Beispiel kannst du die Ausdehnung eines Stadtteils heute und in der Vergangenheit je mit einem Polygon kartieren.

Tipp: Bei der Registerkarte „Stil – Farbe" kannst du die Transparenz herabsetzen. Teste den Effekt.

M3 Ein Blick zurück mit dem Zeitschieberegler

Gehe auf eine virtuelle Exkursion und finde heraus, wie dein Untersuchungsraum aussieht.
- Ziehe mit der Maus das kleine Männchen im rechten Bildrand in die Karte. Die Straßen, bei denen Streetview verfügbar ist, färben sich blau ein.
- Lasse das Männchen an der gewünschten Stelle los.
- Bewege dich mit den Cursortasten durch die Straßen und untersuche deinen Raum.

M2 Gehe auf virtuelle Exkursion mit Streetview

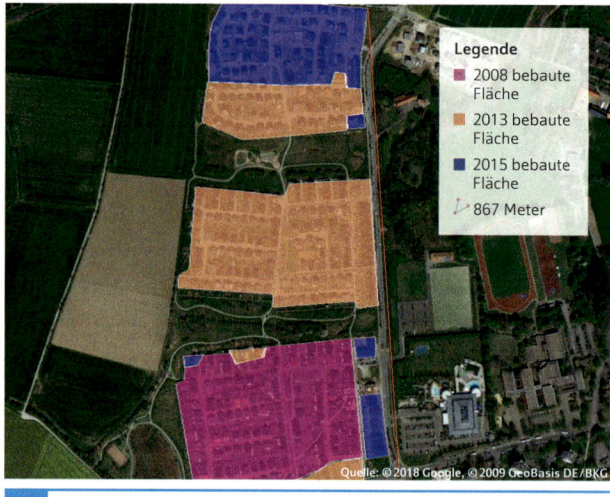

Legende
■ 2008 bebaute Fläche
■ 2013 bebaute Fläche
■ 2015 bebaute Fläche
⌐ 867 Meter

Quelle: © 2018 Google, © 2009 GeoBasis DE/BKG

M4 Schülerprodukt: Wie hat sich unser Wohnort verändert? Das Beispiel Soest.

   **Google Earth nutzen**

① Was will ich wissen?
Überlege, welche Fragestellung du untersuchen möchtest. Handelt es sich dabei um etwas, das man als Karte darstellen kann?

② Welches Google Earth Werkzeug kann dir bei der Beantwortung der Frage helfen?
Wenn du Entfernungen oder Umfänge messen möchtest, nutze das Lineal (M5). Zeitliche Veränderungen kannst du mit dem Zeitschieberegler herausarbeiten (M7). Mit Streetview gehst du auf eine virtuelle Exkursion (M6).

③ Was ist die Erkenntnis?
Fasse zusammen, welche Informationen du mithilfe von Google Earth gewonnen hast. Beantworte deine Fragestellung.

Wie führe ich eine virtuelle Exkursion durch?

M1 Eine von vier virtuellen Wanderungen auf den Vulkan Stromboli

 **Eine virtuelle Exkursion durchführen**

1 Vorbereitung

Gehe auf die Seite „Stromboli online".

Wähle einen Vulkan aus, den du besteigen möchtest.

Stelle mithilfe des Atlas fest, wo dieser Vulkan liegt.
Entscheide dich für eine Route, falls mehrere angeboten werden.

2 Durchführung

Führe die virtuelle Exkursion durch.

Klicke die Stationen auf der Route nacheinander an.
Notiere, was du auf der Route Interessantes entdeckst.
Welche Spuren des Vulkanismus kannst du zum Beispiel erkennen?

3 Auswertung

Erstelle einen Erlebnisbericht.

Bringe auch ein, was du bereits über Vulkane gelernt hast.

4 Präsentation

Präsentiere deinen Erlebnisbericht deinen Mitschülerinnen und Mitschülern.

Wie orientiere ich mich mithilfe des Gradnetzes?

Da die Erde eine Kugel ist, gibt es kein Oben und kein Unten, keinen Anfang und kein Ende. Wie soll man sich da zurechtfinden?
Ganz einfach! Die Menschen haben verabredet: Der Nordpol ist oben, der Südpol ist unten.

1873EX_3

Dazwischen gibt es ein Netz von Hilfslinien: das Gradnetz. Die übereinander liegenden Linien heißen Breitenkreise, die nebeneinander liegenden Linien Längenhalbkreise. Mithilfe dieses Gradnetzes kann jeder Punkt auf der Erde genau bestimmt werden.

INFO 1

Breitenkreise

Die Breitenkreise sind wie ein Gürtel um die Erde gelegt. Sie ziehen sich um die gesamte Erde.
Der längste Breitenkreis ist der Äquator. Er ist etwa 40 000 Kilometer lang und teilt die Erde in eine nördliche und südliche Halbkugel.
Vom Äquator aus gibt es nach Norden 90 Breitenkreise. Sie haben alle einen Abstand von ungefähr 111 Kilometer zueinander. Nach Süden gibt es ebenfalls 90 Breitenkreise.
Die Länge der Breitenkreise wird zum Südpol und Nordpol hin immer geringer. An den Polen sind sie jeweils nur noch ein Punkt.
Die Breitenkreise werden in Grad (°) benannt.

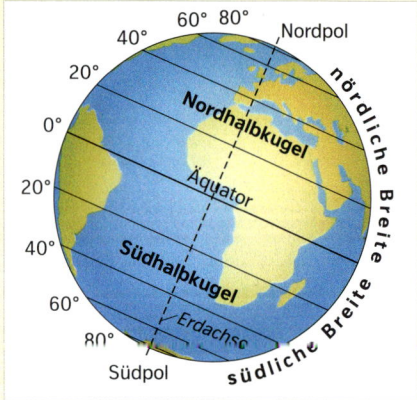

INFO 2

Längenhalbkreise

Die Längenhalbkreise verlaufen vom Nordpol zum Südpol. Sie heißen auch Meridiane. Wissenschaftler haben festgelegt, dass die Zählung der Längenhalbkreise an der Sternwarte im Londoner Stadtteil Greenwich beginnt. Dort verläuft der erste Meridian, der Nullmeridian.
Von ihm aus zählt man 180 Meridiane nach Osten und 180 Meridiane nach Westen. Die Meridiane sind alle gleich lang. Die Länge eines Meridians beträgt etwa 20 000 Kilometer. Der Abstand zwischen den Meridianen am Äquator beträgt rund 111 Kilometer. Er wird zu den Polen hin geringer.
Die Längenhalbkreise werden in Grad (°) benannt.

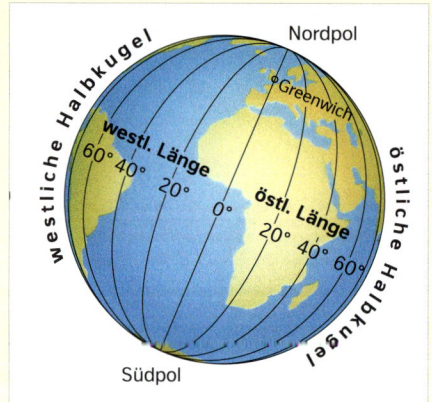

INFO 3

Das Gradnetz der Erde

Die Breitenkreise und die Längenhalbkreise bilden zusammen das Gradnetz der Erde. Mithilfe des Gradnetzes kann man die Lage eines Ortes auf der Erde bestimmen.

Auf den meisten Atlaskarten ist das Gradnetz eingezeichnet. Die Gradzahlen für die geographische Breite beginnen am Äquator mit 0° und enden an den Polen mit jeweils 90°.
Die Gradzahlen für die geographische Länge beginnen mit 0° in Greenwich (London) und verlaufen 180° nach Westen und 180° nach Osten.

Die Angaben von Breiten- und Längengraden ergeben die geographischen Koordinaten.

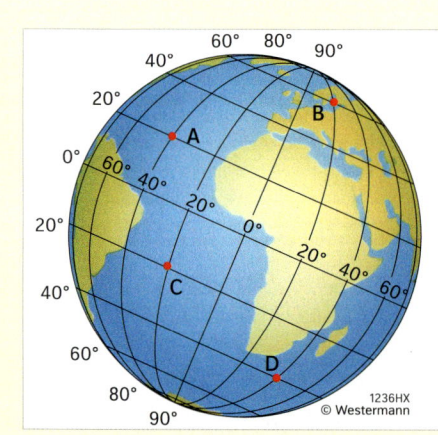

1236HX
© Westermann

Wie bestimme ich die Lage eines Ortes im Gradnetz?

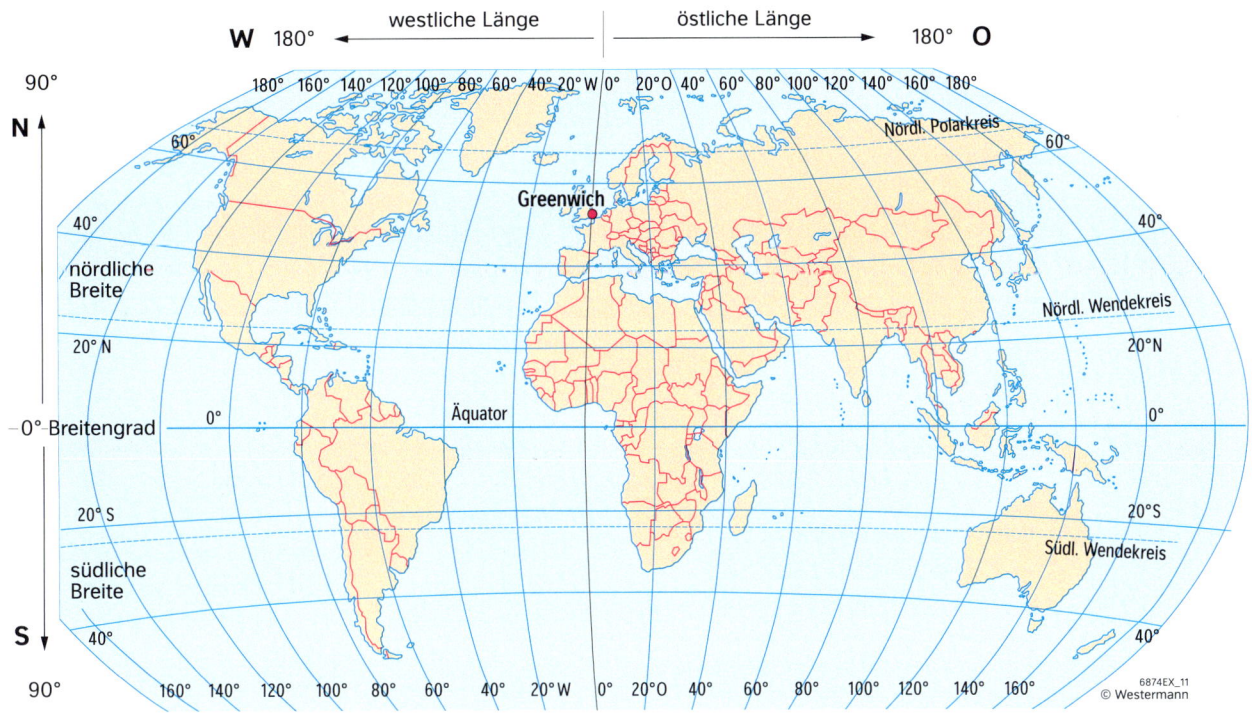

M1 Orientierung auf einer Karte mithilfe des Gradnetzes

INFO 4

Geographische Koordinaten ganz genau

Jeden Längen- und Breitengrad kann man noch einmal in jeweils 60 Minuten und jede Minute in 60 Sekunden unterteilen. Die Gradminuten werden mit ' abgekürzt, die Gradsekunden mit ". So liegt der Kölner Dom auf den geographischen Koordinaten 50° 56' 28.601" N /6° 57' 29.812" O (lies: 50 Grad, 56 Minuten, 28,601 Sekunden nördliche Breite und 6 Grad, 57 Minuten, 29,812 Minuten östliche Länge). Manchmal werden die Koordinaten auch als Dezimalwert angegeben.

AUFGABEN

1. a) Beschreibe das Gradnetz der Erde. Benutze die Begriffe Längenhalbkreise, Breitenkreise, Äquator, Nullmeridian, geographische Koordinaten.
   b) Beurteile den Sinn des Gradnetzes.
2. Bestimme die Koordinaten der Punkte A–D in Info 3 „Das Gradnetz der Erde".
3. Nenne fünf Länder, durch die der Nullmeridian und fünf Länder, durch die der Äquator verläuft.
4. In welchen Kontinenten schneiden sich folgende Koordinaten: 30° S/60° W und 60° N/90° O?
5. Bestimme die geographischen Koordinaten deines Heimatortes.

Die Lage eines Ortes im Gradnetz bestimmen

① Gesuchten Ort im Atlas aufschlagen
- Schlage eine geeignete Karte mithilfe des Registers im Atlas auf.
- Wenn zum Beispiel die Lage von Köln im Gradnetz bestimmt werden soll, schlage eine physische Karte von Nordrhein-Westfalen auf.

② Geographische Breite bestimmen
- Die Breitenkreise sind am linken und/oder rechten Kartenrand benannt.
- Bestimme die gedachte Linie, die durch den gesuchten Ort führt. Im Beispiel für Köln ist es etwas weniger als 51° Nord, weil es auf der nördlichen Halbkugel liegt.

③ Geographische Länge bestimmen
- Die Längenhalbkreise sind am oberen und/oder unteren Kartenrand benannt.
- Bestimme die gedachte Linie, die durch den gesuchten Ort führt. Im Falle von Köln ist das 7° Ost, weil es östlich von Greenwich liegt.

④ Gradangaben aufschreiben
- Benenne zunächst die nördliche oder südliche Breite, dann die westliche oder östliche Länge.
- Für Köln wäre die Lagebeschreibung im Gradnetz ungefähr 51° N (Nord)/7° O (Ost).

Wie erstelle ich eine Geocaching-Tour?

Eine Geocaching-Tour erstellen

① Markierung des Startpunkts

Geht zum Haupteingang eurer Schule. Setzt im GPS-Gerät oder Smartphone den ersten Wegpunkt und nennt ihn Schule. Dieser ist euer Start- und Endpunkt. Schreibt euch die Lage auf:

Schule (exakte geographische Koordinaten)
N: _____
E: _____ (E steht für East)

② Verstecken des ersten Schatzes

Geht drei Minuten in eine beliebige Himmelsrichtung. Zeichnet euren Weg in der Umgebungskarte ein. Am Ende der Zeit bleibt ihr stehen und versteckt euren ersten Schatz an einem auffälligen Ort (z. B. an einem großen Baum). Setzt genau an dem Cache in eurem GPS-Gerät oder Smartphone euren zweiten Wegpunkt.

③ Verstecken des zweiten Schatzes

Geht nun zwei Minuten in eine andere Richtung. Versteckt euren zweiten Schatz. Setzt auch hier genau an dem Cache euren dritten Wegpunkt. Ihr könnt noch 2 – 3 weitere Schätze verstecken. Geht vor wie in Punkt 3.

④ Zurück zum Startpunkt

Habt ihr alle Schätze versteckt, geht ihr auf dem schnellsten Weg zum Startpunkt zurück.

⑤ Schatzsuche

Notiert die geographischen Koordinaten eurer Caches auf einem Zettel. Tauscht diese innerhalb der Klasse und geht auf Schatzsuche.

M1 Geocaching mit dem Smartphone

Beachtet beim Geocaching!
- Verlasst nie die Gruppe.
- Wechselt euch in der Gruppe ab: Eine Person nimmt das GPS-Gerät oder das Smartphone, eine andere die Karte, die anderen tragen die Schätze. Nach jedem Cache wechselt ihr euch ab.
- Achtet auf den Verkehr und die Verkehrsregeln.
- Betretet keine Privatgrundstucke.
- Achtet auf die Umwelt. Verlasst das Versteck so, wie ihr es aufgefunden habt.
- Legt nichts Verderbliches in den Cache.

M2 Hinweise

Wie lese und beschreibe ich ein Klimadiagramm?

Ein Klimadiagramm veranschaulicht das Klima an einem bestimmten Ort der Erde. Es besteht aus einem Säulendiagramm und einem Liniendiagramm.

Das Säulendiagramm zeigt die durchschnittlichen Monatsniederschläge. Das Liniendiagramm zeigt die durchschnittlichen Monatstemperaturen.

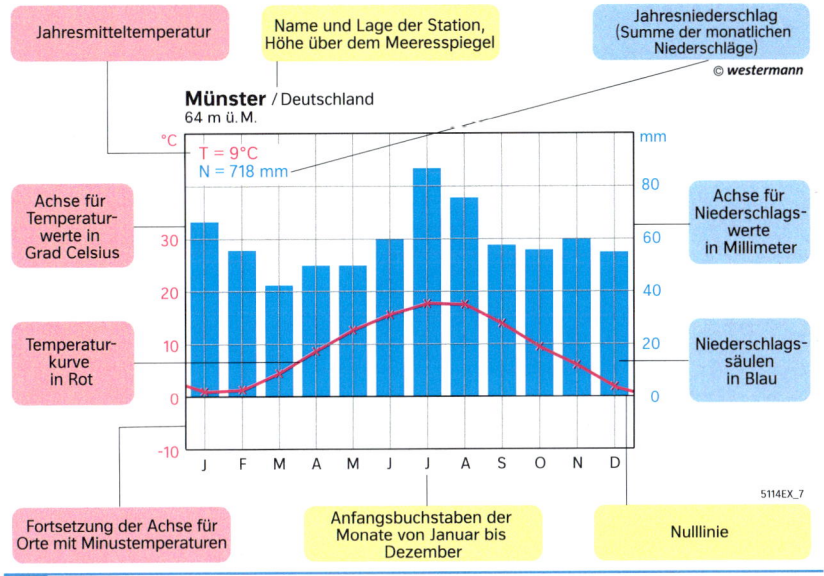

INFO

Der *durchschnittliche Monatsniederschlag* ist die Summe aller Niederschläge, die in einem Monat gefallen sind.
Die *durchschnittliche Monatstemperatur* ist der Durchschnitt aller Tagestemperaturen, die in einem Monat gemessen wurden.
Um Aussagen zum Klima an einem Ort machen zu können, werden die Temperatur und der Niederschlag 30 Jahre lang jeden Tag mehrmals gemessen.

M1 Klimadiagramm von Münster

Das Klimadiagramm zeigt das Klima von ... . Der Ort liegt in ... . Dort fallen jährlich ... mm Niederschlag. Der Monat mit dem geringsten Niederschlag ist ... . Der Monat mit dem höchsten Niederschlag ist... . Im Sommer sind die Niederschläge ... als in den anderen Jahreszeiten. Das ganze Jahr über liegen die Monatsniederschläge zwischen ... und ... mm. Die durchschnittliche Temperatur während des Jahres beträgt ... °C. Die niedrigste Temperatur mit ... °C wird im Monat ... erreicht, die höchste mit ... °C im Monat ... .

M2 Formulierungshilfen zu M1

Ein Klimadiagramm lesen und beschreiben

① Lage des Ortes klären
Lies den Namen der Station, Land und Höhe über dem Meeresspiegel im Kopf des Klimadiagramms.

② Temperaturkurve lesen
- Lies die durchschnittlichen Temperaturen für die Monate eines Jahres auf der linken Skala ab (rot).
- Wenn du die Durchschnittstemperatur für einen Monat lesen willst, lege die Fingerspitze auf den Anfangsbuchstaben des Monats.
- Wandere mit der Fingerspitze bis zur roten Temperaturkurve. Lies den Wert für den Monat auf der Höhe der Fingerspitze an der Temperaturachse links ab.
- Wiederhole den Vorgang für die anderen Monate.
- Lies die Jahresmitteltemperatur oben links in Rot ab (T = 9 mm).

③ Niederschlagssäulen lesen
- Lege deinen Finger auf den Anfangsbuchstaben des Monats, den du ablesen willst.
- Wandere ans obere Ende der blauen Säule. Lies den Wert auf der Höhe der Fingerspitze an der Niederschlagsachse rechts ab.
- Wiederhole den Vorgang für die anderen Monate.
- Lies den Wert für den Jahresniederschlag oben links in Blau ab (N = 718 mm).

④ Kernaussagen zum Klimadiagramm treffen
- Nenne den wärmsten und den kältesten Monat.
- Berechne den Unterschied zwischen den Monaten.
- Nenne den Monat mit dem höchsten und den mit dem geringsten Niederschlag.
- Treffe eine Aussage über die Verteilung des Niederschlags über das Jahr.
- Nenne Jahresmitteltemperatur und die Höhe des Jahresniederschlags der Station.

Wie zeichne ich ein Klimadiagramm?

Entscheidend für das Klima eines Ortes ist das Zusammenwirken von Temperatur und Niederschlag. Die Werte dieser Faktoren können in einem Klimadiagramm veranschaulicht werden. Ein Klimadiagramm enthält die Temperaturkurve und die Niederschlagssäulen für die zwölf Monate eines Jahres. Es werden die durchschnittlichen Werte für die einzelnen Monate dargestellt.

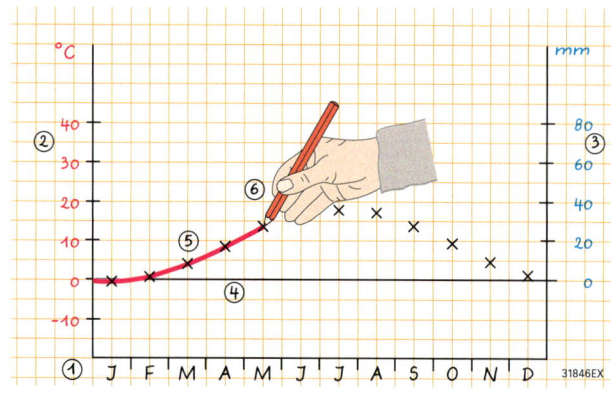

M1 Zeichnen der Temperaturkurve (Monatsmitteltemperaturen)

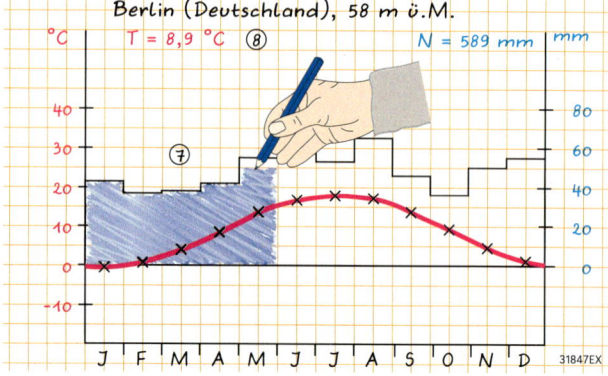

M3 Zeichnen der Niederschlagssäulen (durchschnittliche Monatsniederschläge)

	J	F	M	A	M	J	J	A	S	O	N	D	Jahr
°C	-2,0	0,8	4,2	8,1	13,4	16,9	18,3	17,9	14,1	9,5	4,9	1,2	8,9
mm	44,0	35,1	38,4	41,1	56,0	75,3	52,3	60,5	46,5	36,2	49,3	54,4	589

M2 Klimadaten von Berlin in Deutschland (58 m ü. M.)

Ein Klimadiagramm zeichnen

① Zeichnen der Vorlage
- Zeichne mit Bleistift die waagerechte Grundlinie von 12 cm. Teile sie in 12 gleiche Abschnitte.
- Schreibe die Anfangsbuchstaben der 12 Monate in diese Abschnitte ①.
- Zeichne an die linke Seite der Grundlinie eine senkrechte Linie für die Temperaturen. Unterteile sie in gleichmäßige Abstände von 1 cm. Schreibe an die Teilungsstriche die Temperaturwerte ②.
- Zeichne an der rechten Seite der Grundlinie eine senkrechte Linie für die Niederschläge. Unterteile sie in gleichmäßige Abstände von 1 cm. Schreibe an die Teilungsstriche die Niederschlagswerte ③.
- Verbinde die Nullwerte mit einer Linie ④.

② Zeichnen der Temperaturkurve und der Niederschlagssäulen
- Markiere die Höhe der Werte der Monatsmitteltemperaturen von M2 in der Mitte des jeweiligen Monats ⑤. Verbinde die Markierungen mit einem roten Buntstift ⑥.
- Markiere die Höhe der Niederschläge jedes Monats. Zeichne für jeden Monat Säulen, die du mit einem blauen Buntstift ausmalst ⑦.

③ Beschriften des Klimadiagramms
- Trage oben Namen und Höhe des Ortes ein, an dem die Werte ermittelt wurden (M2).
- Ergänze die Werte für die Jahresmitteltemperatur mit rotem und für den Jahresniederschlag mit blauem Stift ⑧.

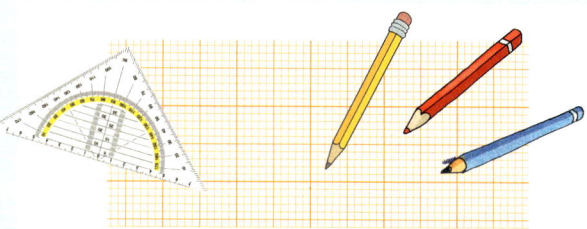

- Geodreieck oder Lineal
- roter und blauer Buntstift
- Millimeterpapier oder kariertes Papier
- Klimawerte des Ortes

M4 Das brauchst du zum Zeichnen.

Wie interpretiere ich ein Klimadiagramm?

Das Klimadiagramm eines Ortes veranschaulicht die Klimabedingungen dort. Du erfährst zum Beispiel, wann es kalt oder warm ist, wann es viel oder wenig regnet.

Du kannst die Wachstumszeiten für Pflanzen ablesen. Du erfährst, ob es zu kalt oder zu trocken dafür ist, dass Pflanzen gedeihen können.

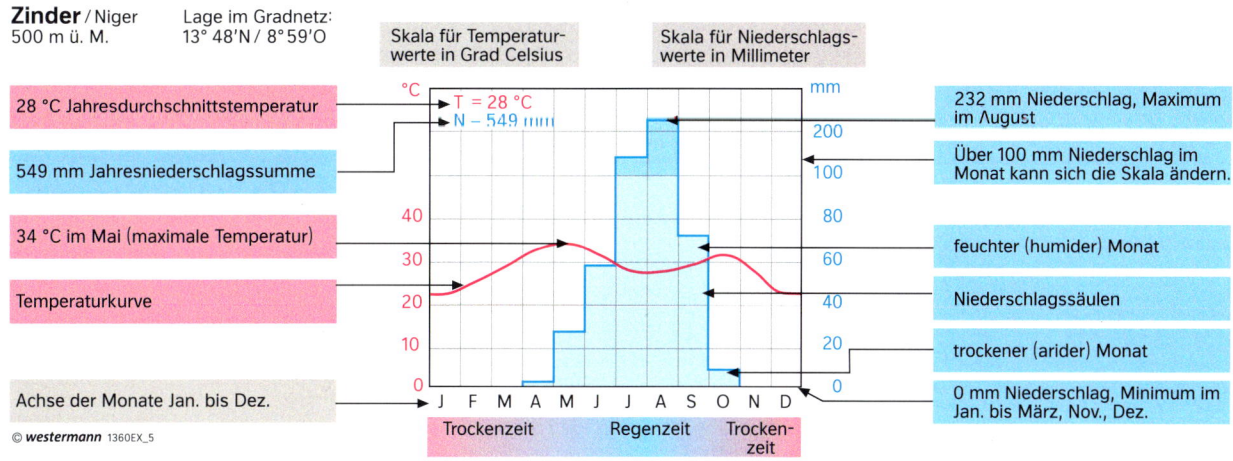

M1 Klimadiagramm der Station Zinder im Niger

INFO 1

Wachstumszeiten

Kulturpflanzen wie Getreide benötigen für ihr Wachstum Monatsmitteltemperaturen von mehr als 10 °C. Zeiträume, in denen die Temperaturen darüber liegen, nennt man Wachstumszeiten. Naturpflanzen wie Gräser benötigen für ihr Wachstum allerdings nur Temperaturen von mehr als 5 °C.

INFO 2

Humider Zeitraum

„Humid" ist lateinisch und bedeutet „feucht".
In dem humiden Zeitraum fällt an einem Ort mehr Niederschlag als Wasser verdunstet. Pflanzen erhalten genügend Feuchtigkeit für ihr Wachstum. Im Klimadiagramm ragen die Niederschlagssäulen über die Temperaturkurve hinaus.

INFO 3

Arider Zeitraum

„Arid" ist lateinisch und bedeutet „trocken".
In dem ariden Zeitraum fällt an einem Ort weniger Niederschlag als Wasser verdunstet. Pflanzen verdorren, weil es zu trocken ist.
Im Klimadiagramm liegen die Niederschlagssäulen unter der Temperaturkurve.

Ein Klimadiagramm auswerten

1 Klimastation beschreiben
- Suche die Station im Atlas und gib eine kurze Lagebeschreibung.
- Vergleiche die Höhe über dem Meeresspiegel mit einer dir bekannten Höhe.
- Nenne die Jahresmitteltemperatur und den Jahresniederschlag.

2 Inhalte beschreiben
- Beschreibe den Verlauf der Temperaturkurve und die Veränderung des Niederschlags von Januar bis Dezember. Nenne die Monate mit den höchsten und den niedrigsten Werten.

3 Hauptaussagen zusammenfassen
- Bestimme die trockenen (ariden) und die feuchten (humiden) Monate.
- Ermittle die Wachstumszeiten.

- Nenne mögliche Gründe für die Temperatur- und Niederschlagswerte im Jahresverlauf.
- Ordne das Klimadiagramm einer Klima- und einer Vegetationszone zu (siehe S. 28–33).

4 Folgen interpretieren
Dazu dienen zum Beispiel mögliche Antworten zu folgenden Fragen:
- Welche Auswirkungen hat das Klima auf die Natur und die Menschen?
- Wie sind die Anbaumöglichkeiten für die Landwirtschaft?
- Welche Voraussetzungen für Tourismus bietet das Klima?
Wenn nötig oder sinnvoll, recherchiere nach Zusatzinformationen.

Wie ordne ich meine Gedanken? – Kausalkette, Wirkungsgefüge und Conceptmap

Es gibt die unterschiedlichsten Möglichkeiten, um Themen grafisch darzustellen.
Grundsätzlich werden die Schlüsselbegriffe grafisch miteinander durch Linien oder Pfeile verbunden. Daraus lassen sich dann die Gliederung (die Struktur) eines Themas und innere Zusammenhänge ablesen.

hoher Niederschlag

↓

Boden nährstoffarm

↓

kurze Nutzbarkeit   36919EX

M1 Kausalkette

INFO 1

Die **Kausalkette** (lat. causa = Ursache, Grund) ordnet Begriffe nach Ursache und Wirkung und verbindet sie in einer Linie mit Pfeilen (M1). Nur selten besteht ein Sachverhalt nur aus einer Ursache und einer Wirkung. Daher ist es meist sinnvoller, das Thema als Wirkungsgefüge oder Conceptmap darzustellen.

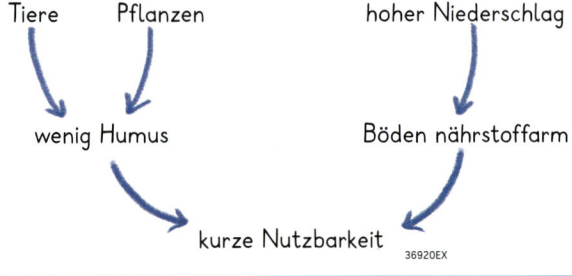

M2 Wirkungsgefüge

INFO 2

Auch im **Wirkungsgefüge** sind Begriffe nach dem Prinzip von Ursache und Wirkung angeordnet (M2). Man kann damit aber auch kompliziertere Zusammenhänge darstellen, z. B.
- mehrere Ursachen und Folgen (mehrere Begriffe auf gleicher Ebene),
- geringere und stärkere Folgen / Auswirkungen (dicke, dünne Pfeile),
- Folgen unterschiedlicher Art (unterschiedliche Farben),
- Wechselwirkungen (Doppelpfeile).

Tiere   Pflanzen   hoher Niederschlag

schneller
Abbau   Mineralstoffe
                                 werden aus-
                                 gewaschen

wenig Humus   Böden nährstoffarm

kurze Nutzbarkeit   36923EX

M3 Conceptmap

INFO 3

In einer **Conceptmap** werden die Linien und Pfeile des Wirkungsgefüges noch zusätzlich beschriftet (M3).

Eine Conceptmap erstellen

① Erstelle eine Liste mit den Schlüsselbegriffen (Schlüsselwörtern) des Themas.

② Ordne die Begriffe nach dem Prinzip von Ursache und Wirkung. Achte darauf, dass gleich wichtige oder gleichzeitige Gründe oder Folgen in derselben Ebene stehen.

③ a) Verbinde die Begriffe mit Pfeilen. Sie haben die Bedeutung „bewirkt" oder „hat zur Folge". Unterschiedliche Stärke der Pfeile kann unterschiedlich starke Wirkung ausdrücken.
b) Färbe Begriffe und Pfeile mit gleicher Bedeutung gleich ein.
c) Beschrifte einzelne Pfeile.

Wie werte ich eine Karikatur aus?

In vielen Zeitungen und Zeitschriften gibt es Karikaturen. Das sind Zeichnungen, in denen ein Thema übertrieben und oft humorvoll dargestellt wird. Eine Karikatur soll den Betrachter auf ein Thema aufmerksam machen und ihn anregen, sich damit zu beschäftigen. Der Karikaturist stellt einen Sachverhalt nicht objektiv dar. Er vertritt eine bestimmte, überspitzt und humorvoll dargestellte Meinung.

Als Bildelemente verwendet er hervorstechende Merkmale von Personen, Gegenständen oder Sachverhalten, die übertrieben dargestellt sind. Um den Betrachter auf Schwächen und Probleme hinzuweisen, werden Menschen und ihre Handlungen lächerlich gemacht.

Oft ergänzt ein Titel oder ein Text die Karikatur, der die Aussage der Zeichnung verdeutlicht.

M1 Karikatur: „Wie wäre es mit Rudern, Kollege?"

- Im Vordergrund der Karikatur wird dargestellt, ...
- Im Hintergrund sieht man, ...
- Die Karikatur ist beschriftet mit ... .
- Der Wasserfall (das Ruderboot, der Pinguin, der Mann) soll zeigen, ...
- Der Pinguin (der Mann) wirkt ... .
- Das soll darstellen, ...
- Der Zeichner will darauf aufmerksam machen, ...
- Ich finde die Karikatur ... .
- Ich stimme der Meinung des Zeichners (nicht) zu, weil ... .
- Meiner Meinung nach müsste man ... .

M3 Formulierungshilfen

Eine Karikatur auswerten

1 Karikatur beschreiben
- Nenne einzelne Personen, Sachverhalte oder Gegenstände, die dargestellt sind.
- Beschreibe, wie sie dargestellt sind.
- Nenne die Elemente, die übertrieben dargestellt sind und nicht der Wirklichkeit entsprechen. Beschreibe die Übertreibung.
- Lies die Textelemente und die Bildunterschrift.

2 Inhalte interpretieren
- Erläutere das Problem oder den Sachverhalt, auf das oder den aufmerksam gemacht werden soll.
- Nenne die Bedeutung der Darstellung der einzelnen Bildelemente für die Gesamtaussage.
- Erläutere die Kritik oder Meinung des Karikaturisten. Vermute, was er mit seiner Darstellung erreichen will.

3 Stellung nehmen
- Erläutere deine Meinung zu den Aussagen des Karikaturisten und begründe sie.

Bildelement	Art der Darstellung	Mögliche Bedeutung / Interpretation
Wasserfall	Gezeigt wird schnell fließendes Wasser, das den Abgrund (Schild: Klimakatastrophe) hinunterstürzt.	...
Ruderboot	...	Die Erde mit sämtlichen Bewohnern droht in den Abgrund zu stürzen.
Pinguin	Aufgeregt und nervös drängt der Pinguin: „Wie wäre es mit Rudern, Kollege?"	Der Pinguin als Vertreter für die bedrohte Tierwelt und Menschheit, drängt den Mann angesichts der drohenden Gefahr zum Handeln und Gegensteuern, um die Erde zu retten.
Mann	Teilnahmslos hält der andere Passagier des Bootes die Ruder mit einem Plakat in die Luft: „Das Ende ist nah!"	...

M2 Beispiel für eine Karikaturauswertung zu M4 (unvollständig)

Wie beschreibe und interpretiere ich Satellitenbilder?

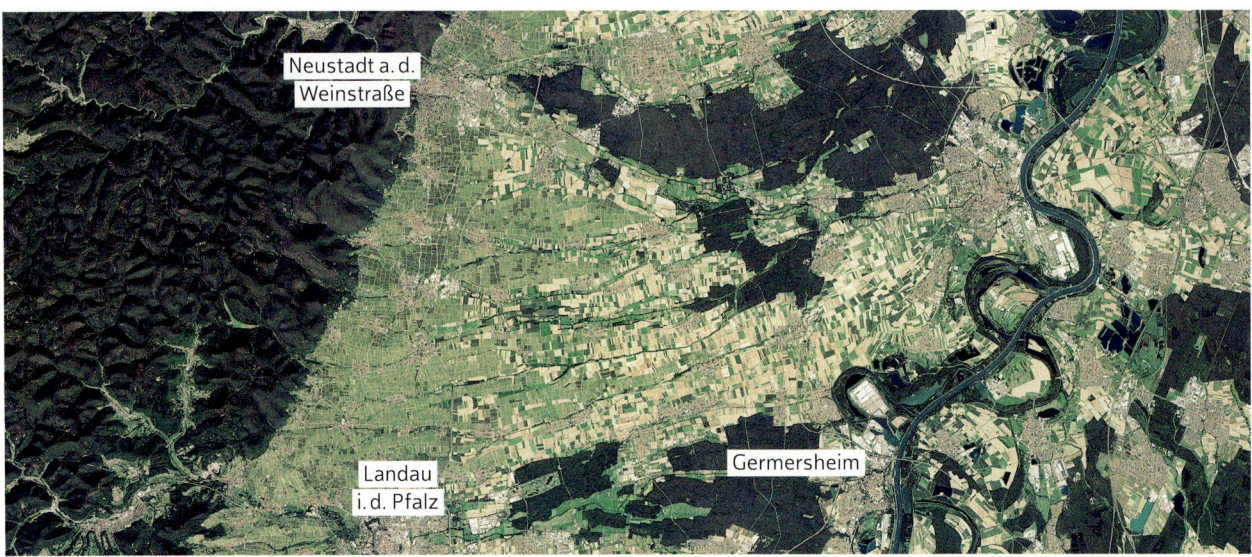

M1　Das Rheintal südlich von Speyer, Höhe ca. 90 km

 **Ein Satellitenbild beschreiben und interpretieren**

Beschreibung

①　Wo? Wann? Was? – das Thema des Satellitenbildes

Welchen Raum zeigt das Bild? Wie groß sind die Entfernungen (M1 z. B. ungefähr 45 km x 20 km – dies kann man aus dem Vergleich mit einer Atlaskarte erschließen)? Aus welcher Höhe wurde es aufgenommen? Wo ist Norden im Bild? Wann wurde das Bild aufgenommen (z. B. Jahreszeit)?

②　Welche Einzelheiten kannst du erkennen?

Gliedere den Bildausschnitt in Teilräume (vor allem nach der Farbgebung). Beschreibe einzelne besonders auffällige Objekte (Städte, Flughäfen, Seen usw.).

③　Was ist die Aussage des Bildes?

Zusammenfassung aller Informationen zu einer Kernaussage

Interpretation

④　Wie kann man das Dargestellte erklären?

Erkläre nun das, was du beschrieben hast. Das geht natürlich umso besser, je mehr du über den Raum weißt. Auf jeden Fall solltest du den Atlas zur Erklärung hinzunehmen. Eventuell ist es auch sinnvoll, sich zusätzliche Informationen zu verschaffen. **156▸**

Formulierungshilfen zur Beschreibung (2.)

… klare Gliederung der Landschaft:
… zusammenhängende dunkelgrüne Flächen im Westen … wahrscheinlich Wälder … östlich von den grünen Flächen helle, grünliche … noch weiter im Osten helle Flächen mit kleinen grünen Rechtecken … Windungen ein Fluss, der …

Formulierungshilfen zur Interpretation (4.)

… bewaldete Gebirge … Felder, Siedlungen …
… unterschiedliche Arten von Feldern am Gebirgsrand … Weinberge, weil hier
… und in der Ebene … Felder, weil …
… Auswirkungen der Flussbegradigung deutlich zu erkennen: Der Flusslauf m seinen zahlreichen Windungen, den Flussmäandern, wurde verkürzt …
… gerades, gleichmäßig breites Flussbett …
… rechts und links in Bögen die alten Rheinarme …. dort dichte Wälder, weil

INTERNET

Google Maps bietet nicht nur viele Karten und Zusatzinformationen (z. B. Verkehrslage), man kann auch das Satellitenbild einschalten. Willst du dir Fotos von einem bestimmten Ort anschauen, dann klicke auf das kleine gelbe Männchen unten rechts. Dann werden in der Karte die Straßen blau gekennzeichnet, von denen du dir Fotos anschauen kannst.

Mit Google Earth Timelapse kannst du die Veränderung von Räumen auf Satellitenbildern im Zeitraffer beobachten.

Die Webseite schueler.diercke.de bietet dir einen Zugang zum Diercke Globus. Damit kannst du die gesamte Welt in (beschrifteten) Satellitenbildern (Flughöhe 15 bis 12800 km) und Karten in 3D und mit einem Flugsimulator bereisen.

WES-105367-156

Wie verfasse ich ein Referat?

Ein Referat verfassen

①→ Vorbereitung
- Lege das Thema fest und überlege dir eine Leitfrage, zu der das Referat verfasst werden soll.

②→ Recherche
- Informiere dich in Büchern oder im Internet über dein Thema.
- Notiere und sortiere die gefundenen Informationen.

③→ Ausarbeitung
- Arbeite das Referat aus.
- Notiere dir Stichpunkte auf Karteikarten.
- Arbeite eine Präsentation aus.

④→ Vortrag
- Trage das Referat vor.
- Ermögliche den Zuhörern, Fragen zu stellen.

Mithilfe eines Referats informierst du deine Mitschülerinnen und Mitschüler über ein bestimmtes Thema. Du kannst das Referat als Vortrag ausarbeiten und/oder das Referat schriftlich verfassen. Wichtig für die Erarbeitung deines Referats ist eine sorgfältige Recherche.

Das Thema für dein Referat sollte klar abgegrenzt sein. Formuliere zu deinem Referat eine Leitfrage, die mithilfe des Referats beantwortet werden soll. Diese Frage hilft dir auch bei der Recherche und Zusammenstellung der Materialien.

- themenbezogen – gut aufbereitet – verständlich – gut recherchiert – gut gegliedert
- Wie präsentiere ich die Ergebnisse?
- Wie stehe ich vor der Gruppe?

M1 Tipps für den Vortrag

INFO

Das schriftliche Referat

- **Titelblatt** (der Titel des Referates und Name der Verfasserin oder des Verfassers – dein Name. Man kann das Titelblatt auch bunt mit einem oder mehreren Bildern gestalten.)
- **Gliederung**
- **Einleitung**
  - Was ist das Besondere an dem Thema?
  - Warum sollte man sich mit dem Thema beschäftigen?
- **Hauptteil**
  - das Thema unterteilt in einzelne Abschnitte/Kapitel, in sinnvoller und logischer Abfolge
- **Schluss**
  - Zusammenfassung des Themas, das Wichtigste wiederholen
  - Eigene Stellungnahme: Wie ist deine persönliche Meinung zu dem Thema?
- **Verwendete Quellen**

Wenn man ein Referat vorträgt, teilt man häufig an die Zuhörerinnen und Zuhörer eine kurze schriftliche Zusammenfassung aus. Dieses „Handout" enthält die wichtigsten Inhalte, wichtige Fachbegriffe und vielleicht auch wichtige Materialien (z. B. Tabellen).

Wie bewerte ich den Grad der Nachhaltigkeit?

Immer häufiger wird in der heutigen Zeit über Nachhaltigkeit diskutiert. Ein Grund dafür ist der steigende Konsum und der ständig wachsende Bedarf an Rohstoffen, Energie und Nahrungsmitteln. Dabei wirkt sich das Verhalten der Menschen nicht nur auf die Wirtschaft (Ökonomie), sondern auch auf die Bereiche Umwelt (Ökologie) und Gesellschaft (Soziales) aus. Man hat erkannt, dass die zukünftigen Lebensbedingungen der Menschen vom Verhalten der Menschen in der Gegenwart abhängen. Daher wird zunehmend gefordert, dass Entscheidungen und Verhalten in der Gegenwart nach dem Prinzip der Nachhaltigkeit erfolgen sollen.

Mit einem Nachhaltigkeitsdreieck lässt sich die Nachhaltigkeit bestimmter Handlungen, Entscheidungen oder Wirtschaftsweisen grafisch veranschaulichen. So kannst du mit dem Modell des Nachhaltigkeitsdreiecks die Nachhaltigkeit bewerten.

Nachhaltigkeit

Der Begriff stammt ursprünglich aus der Forstwirtschaft des 17. Jahrhunderts. Er bedeutet, dass man nicht mehr Holz schlagen soll, als in der Natur nachwachsen kann. Nur so konnte man sicher sein, dass es auch in Zukunft genügend Holz geben wird.

Heute versteht man unter Nachhaltigkeit viel mehr: In unserem gesamten Handeln sollen wir auf spätere Generationen Rücksicht nehmen. Auch unsere Kinder und Enkelkinder brauchen Rohstoffe wie Holz, Wasser und Erdöl. Wir dürfen also nicht unüberlegt die Vorräte auf der Erde aufbrauchen. Wir müssen auch dafür sorgen, dass unsere Umwelt nicht durch Abgase, Schmutzwasser oder Gifte geschädigt wird.

„Der Staat schützt auch in Verantwortung für die künftigen Generationen die natürlichen Lebensgrundlagen und die Tiere im Rahmen der verfassungsmäßigen Ordnung […]."

M1 Auszug aus Artikel 20a aus dem deutschen Grundgesetz

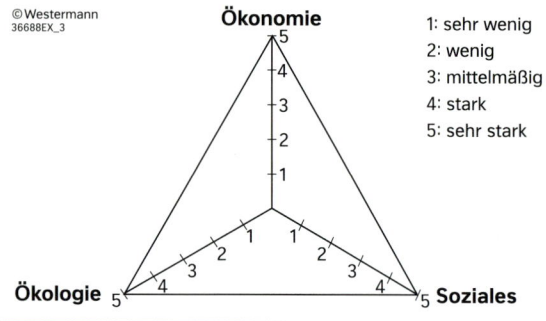

M2 Nachhaltigkeitsdreieck als Vorlage

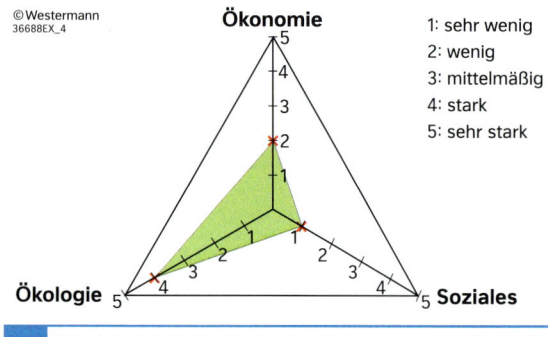

M3 Nachhaltigkeitsdreieck mit Bewertungsdreieck

Ein Nachhaltigkeitsdreieck erstellen

① Vorlage erstellen
Zeichne ausgehend von einem Mittelpunkt drei Strahlen, die jeweils in einem Winkel von 120 Grad zueinander stehen. Teile die Strahlen ausgehend vom Mittelpunkt mit einer Skala von 0 bis 5 ein (M2). Verbinde die Eckpunkte und schreibe an die Eckpunkte die Namen der Bereiche (Ökonomie, Ökologie und Soziales).

② Einzelne Bereiche bewerten
Setze dich mit dem Thema auseinander, zu dem der Grad der Nachhaltigkeit bewertet werden soll:
- Wie wirkt sich das Thema kurzfristig und langfristig auf die Umwelt aus?
- Welche Folgen entstehen für die Umwelt?
- Welche Auswirkungen hat das Thema auf die Menschen und welche Menschen sind betroffen?

Bewerte die einzelnen Bereiche, indem du auf jedem Strahl auf der Skala von 1–5 ein Kreuz machst (1 = sehr wenig nachhaltig; 5 = sehr stark nachhaltig).

③ Erstellen des Bewertungsdreiecks
Verbinde die Kreuze miteinander und male die entstandene Dreiecksfläche farbig aus (M3).

④ Grad der Nachhaltigkeit bewerten
Bewerte nun den Grad der Nachhaltigkeit durch die Betrachtung der Grafik. Anhand des entstandenen Bewertungsdreiecks kannst du erkennen, in welchen Bereichen das Thema mehr oder weniger nachhaltig ist. Formuliere unter Berücksichtigung der drei Bereiche der Nachhaltigkeit eine Gesamtbewertung. Überlege, was man tun könnte, um den Nachhaltigkeitsgrad zu verbessern. Notiere deine Handlungsvorschläge.

Wie führe ich eine Pro-und-Kontra-Diskussion durch?

Sicherlich hast du auch schon einmal außerhalb der Schule deinen Standpunkt beziehungsweise deine Meinung zu einem Thema deutlich gemacht. Bei einer solchen Diskussion geht es darum, sich mit anderen über ein Thema auszutauschen und andere von der eigenen Meinung zu überzeugen.

Manchmal kommt es auch vor, dass es in einer größeren Gruppe zu einem bestimmten Thema zwei unterschiedliche Sichtweisen gibt. Dann bietet sich eine Pro-Kontra-Diskussion an. In einer solchen Diskussion werden dann Gründe für (Pro-Argumente) und Gründe gegen (Kontra-Argumente) einen Sachverhalt gegenübergestellt.

Eine Gesprächsleitung sorgt für einen geregelten Ablauf des Gesprächs. Vorbereitet wird die Diskussion in einer Gruppenarbeit, bei der es darum geht, Argumente zu sammeln. Während der anschließenden

Diskussion tauschen die Gruppen dann die unterschiedlichen Argumente aus. Ein Publikum verfolgt das Gespräch und entscheidet durch Stimmabgabe, welchem Standpunkt es zustimmt.

M1 Schülerinnen und Schüler bei einer Pro-und-Kontra-Diskussion

---

Diskussion

Das Wort Diskussion stammt aus dem Lateinischen und bedeutet übersetzt „Untersuchung". Eine Diskussion ist ein Gespräch zwischen zwei oder mehreren Personen. Mehrere Redner diskutieren nach festgelegten Regeln. Sie tauschen zu einem bestimmten Thema oder zu einer Frage Argumente und Gegenargumente aus.

Argumente

Argumente sind das Kernstück einer Diskussion. Sie sind eine Art Beweis, um jemand anderen von seiner Meinung zu überzeugen. Sie sollten sorgfältig recherchiert und möglichst klar formuliert werden. Besonders wirksam sind Argumente, wenn sie mit konkreten Beispielen belegt werden können.

Eine Pro-und-Kontra-Diskussion durchführen

1 ⟩ Vorbereitung
- Informiert euch über das Thema und sammelt Informationen.
- Legt fest, wer in welcher Interessengruppe mitarbeitet → bildet eine Pro- und eine Kontra-Gruppe.
- Bestimmt einen Diskussionsleiter.
- Sammelt weiteres Material und erarbeitet Argumente für eure Diskussion.
- Diskutiert die Argumente in der Gruppe; Welche sind besonders wichtig und überzeugend. Wie könnten die Gegenargumente der anderen Gruppe lauten?
- Einigt euch darauf, wer als Mitglied eurer Gruppe an der Diskussion teilnehmen soll.

2 ⟩ Die Diskussion durchführen
- Die Vertreter aus den Interessengruppen setzen sich zur Diskussionsrunde zusammen.
- Alle anderen sind Beobachter der Diskussion.
- Der Diskussionsleiter begrüßt die Anwesenden und eröffnet die Diskussion. Er stellt das

Thema und die anwesenden Diskussionsteilnehmer vor und erklärt den Ablauf.
- Jeder Gruppensprecher stellt kurz die Argumente seiner Gruppe vor.
- Die Gruppen tauschen in Rede und Gegenrede ihre Argumente aus.
- Die Beobachter notieren, wie die Diskussion geführt wird und welche Argumente überzeugend vorgebracht werden.
- Der Diskussionsleiter fasst die wichtigsten Argumente beider Gruppen zusammen und schließt die Diskussion.

3 ⟩ Auswertung der Diskussion
- Die Teilnehmer der Diskussion bewerten den Verlauf der Diskussion und ihren eigenen Beitrag.
- Die Beobachter geben den Teilnehmern der Diskussion ein Feedback. Sie stellen heraus, welche Argumente besonders überzeugend eingebracht wurden.

Wie gebe ich ein Feedback?

Feedback ist der englische Ausdruck für einen aufbauenden, kritischen Kommentar. Die Zuhörerinnen und Zuhörer teilen der oder dem Vortragenden ihre Eindrücke mit. Das soll der oder dem Vortragenden helfen, den nächsten Vortrag zu verbessern. Ein Feedback kann sich aber auch auf einen schriftlichen Beitrag beziehen.

M1 Der Vortrag ist beendet.

Acht Beobachtungsschwerpunkte, um ein gutes Feedback zu einem Vortrag zu geben

1. Punkt: Hat die Rednerin oder der Redner deutlich, nicht zu schnell und frei gesprochen?

2. Punkt: Hat die Rednerin oder der Redner zu den Zuhörern Blickkontakt gehalten?

3. Punkt: War die Rednerin oder der Redner gut vorbereitet?

4. Punkt: War der Vortrag gut gegliedert?

5. Punkt: Wurden wichtige Informationen gut hervorgehoben?

6. Punkt: Wurden geeignete Medien eingesetzt, um das Thema zu veranschaulichen?

7. Punkt: War der Vortrag einprägsam?

8. Punkt: Gab es einen guten Abschluss?

Drei goldene Regeln für ein gelungenes Feedback

1. Regel:
Beginnt mit einer positiven Rückmeldung. Stellt gelungene Aspekte an den Anfang.

2. Regel:
Stellt Kritik sprachlich freundlich dar.
Statt „du musst ..." lieber „Ich habe bemerkt, dass ..." sagen.

3. Regel:
Formuliert klar, genau und sachlich mit konkreten Beispielen.

Wie arbeite ich mit der Placemat-Methode?

Mithilfe eines „Placemats" können Arbeitsergebnisse einer Gruppenarbeit gesammelt und notiert werden.

Dabei bearbeitet ihr die Aufgaben zunächst alleine, notiert eure Ergebnisse und tauscht euch dann anschließend in der Gruppe darüber aus. Danach einigt sich die Gruppe auf ein gemeinsames Arbeitsergebnis.

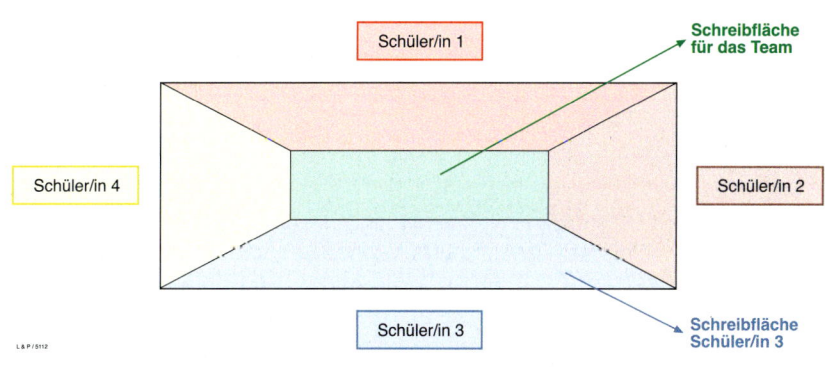

M1 Beispiel für ein Placemat für vier Personen

Schritte zur Arbeit mit dem Placemat

1 Vorbereitung
Bildet Gruppen von etwa vier Schülerinnen und Schülern. Fertigt ein möglichst großes „Placemat" aus Packpapier an. Das Placemat muss so aufgeteilt werden, dass ihr ein Feld in der Mitte habt. Erstellt rund um dieses mittlere Feld so viele weitere Felder, wie ihr Mitglieder in der Gruppe seid.

2 Einzelarbeit innerhalb der Gruppe
Macht euch zunächst alleine Gedanken über das Thema oder euren Arbeitsauftrag. Notiert eure Gedanken, Ideen oder Lösungen in eurem persönlichen Bereich des Placemats. Anschließend wird das Placemat so gedreht, dass ihr die Gedanken und Lösungsvorschläge eines anderen Gruppenmitglieds lesen könnt.

3 Diskussion
Tauscht euch in der Gruppe aus und diskutiert über die einzelnen Ideen der anderen Gruppenmitglieder.

4 Ein gemeinsames Arbeitsergebnis notieren
Notiert euer gemeinsames Arbeitsergebnis auf dem Feld in der Mitte des Placemats.

5 Präsentation
Präsentiert eure Arbeitsergebnisse in der Klasse und vergleicht die unterschiedlichen Arbeitsergebnisse miteinander.

Wie können die Arbeitsergebnisse aussehen?

Dein Arbeitsergebnis kann verschiedene Formen haben:

Bericht:
Ein Bericht ist sachlich verfasst und informiert über eine Sachlage.

Brief/ Beschwerdebrief:
Argumente werden aus der persönlichen Sicht vorgetragen. Anrede und Gruß am Ende sachlich halten. *(Sehr geehrte/ geehrter ...; Mit freundlichen Grüßen ...)*

Blog:
Ein Blog ist wie ein öffentliches Tagebuch im Internet. In einem Blog erscheinen die vom Autor geschriebenen Einträge oder Kommentare in chronologischer Reihenfolge. So entsteht eine lange Liste aus Einträgen. Ein Blog ist endlos beziehungsweise endet erst, wenn der Blogger keine neuen Beiträge mehr veröffentlicht. User oder Leser können die einzelnen Beiträge des Autors kommentieren und so eine Diskussion anregen.

Diagramm: `139` `141`

Diashow:
Ausgewählte Fotos zu einem Thema werden als Serie hintereinander vorgeführt.

Dokumentation/ Reportage:
Vor Ort durch einen Reporter/ eine Reporterin Ort verfasster Bericht zum Beispiel über ein Ereignis, einen Sachverhalt, ein Problem oder eine Entwicklung.

Erlebnisaufsatz:
Aus der eigenen Sicht wird ein Vorgang interessant und spannend dargestellt. Du kannst eigene Empfindungen und Gefühle äußern.

Flyer (Flugblatt, Handzettel, Informationsblatt):
Meist zur Information oder zur Werbung (Werbetext/ Werbeflyer) genutzt, kurze Texte mit ergänzenden Materialien.

Informationsblatt:
Kurze Hinweise als Tabelle mit Spiegelstrichen formulieren. Du kannst die Hinweise zusätzlich mit Zeichnungen verdeutlichen.

Interview:
Notiere Fragen, die du einer Interviewpartnerin oder einem Interviewpartner stellen könntest, und die Antworten der Interviewpartnerin oder des Interviewpartners. Schreibe so, wie man spricht.

Kurznachricht:
Alles Wichtige im Telegrammstil in 160 Zeichen formulieren.

Leserbrief:
Ein Leserbrief ist möglichst kurz und bündig geschrieben. Er kann Kritik an Missständen oder Verbesserungsvorschläge (oder beides) enthalten. Die Aussagen in einem Leserbrief sollten informativ, konkret und korrekt sein.

Mail:
Eine Mail ist ein kurzer Brief. Beginne mit der Anrede, schreibe dann die Informationen und beende die Mail mit einem Gruß und deinem Namen.

Modell: `140`

Mindmap: `139`

Radio:
Es gibt keine Überschrift. Der Text ist sachlich wie bei der Zeitungsnachricht. Keine langen Sätze verwenden. Der Text wird verlesen oder mit einem Aufnahmegerät aufgenommen.

Reportage:
Bei einer Reportage vermittelst du nicht nur Sachinformationen (wer, wo, was, wann, wie, welche Folgen), sondern auch persönliche Eindrücke und Stimmungen.

Rollenspiel: `142`

Steckbrief:
Kurze, listenartige Darstellung, die die wichtigsten Informationen zu Personen, Gegenständen oder Themen enthält.

Tabelle: `139` `140`

Video mit Greenscreen-Technik: `143`

Wandzeitung: `141`

Werbetext:
Einen Text mit Übertreibungen und vielen ausschmückenden Adjektiven formulieren, um Werbung für eine Sache zu machen.

Wikipediaeintrag/ Lexikoneintrag:
Sehr sachlich und allgemeinverständlich. Die Zusammenhänge werden genau erklärt.

Zeitungsartikel/ Zeitungsbericht:
In der Überschrift steht schon die wichtigste Information. Danach wird das Thema sehr sachlich und klar dargestellt.

Operatoren

Die Aufgaben in deinem Schulbuch beginnen mit einem Operator.
Operatoren sind Signalwörter. Sie zeigen dir an, was bei der Aufgabe zu tun ist.

Die Auflistung der Operatoren hilft dir, die Operatoren zu verstehen. Die Operatoren sind nach der Art der Anforderung sortiert.

auflisten
Wenn du etwas auflisten sollst, dann musst du eine Liste mit Stichwörtern aufschreiben.

beschreiben
Wenn in einer Aufgabe steht, dass du etwas beschreiben sollst, dann gibst du in Worten wieder, was du in dem angegebenen Material siehst.

darstellen
Wenn du etwas darstellen sollst, dann musst du einen Sachverhalt wiedergeben. Dabei musst du Fachbegriffe verwenden. Du kannst zur Ergänzung auch eine Zeichnung anfertigen.

erstellen (eine Tabelle)
Wenn du eine Tabelle erstellen sollst, dann musst du eine Tabelle zeichnen und bestimmte Werte in die Tabelle eintragen.

nennen
Wenn in einer Aufgabe steht, dass du etwas nennen sollst, dann musst du Begriffe oder bestimmte Gegenstände oder Sachverhalte aufzählen.

notieren
Notieren bedeutet, dass du etwas aufschreiben sollst.

erarbeiten
Wenn du einen Sachverhalt erarbeiten sollst, dann ist damit gemeint, dass du aus Texten und Abbildungen Zusammenhänge herausfinden sollst.

erklären
Wenn du etwas erklären sollst, dann musst du den Sachverhalt mit Ursachen und Folgen verdeutlichen.

erläutern
Wenn du etwas erläutern sollst, dann musst du den Sachverhalt erklären und mit Beispielen verdeutlichen.

ermitteln
Ermitteln bedeutet, dass du bestimmte Sachverhalte aus den Materialien herausfinden sollst.

vergleichen
Wenn du etwas vergleichen sollst, dann sollst du Unterschiede und Gemeinsamkeiten herausfinden und diese gegenüberstellen.

zuordnen
Wenn du etwas zuordnen sollst, dann musst du zum Beispiel herausfinden, welche Begriffe zu welchen Bildern passen oder welche Begriffe oder Bilder zu Markierungen in einer Karte passen.

begründen
Wenn du etwas begründen sollst, dann musst du darlegen, warum eine Sache oder eine Behauptung stimmt oder nicht stimmt. Du musst Argumente finden und aufschreiben.

beurteilen
Wenn du etwas beurteilen sollst, dann musst du überprüfen, ob der Sachverhalt oder die Aussage richtig ist.

bewerten
Wenn du etwas bewerten sollst, dann musst du zu dem Sachverhalt oder der Aussage ein Werturteil formulieren.

erörtern
Erörtern bedeutet, dass du Vorteile und Nachteile eines Sachverhalts aufschreiben sollst oder Argumente für oder gegen eine Aussage.

Stellung nehmen
Wenn du zu etwas Stellung nehmen sollst, dann bedeutet das, dass du deine eigene Meinung äußern und sie mit Argumenten begründen sollst.

überprüfen
Wenn du etwas überprüfen sollst, dann musst du mithilfe des Materials herausfinden, ob eine Aussage oder eine Sache richtig oder fehlerhaft ist.

Minilexikon

Äquator (Seite 12)
Der Äquator ist eine gedachte Linie um den Globus. Er ist der längste Breitenkreis, der die Erde in zwei Hälften teilt: die Nord- und die Südhalbkugel. Der Äquator hat eine Länge von über 40 000 Kilometern.

Agroforstwirtschaft (Seite 51)
Agroforstwirtschaft ist eine Form der Landwirtschaft im → tropischen Regenwald. Sie ist nachhaltig. Der Nährstoffkreislauf des tropischen Regenwalds wird nachgeahmt.

anthropogener Treibhauseffekt (Seite 106)
Durch menschliche Eingriffe wird der → natürliche Treibhauseffekt verstärkt, indem mehr → Treibhausgase in die → Atmosphäre gelangen. Das führt zu einer zusätzlichen Erwärmung der Atmosphäre. Es kommt zu einem zusätzlichen Treibhauseffekt.

Atmosphäre (Seite 10)
Die Atmosphäre ist die Lufthülle der Erde. Sie ist ungefähr 1000 km dick und besteht aus verschiedenen Gasen. Die unterste Schicht der Atmosphäre heißt Troposphäre. Sie reicht bis 10 km Höhe. In ihr findet das Wettergeschehen statt.

Barometer (Seite 24)
Messgerät für den → Luftdruck. Gemessen wird in Hektopascal (hPa). Der Normaldruck auf Höhe des Meeresspiegels beträgt 1013 hPa, das entspricht dem Druck einer 10,13 m hohen Wassersäule. Mit zunehmender Höhe nimmt der Luftdruck ab.

Beleuchtungszone (Seite 16)
Einteilung der Erde in drei Zonen, die unterschiedlich von der Sonne bestrahlt werden: Tropenzone, Mittelbreiten (gemäßigte Zone), Polarzone.

Bewässerungsart (Seite 64)
Bewässerung ist die Versorgung des Kulturlandes mit Wasser, um das Wachstum von Pflanzen zu fördern und fehlenden Regen zu ersetzen. Es gibt verschiedene Arten der Bewässerung. Bei der *Furchenbewässerung* wird das Wasser über einzelne Kanäle zwischen Pflanzenreihen transportiert. Mit einer *Sprinklerbewässerung* werden die Pflanzen über feine Düsen mit Wasser besprüht oder beregnet.
Bei einer *Tröpfchenbewässerung* sind an Schläuchen in regelmäßigen Abständen kleine Löcher angebracht, durch die nur wenige Wassertropfen dringen.

Bodenerosion (Seite 68)
Natürliche Abtragung von Boden durch Wasser und Wind. Wird Boden hauptsächlich durch Wasser abgetragen, spricht man von *Wassererosion*. Ist der Wind die Hauptursache für den Bodenabtrag, wird dies *Winderosion* genannt. Erosion tritt verstärkt auf, wenn der Boden infolge der Rodung von Bäumen mit ihren Wurzeln seine Stabilität verloren hat. Diese durch menschliche Eingriffe in die Landschaft verursachte Erosion wird häufig auch Bodenerosion genannt.

Brandrodung (Seite 48)
Form der Bodenbewirtschaftung des → Wanderfeldbaus im → tropischen Regenwald, wobei die Vegetation durch Abbrennen gerodet wird. Die Asche dient als Dünger.

Breitenkreis (Seite 12)
Teil des Gradnetzes der Erde, Die Breitenkreise verlaufen parallel zum Äquator.

Brettwurzel (Seite 46)
Brettwurzeln sind mehrere Meter hohe, sternförmig angeordnete Wurzeln der Bäume im tropischen Regenwald. Sie verleihen den Bäumen einen festen Stand.

CO_2-Fußabdruck (Seite 118)
Der CO_2-Fußabdruck ist ein Maß für die Gesamtheit der Treibhausgasemissionen. Er macht etwa 50 Prozent des gesamten → ökologischen Fußabdrucks aus.

Datumsgrenze (Seite 15)
Die Datumsgrenze verläuft von Pol zu Pol durch den Pazifischen Ozean. Sie wurde festgelegt.

Dauerfeldbau (Seite 51)
Ganzjähriger Anbau von Feldfrüchten ohne Unterbrechung durch Brachezeiten.

Dauerfrostboden (Seite 76)
Boden, der ständig gefroren ist. Er reicht bis in mehrere hundert Meter Tiefe. Im Sommer taut nur die oberste Schicht auf, die dann sehr schlammig ist. Die Böden in polnahen Gebieten sind Dauerfrostböden.

Desertifikation (Seite 58)
Der Landschaftswandel in Trockengebieten, der unter anderem durch menschliches Einwirken (falsche Nutzung des Raumes) ausgelöst wird. Das begünstigt ein Vordringen der → Wüste (z. B. in der Sahelzone).

Dornstrauchsavanne (Seite 56)
Teil der → Savannen mit langer Trockenzeit (8 bis 10 Monate). Die Sträucher tragen Dornen und kleine Blätter. Damit schützen sie sich vor zu starker Verdunstung.

Emission (Seite 106)
Abgabe von Stoffen, die die Umwelt belasten (z. B. Rauch, Abwasser, Wärme, Geräusche). Verursacher (Emittenten) sind z. B. Industriebetriebe, Kraftwerke und Kraftfahrzeuge.

Erdbeben (Seite 88)
Unter Erdbeben sind Erschütterungen der Erdoberfläche durch innere Kräfte in der Erdkruste zu verstehen.

Erdachse (Seite 12)
Die Erdachse ist eine gedachte

Verbindung zwischen Nord- und Südpol der Erde.

Erdrevolution (Seite 16)
Der Umlauf der Erde um die Sonne. Ein Umlauf dauert rund ein Jahr (365 Tage, 5 Stunden, 48 Minuten und 46 Sekunden).

Erdrotation (Seite 14)
Die Drehung der Erde in etwa 24 Stunden (genau: 23 Stunden, 56 Minuten und 4 Sekunden) von West nach Ost um die eigene Achse. Dadurch wird der Wechsel von Tag und Nacht hervorgerufen.

erneuerbare Energien (Seite 116)
Die Energiequellen, die durch natürliche Energiespender ständig erneuert werden und somit unerschöpflich sind. Beispiele für erneuerbare Energien sind Sonnenenergie, Wasserkraft, Windenergie und → Geothermie.

Evakuierung (Seite 110)
Als Evakuierung wird das organisierte Räumen von Gebieten bezeichnet. Menschen müssen bei der Evakuierung ihre Häuser und Wohnungen vorübergehend verlassen, weil ihnen dort sonst Gefahr droht.

fairer Handel (Seite 52)
Fairer Handel (engl. fair trade) ist eine respektvolle und nach Gerechtigkeit strebende Handelspartnerschaft. Bauern und Arbeitskräfte, insbesondere in ärmeren Ländern, verdienen einen angemessenen Preis für ihre Produkte und erhalten soziale Rechte, was ihnen ein menschenwürdiges Leben ermöglicht.

Faltengebirge (Seite 82)
Gebirge (z. B. Alpen, Anden, Himalaya, Kaukasus), die durch Auffaltung entstanden sind. Faltengebirge entstehen zum Beispiel an Subduktionszonen.

Feedlot (Seite 70)
In den Great Plains in den USA werden Rinder in Feedlots ge-

halten. Das sind große Mastbetriebe ohne Ställe.

Feuchtsavanne (Seite 56)
Teil der → Savannen mit einer Regenzeit von 7 bis 9 Monaten. Typisch für die Feuchtsavanne sind übermannshohes Gras und teilweise immergrüne Wälder, die in der Trockenzeit ihr Laub abwerfen.

Frühwarnsystem (Seite 92)
Das Frühwarnsystem ist eine Einrichtung, die als Warnsystem aufkommende Gefahren (z. B. → Tsunamis) frühzeitig erkennt und Gefährdete möglichst schnell darüber informiert. Es soll durch rechtzeitige und umfassende Reaktion helfen, Gefahren abzuwenden oder Folgeerscheinungen zu mildern.

Galaxie (Seite 8)
Eine Galaxie ist eine Anhäufung von → Sternen im Weltall.

Geofaktor (Seite 34)
Geofaktoren bezeichnen naturgeographische Gegebenheiten. Dazu werden beispielsweise Boden, Gewässer und → Atmosphäre sowie die Pflanzen- und Tierwelt gezählt. Geofaktoren stehen in Wechselwirkung zueinander und bestimmen so die charakteristischen Merkmale der Landschaften.

Geographische Koordinaten (Seite 13)
Die Lage eines Ortes wird mit geographischer Breite und Länge angegeben. Das sind die geographischen Koordinaten des Ortes.

Geothermie (Seite 96)
Geothermie ist eine Form der → erneuerbaren Energien. Dabei wird die im oberen zugänglichen Teil der Erdkruste gespeicherte Erdwärme als Energiequelle nutzbar gemacht.

Geysir (Seite 98)
Ein Geysir ist eine heiße Quelle, die ihr Wasser in regelmä-

ßigen oder unregelmäßigen Abständen als Fontäne ausstößt.

Globus (Seite 12)
Der Globus ist ein Modell der Erde.

Golfstrom (Seite 114)
Der Golfstrom ist eine schnell fließende Meeresströmung im Atlantik. Er ist Teil eines globalen maritimen Strömungssystems, das oft als globales Förderband bezeichnet wird. In Richtung Europa wird der Golfstrom zum Nordatlantikstrom. Er beeinflusst das Klima in West-, Mittel- und Nordeuropa.

GPS (Seite 13)
Beim GPS (Global Positioning System) handelt es sich um ein satellitengestütztes System zur Bestimmung einer Position auf der Erde.

Gradnetz (Seite 12)
Das Gradnetz ist ein gedachtes Netz aus → Längenhalbkreisen und → Breitenkreisen. Mithilfe des Gradnetzes kann man Orte auf der Erde bestimmen.

Graue Energie (Seite 128)
Die graue Energie eines Produktes ist die benötigte Energie für Herstellung, Transport, Lagerung, Verkauf und Entsorgung.

Great Plains (Seite 70)
Trockene Graslandschaft in Nordamerika. Die Great Plains (Große Ebenen) reichen von Kanada im Norden bis nach Südtexas, von den Rocky Mountains im Westen bis zum 100. Längengrad in der Mitte der USA.

Hoch (Seite 24)
Hoch ist die Abkürzung für Hochdruckgebiet. Ist der Luftdruck gegenüber der Umgebung in gleicher Höhe über dem Normalwert, dann spricht man von einem Hoch.

Inuk (Sg.), Inuit (Pl.) (Seite 74)
Als Inuit (Einzahl: Inuk) be-

zeichnen sich die Volksgruppen, die im arktischen Zentral- und Nordostkanada sowie auf Grönland leben.

Klima (Seite 18)
Zum Klima gehören die Erscheinungen, die auch zum → Wetter gehören, z. B. Temperatur und → Niederschlag. Das Klima eines Raumes wird bestimmt, indem Wettererscheinungen über einen langen Zeitraum (ca. 30 Jahre) gemessen und berechnet werden.

Klimaschutzkonferenz (Seite 116)
Internationale Beratungen, bei denen Maßnahmen vereinbart werden, um dem → Klimawandel entgegenzuwirken.

Klimawandel (Seite 104)
Sammelbegriff für die messbaren Veränderungen des Klimas der Erde. Dabei werden insbesondere die Klimaelemente Temperatur, Niederschlag und Wind berücksichtigt. Erst eine Klimaänderung über mehrere Jahrzehnte hinweg gilt als Klimawandel.

Klimazone (Seiten 32)
Als Klimazonen werden großräumige Gebiete zusammengefasst, in denen wesentliche Bestandteile des Klimas ähnlich ausgeprägt sind, (z. B. Temperatur, Niederschlag). Klimazonen erstrecken sich gürtelartig um die Erde.

Kohlenstoffdioxid (Seite 106)
Kohlenstoffdioxid (CO_2) ist eine chemische Verbindung aus Kohlenstoff und Sauerstoff. Kohlenstoffdioxid ist ein → Treibhausgas.

Kondensation (Seite 23)
Als Kondensation bezeichnet man den Übergang des Wasserdampfes vom gasförmigen in den flüssigen Zustand. Dies geschieht, wenn sich Wasserdampf abkühlt. Dabei bilden sich in der → Atmosphäre Nebel und Wolken.

Konturpflügen (Seite 73)
Beim Konturpflügen wird hangparallel gepflügt. Dadurch soll die Bodenerosion verringert werden.

Konvektionsstrom (Seite 82)
Auf- und absteigender Strom von → Magma im oberen Erdmantel. Das führt zu Bewegungen der Erdplatten der Erdkruste.

Krater (Seite 84)
Die trichterförmige Austrittsöffnung eines → Vulkans. Viele Vulkane besitzen neben einem Hauptkrater verschiedene Nebenkrater.

Längenhalbkreis (Meridian) (Seite 12)
Teil des Gradnetzes der Erde. Längenhalbkreise verlaufen von Pol zu Pol.

Landklima (Seite 67)
Landklima herrscht im Inneren eines Kontinents. Die Winter sind sehr kalt, die Sommer warm. Die Niederschläge nehmen zum Inneren des Kontinents ab.

Landschaftszone (Seite 34)
Große Gebiete auf der Erde, in denen ähnliche, dem Klima angepasste Pflanzen wachsen können. Diese Gebiete ziehen sich wie Gürtel um die Erde. Weil die Faktoren Klima, Vegetation, Tierwelt, Gewässernetz und Boden ähnlich sind, herrscht auch eine vergleichbare landwirtschaftliche Nutzung vor.

Landwechselwirtschaft (Seite 49)
Bei der Landwechselwirtschaft wird auf mehreren Feldern die Anbaufrucht gewechselt.

Lava (Seite 84)
Aus einem → Vulkan ausströmender, glutflüssiger, meist über 1000 °C heißer Gesteinsbrei. Er erkaltet und erstarrt an der Erdoberfläche. So lange sich die heiße Lava im Erdinneren befindet, nennt man sie Magma.

Luftdruck (Seite 24)
Die Luft übt infolge ihres Gewichtes einen Druck auf ihre Unterlage, die Erdoberfläche, aus. Gemessen wird dieser Luftdruck mit einem → Barometer in der Einheit Hektopascal (hPa).

Maar (Seite 98)
Form des Vulkanismus, der in Deutschland insbesondere in der Eifel vorkam. Maare entstehen, wenn Magma und Wasser in Kontakt kommen. Dann dehnt sich das Wasser explosionsartig aus. Es entstehen → Krater, die sich später mit Wasser füllen und kreisrunde Seen bilden.

Marktorientierte Produktion (Seite 52)
Bei der marktorientierten Produktion ist der Anbau darauf ausgerichtet, dass die Produkte verkauft werden. Sie dienen nicht der Selbstversorgung.

Mittelbreiten (gemäßigte Zone) (Seite 14, 32)
Die Mittelbreiten sind die Beleuchtungszone zwischen den Tropen und der Polarzone. Kennzeichen der Mittelbreiten sind die ausgeprägten Jahreszeiten.

Mond (Seite 8)
Ein Mond ist ein Trabant (Begleiter) eines Planeten. Er umkreist den Planeten.

Monokultur (Seite 52)
Als Monokultur bezeichnet man die langjährige einseitige landwirtschaftliche Nutzung einer Fläche mit nur einer Kulturpflanze. Der monokulturelle Anbau wie z. B. von Kakao oder Bananen erfolgt auf → Plantagen.

Nährstoffkreislauf (Seite 57)
Kreislauf, bei dem abgestorbene Pflanzenteile und Tiere am Boden zersetzt werden. Die daraus entstehenden Nährstoffe werden über die Wurzeln von den umgebenden lebenden Pflanzen wieder aufgenommen.

natürlicher Treibhauseffekt (Seite 106)
Der natürliche Treibhauseffekt verhindert, dass sich die Erde zu stark abkühlt. Die → Atmosphäre lässt die Strahlung der Sonne zur Erde durch. Die von der Erde zurückgestrahlte Wärme wird von der Atmosphäre jedoch zurückgehalten wie beim Glasdach eines Treibhauses.

Naturereignis, Naturkatastrophe (Seite 84)
Vulkanausbrüche, Erdbeben, Tsunamis, Sturmfluten sind zum Beispiel Naturereignisse. Sie werden zur Naturkatastrophe, wenn dabei Menschen ums Leben kommen und große Schäden entstehen.

Niederschlag (Seite 22)
Als Niederschlag bezeichnet man alles Wasser, das in flüssiger oder fester Form aus → Wolken auf die Erde fällt, zum Beispiel Regen, Schnee, Hagel und Graupel. Außerdem zählt noch das Wasser, das sich auf Oberflächen absetzt (Tau oder Reif) zum Niederschlag.

Nomade (Seite 56)
Ein Nomade wohnt nicht an einem festen Ort, er ist nicht sesshaft. Nomaden in der Savanne ziehen zum Beispiel mit ihren Herden von einer Wasserstelle zur nächsten.

Nordpol (Seite 12)
Der Nordpol ist die nördlichste Stelle auf der Erde.

Nullmeridian (Seite 12)
Der Nullmeridian ist der Längenhalbkreis 0. Er verläuft durch Greenwich in London.

Oase (Seite 60)
Stelle in der Wüste, an der es Wasservorkommen und somit ein üppiges Pflanzenwachstum gibt. Man unterscheidet zwischen Quell-, Grundwasser- und Flussoasen.

ökologischer Fußabdruck (Seite 124)
Jeder Mensch verbraucht für seine Versorgung Rohstoffe (Energie, Wasser, Nahrung, Konsumgüter). Dadurch verursacht er → Emissionen (Abfälle, Abwasser, Luftverschmutzung). Dieser Verbrauch von Rohstoffen wird in einem komplizierten Rechenverfahren in Landfläche umgerechnet.

ökologischer Rucksack (Seite 124)
Der ökologische Rucksack ist eine Messgröße, mit der man die Menge an Ressourcen angibt, die bei der Herstellung, dem Gebrauch und der Entsorgung eines Produktes oder einer Dienstleistung verbraucht werden.

Ökosystem (Seite 34)
System, in dem die → Geofaktoren Klima, Tiere, Pflanzen, Wasser, Boden und Menschen in enger Wechselwirkung zueinander stehen.

Overshoot Day (Seite 125)
Der Overshoot Day (Erdüberlastungstag) ist der Tag, an dem die Menschen durch ihren Konsum genau das an Ressourcen verbraucht haben, was sich in der Natur in einem Jahr regenerieren kann.

Ozeanischer Rücken (Seite 82)
Langgestreckte untermeerische Erhebung in Ozeanen. Sie bildet eine Grenze von Erdplatten. Hier driften Erdplatten auseinander. Das Magma steigt auf und erstarrt zu untermeerischen Gebirgen.

Planet (Seite 8)
Ein Planet ist ein Himmelskörper, der sich um eine Sonne bewegt.

Plantage (Seite 52)
Landwirtschaftlicher Großbetrieb mit Einrichtungen zur Verarbeitung, der besonders in den Tropen vorkommt. Die Produkte sind überwiegend für den → Weltmarkt bestimmt.

Plattentektonik (Seite 82)
Nach dieser Theorie besteht die Erdkruste aus verschiedenen Erdplatten, die in langsamer Bewegung sind. An den Plattenrändern kommt es häufig zu → Erdbeben und → Vulkanausbrüchen.

Polarnacht, Polartag (Seite 74)
Als Polarnacht wird die Zeitspanne bezeichnet, in der es jenseits der Polarkreise Tag und Nacht dunkel ist. Die Sonne geht in dieser Zeit nicht auf. An einem Polartag wird es nicht dunkel. Die Sonne geht in dieser Zeit nicht unter. An den Polen dauern die Polarnacht und der Polartag jeweils ein halbes Jahr, an den Polarkreisen jeweils einen Tag.

Polarzone (Seite 32)
Polarzonen sind Gebiete, die zwischen den Polarkreisen und den Polen der jeweiligen Halbkugel der Erde liegen.

Richterskala (Seite 88)
Die Richterskala gibt die Stärke eines Erdbebens an. Benannt ist sie nach ihrem Erfinder Charles Francis Richter.

Schichtvulkan (Seite 84)
Meist kegelförmiger → Vulkan mit steilen Flanken. Er besteht aus abwechselnden → Lava- und Ascheschichten.

Schildvulkan (Seite 84)
→ Vulkan mit flachen, weit auslaufenden Flanken. Er entsteht durch Ausströmen dünnflüssiger → Lava.

Schwarzerde (Seite 68)
Die Schwarzerde ist ein dunkler Oberboden, der sich aus Lockermaterialien wie Löss bildet und sehr fruchtbar ist. Schwarzerde gibt es in den → Steppen der Nordhalbkugel.

Seebeben (Seite 90)
Erschütterung der Erde (→ Erdbeben) unter dem Meer.

Seeklima (Seite 67)
Ausgeglichenes Klima mit geringen Temperaturunterschieden zwischen Sommer und Winter, das durch den Einfluss

des Meeres bestimmt wird.

Seismologe (Seite 92)
Seismologen sind Erdbebenforscher. Sie beschäftigen sich mit der Lehre von → Erdbeben und Erdbebenwellen.

Selbstversorger (Seite 74)
Menschen, die fast alles, was sie zum Leben brauchen, selbst erzeugen. Sie jagen zum Beispiel Wild, sammeln Beeren und Früchte, betreiben Ackerbau und Viehzucht. Sie stellen die von ihnen benötigten Waren selbst her.

Smart Grid (Seite 128)
Smart Grid ist ein intelligentes Stromnetz, das mithilfe von Informations- und Kommunikationstechnologien Stromerzeuger und Stromverbraucher besser vernetzt und stärkere erneuerbare Energien berücksichtigt.

Solarkraftwerk (Seite 63)
Kraftwerk, das die Energie der Sonne zu Strom oder Wärme umwandelt.

Sonnensystem (Seite 8)
Das Sonnensystem besteht aus der Sonne und allen kleineren Gestirnen, die sie umkreisen, also den Planeten und Monden.

Steigungsregen (Seite 30)
Regen, der dadurch entsteht, dass feuchte Luftmassen an einem Gebirge zum Aufsteigen gezwungen werden. Dabei kühlt sich die feuchte Luft ab und es regnet.

Steppe (Seite 66)
Waldfreies Grasland in den → Mittelbreiten. Typisch sind die sommerliche Trockenzeit und geringe Jahresniederschläge (ca. 400 bis 600 mm).

Stern (Sonne) (Seite 8)
Sterne sind Kugeln aus Gas im Weltall. Sie leuchten.

Stockwerkbau (Seite 46)
Der Stockwerkbau ist typisch für den → tropischen Regenwald. Hier wachsen die Pflanzen üppig und unterschiedlich hoch und bilden so verschiedene Stockwerke.

Strip Cropping (Seite 72)
Anbau verschiedener Feldfrüchte in Streifen, um der Bodenerosion entgegenzuwirken.

Subduktion (Seite 82)
Bewegen sich zwei Erdplatten aufeinander zu, tauscht die schwerere unter der leichteren ab. Das nennt man Subduktion.

Subsistenzwirtschaft (Seite 48)
Subsistenzwirtschaft nennt man den Anbau für den Eigenbedarf.

Subpolarzone (Seite 32)
Die Subpolarzone ist die Übergangszone zwischen → Polarzone und den → Mittelbreiten.

Subtropen (Seite 32)
Das ist die Übergangszone zwischen den → Mittelbreiten und den → Tropen. In den Subtropen liegt das Mittelmeergebiet mit seinen feuchten Wintern und trockenen, heißen Sommern. In den Subtropen liegen aber auch große → Wüsten der Erde.

Südpol (Seite 12)
Der Südpol ist die südlichste Stelle auf der Erde.

Szenario (Seite 112)
In einem Szenario wird ein mögliches Bild von zukünftigen Ereignissen oder Zuständen beschrieben. Für die Aussage werden vergangene und gegenwärtige Entwicklungen berücksichtigt. Bei den getroffenen Aussagen handelt es sich um eine „Was-wäre-wenn-Prognose".

Tief (Seite 24)
Tief ist die Abkürzung für Tiefdruckgebiet. Ist der Luftdruck gegenüber der Umgebung in gleicher Höhe unter dem Normalwert, dann spricht man von einem Tief.

Tiefbrunnen (Seite 63)
Viele hundert Meter tief reichender Brunnen zur Erschließung von Grundwasserreserven. Diese lagern schon lange im Untergrund. Das Wasser wird mithilfe von Motorpumpen an die Oberfläche befördert.

Tornado (Seite 27)
Wirbelsturm, auch Windhose genannt. Er bildet sich durch das Zusammentreffen warmer und kalter Luftmassen. Es sind Windwirbel, die sich sehr schnell um eine Achse drehen. Der schlauchartige Wirbel kann mit seinen hohen Windgeschwindigkeiten eine große Zerstörungskraft erreichen.

Treibhaus (Seite 65)
Ein Treibhaus ist ein Gewächshaus aus Glas oder Folie. In einem Treibhaus kann man unabhängig vom Wetter Anbau betreiben.

Treibhausgas (Seite 106)
Treibhausgase sind Gase in der Erdatmosphäre, die die Wärmestrahlung von der Erde aufnehmen und zur Erde zurück reflektieren.

Trockensavanne (Seite 56)
Teil der Savannen mit einer Trockenzeit von 6 bis 8 Monaten. Hier wachsen neben Sträuchern und Gräsern Trockenwälder, die in der Trockenzeit ihr Laub abwerfen.

Tropen (Seite 16, 32)
Das ist die → Klimazone zwischen den beiden Wendekreisen. Es herrschen ganzjährig hohe Temperaturen.

tropischer Wirbelsturm (Seite 110)
Ein sich kreisförmig bewegender, wandernder Luftwirbel, der über tropisch-warmen Meeren am → Äquator entsteht. Wegen der oft orkanartigen Windgeschwindigkeiten können Wirbelstürme verheerende Zerstörungen anrichten.

Tsunami (Seite 90)
Extrem hohe Welle von großer Energie und Zerstörungskraft

an den Küsten. Ein → See-beben kann einen Tsunami auslösen.

Up-Cycling (Seite 133)
Als Up-Cycling bezeichnet man die Weiterverarbeitung von Müll zu neuen Gebrauchsge-genständen.

Vegetationszeit (Seite 67)
Die Zeit, in der die Pflanzen wachsen können, nennt man Vegetationszeit oder Wachs-tumszeit. Die Monatsmittel-temperatur muss mindestens 5 °C betragen, bei Nutzpflan-zen 10 °C.

Vegetationszone (Seite 34)
Gebiete mit gleicher oder ähnlicher Vegetation werden in Vegetationszonen zusammen-gefasst.

Verdunstung (Seite 22)
Übergang eines Stoffes vom flüssigen in den gasförmi-gen Zustand. So verdunstet Wasser beispielsweise zu unsichtbarem Wasserdampf. Die Verdunstung wird durch Erwärmung beschleunigt.

Versalzung (Seite 60)
Begleiterscheinung der künst-lichen Bewässerung in tro-ckenen Gebieten mit hoher Wasserverdunstung. Im Boden aufsteigendes Grundwasser führt gelöste Salze mit nach oben. Nach der Verdunstung des Wassers bildet das Salz auf der Bodenoberfläche eine Salzkruste. Der Boden wird dadurch unfruchtbar, das heißt für den Ackerbau nicht weiter nutzbar.

Viehwirtschaft (Seite 55)
Viehwirtschaft ist eine Form der landwirtschaftlichen Nut-zung, bei der Tiere gehalten werden.

Virtuelles Wasser (Seite 134)
Die gesamte Menge an Süß-wasser, die für die Herstellung und den Transport eines Pro-dukts verbraucht wird.

Vulkan (Seite 84)
Ein Vulkan ist eine kegel- oder schildförmige Erhebung, die durch den Austritt von → Lava, Asche und Gesteinsbrocken und Gasen aus dem Erdinne-ren entstanden ist.

Wadi (Seite 60)
Ein Wadi ist ein Flussbett in der Wüste oder Savanne , das den größten Teil des Jahres trocken ist. Es führt nur nach starken Regenfällen kurzzeitig Wasser.

Wanderfeldbau (Seite 48)
Anbauform im → tropischen Regenwald, wobei nach eini-gen Jahren des Anbaus Fel-der und oft auch Siedlungen verlegt werden. Der Ortswech-sel ist nötig, weil der Boden erschöpft ist und die Erträge zurückgehen.

Wasserfußabdruck (Seite 125)
Der Wasserfußabdruck ist die gesamte Menge an Wasser, die in Anspruch genommen wird. Er kann sich auf ein Land, ein Unternehmen oder Personen beziehen.

Wasserkreislauf (Seite 30)
Kreislauf des Wassers vom Meer zum Land und wieder zurück ins Meer. Wesentli-che Teile des Kreislaufs sind Verdunstung, Wolkenbildung, Niederschlag und Abfluss.

Wasserstress (Seite 134)
Der Wasserstress wird berech-net, indem man den Wasser-verbrauch in Bezug zu den vorhandenen Wasserressour-cen setzt. Werden mehr als 20 % verbraucht, ist die Schwelle zum Wasserstress erreicht.

Weltall (Seite 8)
Das Weltall ist der Raum, in dem sich alle Himmelskör-per befinden. Das Weltall ist unendlich groß und hat keine Grenzen.

Weltmarkt (Seite 52)
Bezeichnung für einen räum-lich nicht zu bestimmenden Markt, auf dem Waren und Dienstleistungen weltweit ge-handelt werden. Die Preise für Güter am Weltmarkt werden als Weltmarktpreise bezeich-net.

Wetter (Seite 18)
Wetter nennt man das Zusam-menwirken von Temperatur, Luftdruck, Wind, Bewölkung und Niederschlag zu einem bestimmten Zeitpunkt. Man beobachtet und misst das Wetter in Wetterstationen. Das Wetter ändert sich bei uns nahezu täglich.

Wind (Seite 24)
Luftströmung, die einen Aus-gleich zwischen hohem und tiefem → Luftdruck herstellt. Je größer die Druckunterschiede sind, desto stärker weht der Wind.

Wolke (Seite 22)
Eine Wolke ist eine Ansamm-lung von sichtbaren feinen Wassertröpfchen oder Eiskris-tallen in der → Atmosphäre.

Zeitzone (Seite 14)
Auf der Erde sind 24 Zeitzo-nen festgelegt, die jeweils 15 Längengrade umfassen. Innerhalb einer Zone gilt die gleiche Uhrzeit. Der Zeitunter-schied von einer zur nächsten Zone beträgt eine Stunde. Aus praktischen Gründen erfolgt die Abgrenzung der Zonenzeit jedoch häufig nicht nach den Längengraden, sondern ent-lang der Ländergrenzen.

Zenit (Seite 16, 18)
Gedachter Himmelspunkt, der sich senkrecht über einem Punkt auf der Erde befindet. Zwischen den beiden → Wen-dekreisen nördlich und südlich des → Äquators steht die Son-ne zweimal im Jahr im Zenit, das heißt, ihre Strahlen treffen dort senkrecht auf die Erde.

Europa

a) Zur Weltausstellung 1889 erbaut, ist der Eiffelturm das Wahrzeichen welcher europäischen Hauptstadt? An welchem Fluss liegt sie?

b) Das Nordkap wird allgemein als nördlichster Punkt des europäischen Festlandes bezeichnet. In welchem Land liegt es?

c) Die Elbe. In welchem Land liegt ihre Quelle und in welches Meer mündet die Elbe?

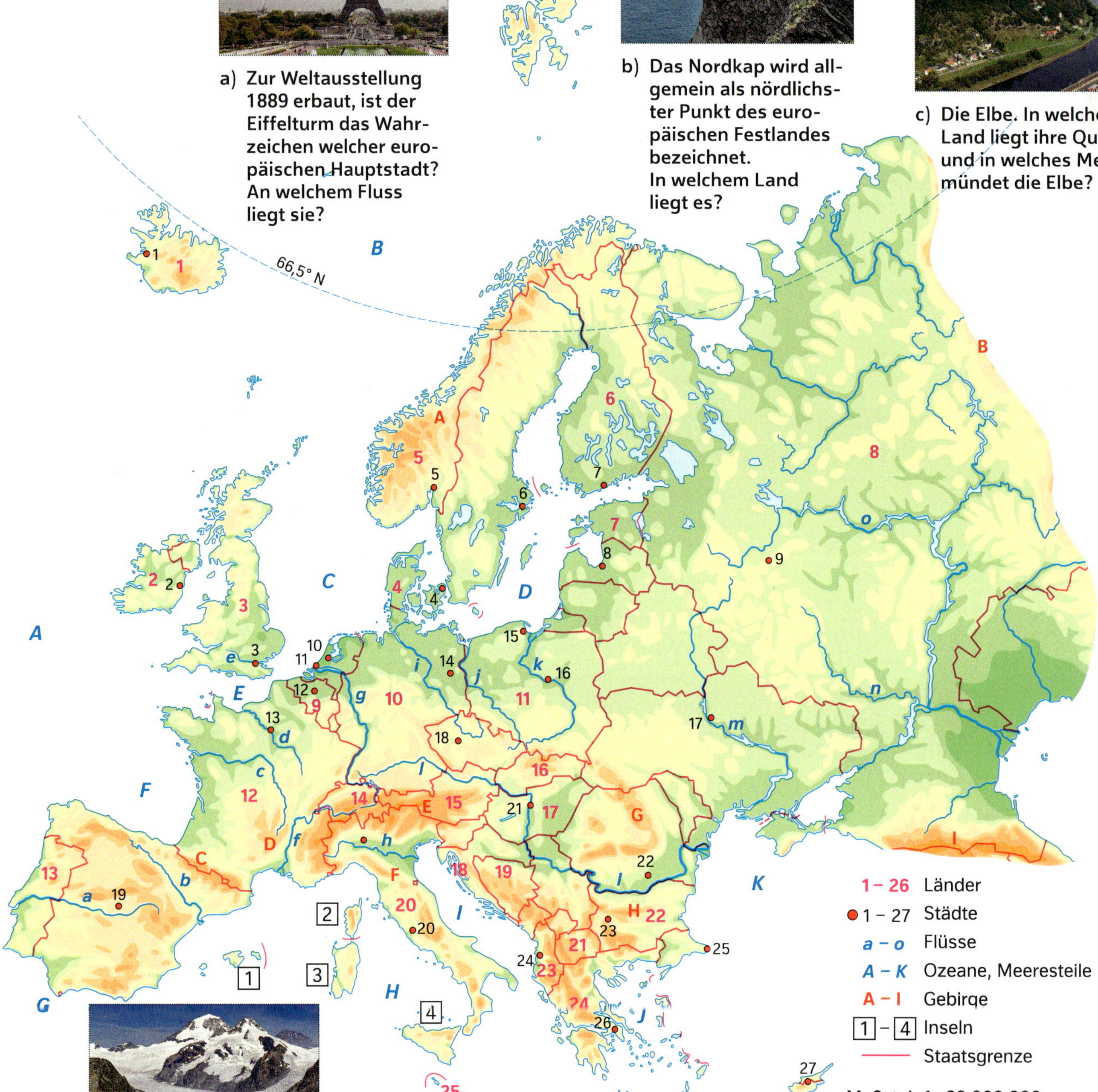

66,5° N

B

1 – 26   Länder
● 1 – 27   Städte
a – o   Flüsse
A – K   Ozeane, Meeresteile
A – I   Gebirge
1 – 4   Inseln
——   Staatsgrenze

Maßstab 1 : 29 000 000

0   500   1000 km

© **westermann** 23373EX_2

g) Der größte und längste Gletscher der Alpen – der Große Aletschgletscher. In welchem Land liegt er?

f) Der Vesuv. Welche Großstadt liegt am Fuße des Vulkans?

e) Grottenolm in der Postojna-Höhle. In welchem für seine Höhlen bekannten Land liegt sie?

d) Welche Millionenstadt liegt sowohl auf dem europäischen als auch auf dem asiatischen Kontinent?

h) Der höchste Berg Spaniens*. Wie heißt er und wie hoch ist er?

*Auf der Suche nach dem höchsten Berg Spaniens nimmst du am besten eine physische Karte von Afrika zur Hand.

Afrika

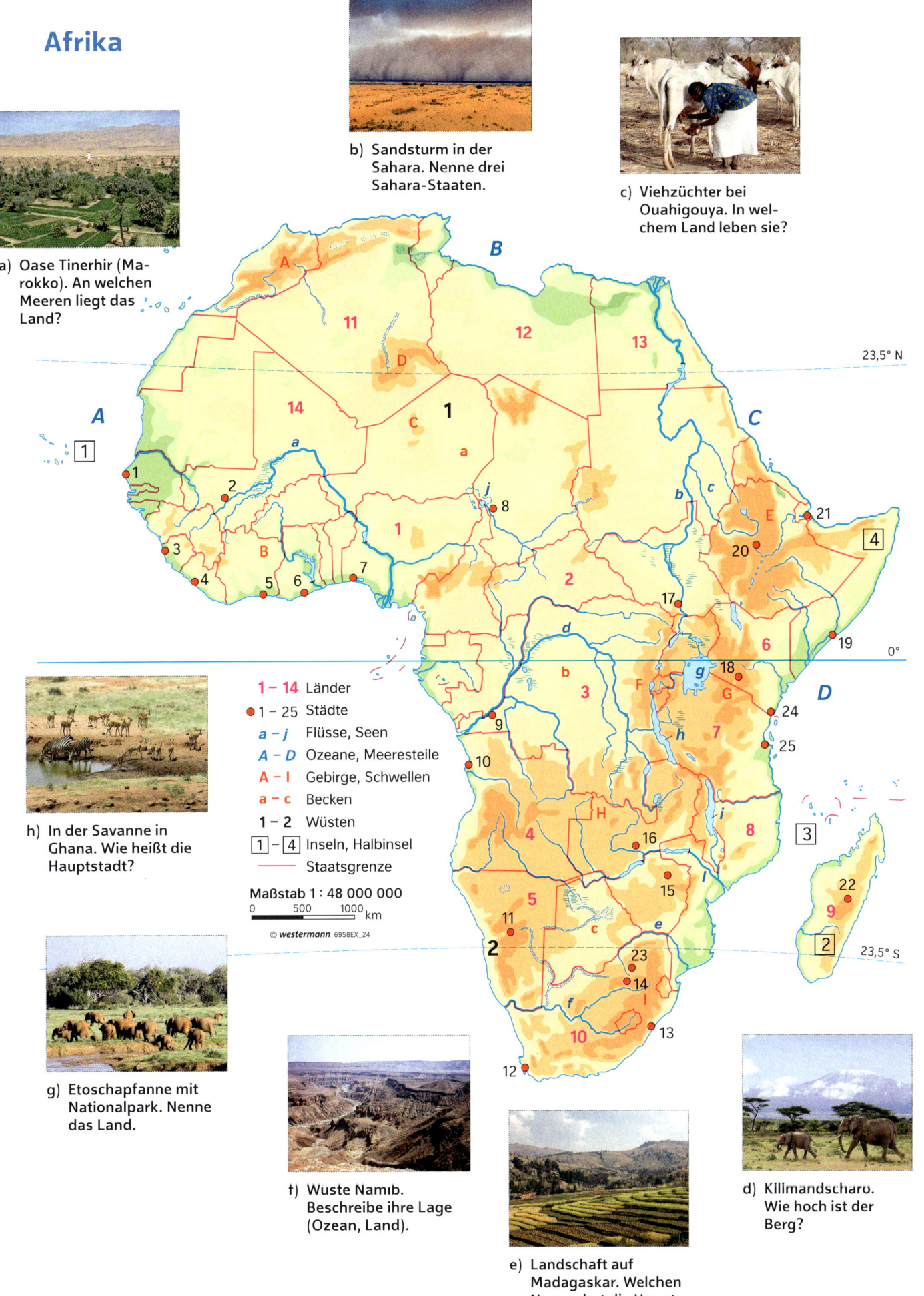

a) Oase Tinerhir (Marokko). An welchen Meeren liegt das Land?

b) Sandsturm in der Sahara. Nenne drei Sahara-Staaten.

c) Viehzüchter bei Ouahigouya. In welchem Land leben sie?

h) In der Savanne in Ghana. Wie heißt die Hauptstadt?

g) Etoschapfanne mit Nationalpark. Nenne das Land.

f) Wüste Namib. Beschreibe ihre Lage (Ozean, Land).

e) Landschaft auf Madagaskar. Welchen Namen hat die Hauptstadt des Landes?

d) Kilimandscharo. Wie hoch ist der Berg?

1 – 14 Länder
1 – 25 Städte
a – j Flüsse, Seen
A – D Ozeane, Meeresteile
A – I Gebirge, Schwellen
a – c Becken
1 – 2 Wüsten
1 – 4 Inseln, Halbinsel
Staatsgrenze

Maßstab 1 : 48 000 000
0   500   1000 km

© westermann 6958EX_24

23,5° N

0°

23,5° S

Asien, Australien und Ozeanien

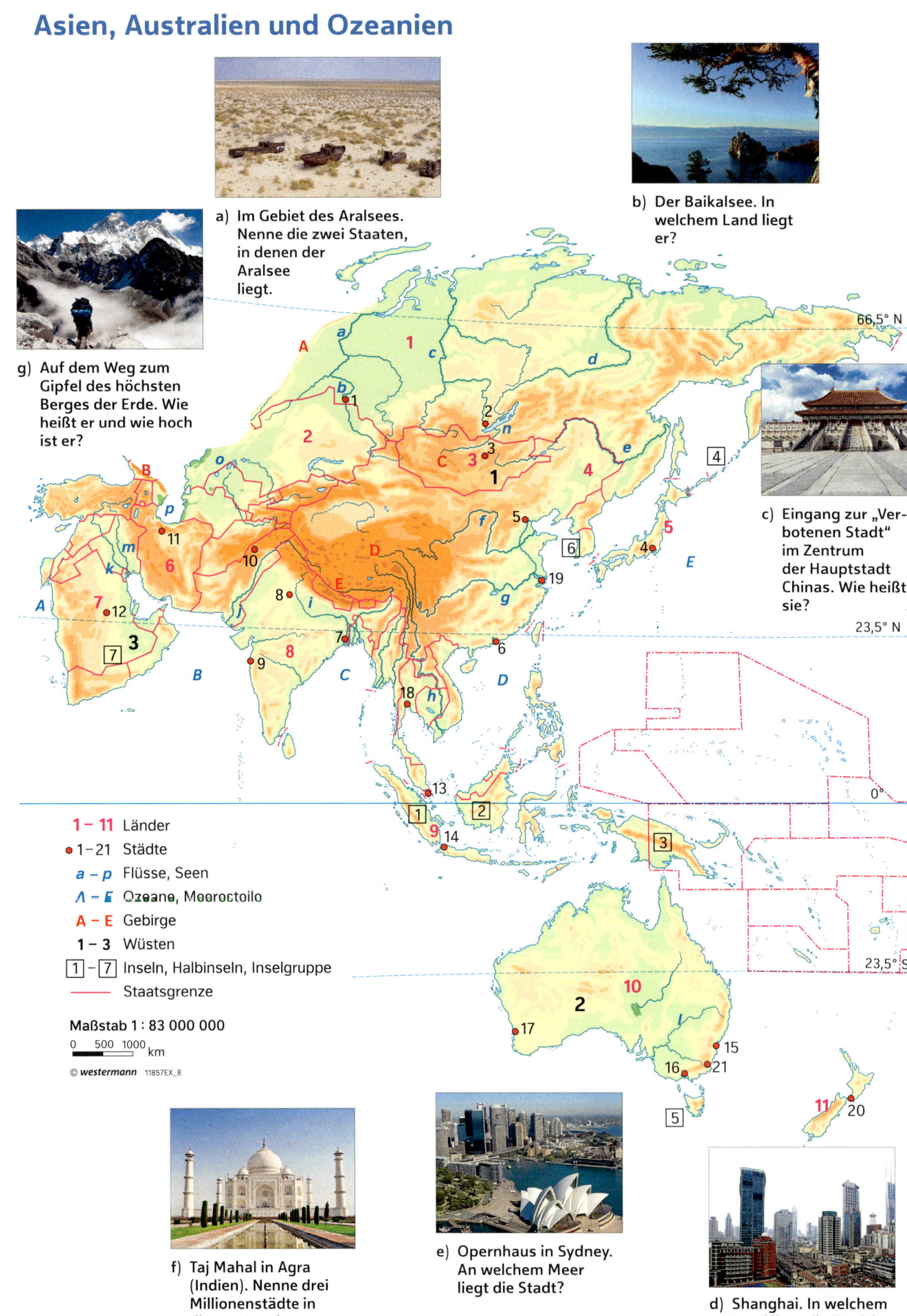

a) Im Gebiet des Aralsees. Nenne die zwei Staaten, in denen der Aralsee liegt.

b) Der Baikalsee. In welchem Land liegt er?

g) Auf dem Weg zum Gipfel des höchsten Berges der Erde. Wie heißt er und wie hoch ist er?

c) Eingang zur „Verbotenen Stadt" im Zentrum der Hauptstadt Chinas. Wie heißt sie?

1 – 11 Länder
1–21 Städte
a – p Flüsse, Seen
Λ – Ƽ Ozeane, Meeresteile
A – E Gebirge
1 – 3 Wüsten
⬚1 – ⬚7 Inseln, Halbinseln, Inselgruppe
Staatsgrenze

Maßstab 1 : 83 000 000

0 500 1000 km

© *westermann* 11857EX_8

f) Taj Mahal in Agra (Indien). Nenne drei Millionenstädte in diesem Land.

e) Opernhaus in Sydney. An welchem Meer liegt die Stadt?

d) Shanghai. In welchem Land liegt die Stadt?

Nordamerika

a) Niagarafälle: Welche beiden Seen verbinden sie?

b) Geysir im Yellowstone Nationalpark: In welchem US-Bundesstaat liegt der Park?

i) Skyline von Anchorage: Auf welchem Längengrad liegt die Stadt?

h) Vancouver: In welchem Staat liegt die Stadt?

g) Golden Gate Bridge: Zu welcher Stadt gehört sie?

c) Hauptsitz der Vereinten Nationen (UNO): In welcher Stadt liegt er?

f) Schriftzug Hollywood – Wahrzeichen von welcher Stadt?

e) French Quarter in New Orleans: An welchem Fluss liegt die Stadt?

d) Walt Disney World Resort: Auf welcher Halbinsel liegt es?

1 – 2	Länder
1 – 16	Städte
a – f	Flüsse, Seen
A – E	Ozeane, Meeresteile
A – B	Gebirge
1	Wüsten
1 – 4	Inseln, Halbinseln, Inselgruppe
——	Staatsgrenze

Maßstab 1 : 35 000 000

0   500   1000 km

© **westermann** 17131EX_9

Mittel- und Südamerika

a) Maya-Kultur – Ruinen von Chichén Itzá auf der Halbinsel Yucatán: Zu welchem Staat gehört die Halbinsel?

b) Panamakanal: Welche beiden Ozeane verbindet er?

h) Inka-Stadt Machu Picchu: Wie hoch liegt sie und wie heißt das Land, in dem sie liegt?

g) Höchstgelegener Regierungssitz der Erde (nicht die Hauptstadt des Landes): Wie heißt diese Stadt und in welchem Staat liegt sie?

1 – 12   Länder
1 – 14   Städte
a – g   Flüsse, Seen, Kanal
A – C   Ozeane, Meeresteile
A – D   Gebirge
1   Wüste
1 – 5   Inseln, Halbinseln, Inselgruppe
         Staatsgrenze

Maßstab 1 : 46 000 000
0   500   1000 km

© westermann 17129EX_6

f) Atacamawüste: An welchem Ozean liegt sie?

e) Gaucho in Patagonien: In welchem Staat liegt diese Landschaft?

c) Im Amazonas-Tiefland: Zu welchem Staat gehört es hauptsächlich?

d) Karneval in Rio de Janeiro: Wie viele Einwohner hat die Stadt?

Maße und Gewichte

Bei deiner Arbeit mit dem Buch wirst du öfter auf Gewichte und Maße stoßen, die dir unbekannt sind oder
bei denen du gerade nicht weißt, wie du sie umrech-
nen kannst. Hier findest du eine Übersicht:

Längenmaße:

1 m (Meter) = 10 dm (Dezimeter)
$\quad\quad\quad\quad$ = 100 cm (Zentimeter)
$\quad\quad\quad\quad$ = 1000 mm (Millimeter)

1 km (Kilometer) = 1000 m (Meter)

1 mile (Meile, US-amerikanisch/ britisch)
$\quad\quad\quad$ ≈ 1,6 km (Kilometer)

1 sm (Seemeile) ≈ 1,85 km (Kilometer)

Flächenmaße:

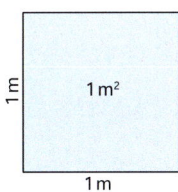
1 m² (Quadratmeter) = 1 m · 1 m

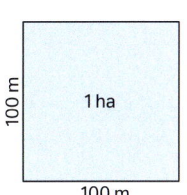
1 ha (Hektar) = 100 m · 100 m
= 10 000 m²

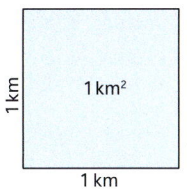
1 km² (Quadratkilometer)
= 1 km · 1 km

100 ha (Hektar) = 1 km²
= 1 000 000 m²

Raummaße:

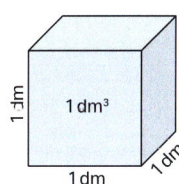
1 l (Liter) = 1 dm³ (Kubikdezimeter)
$\quad\quad\quad$ = 1 dm · 1 dm · 1 dm

100 l (Liter) = 1 hl (Hektoliter)

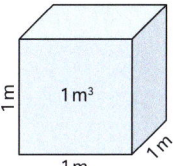
1 m³ (Kubikmeter) = 1 m · 1 m · 1 m

1 bbl (Barrel Öl) ≈ 159 l (Liter Öl)

Gewichte:

1 kg (Kilogramm) = 1000 g (Gramm)

1 dt (Dezitonne) = 100 kg

1 t (Tonne) = 1000 kg

1000 t (Tonnen) = 1 kt (Kilotonne)

Energieeinheiten:

1 kWh (Kilowattstunde) = 1000 Wh (Wattstunden)
→ damit kann man etwa 20 Stunden lang einen
$\quad$ Laptop nutzen oder 25 Minuten staubsaugen.

ERSTAUNLICH

1859 stieß Edwin L. Drake nach mehreren
erfolglosen Bohrungen im US-Bundesstaat
Pennsylvania auf Erdöl. Weitere Bohrungen
folgten und die Region entwickelte sich zu einem
Zentrum der Ölförderung. Aus Mangel an Alter-
nativen transportierte man das Öl in Holzfässern,
die üblicherweise zum Transport von Heringen,
Butter oder Alkohol genutzt wurden.

Das US-amerikanische Maßsystem weicht vom
europäischen (metrischen) System ab, sodass
der Inhalt eines Fasses nach dortiger Maßeinheit
42 Gallonen betrug. Das entspricht ungefähr 159
Litern. Der Inhalt heutiger Ölfässer beträgt meistens 55 Gallonen. Das entspricht etwa 208 Litern.
Als Maßeinheit für Erdöl wird aber weiterhin das
ursprüngliche Barrel (bbl., 159 Liter) genutzt.

Bildquellenverzeichnis

|123RF.com, Hong Kong: 172.2; andreslebedev 170.1; Ihar Balaikin 170.8; saiko3p 172.6; skdesign 12.1. |AGFS, Krefeld: 131.2. |akg-images GmbH, Berlin: De Agostini Picture Library 105.1; euroluftbild.de/Blossey, Hans 26.1. |Alamy Stock Photo, Abingdon/Oxfordshire: Pearson, Mark 91.3. |Alamy Stock Photo (RMB), Abingdon/Oxfordshire: Aflo Co. Ltd. 93.2; Art Directors & TRIP 77.3; Blossey, Hans 66.1; Boethling, Joerg 48.1; Cavan 62.1; Cephas Picture Library Ltd 85.2; David R. Frazier Photolibrary, Inc. 72.1; Dazzi, Francesco 75.4; Einarsson, Gudni 97.2; Foto: Rob Crandall, Illu: Matthias Berghahn 61.2; GFC Collection 60.1; Grant Heilman Photography 70.3, 71.1; Grant Rooney 120.2; JKreportage 63.1; Lowe, Vincent 120.3; Nature Picture Library 49.1; Newman Studio 133.3; Photolibrary Inc./D.R. Frazier 52.2; Rayton, Lex 39.1; Schusterbauer, Ben 63.2; Stark, Friedrich 171.2; TAO Images Limited 95.2; Westend61 GmbH 99.1. |Astrofoto, Sörth: 8.2. |Bauer, Jürgen, Nierderrimsingen: 159.1. |Berghahn, Matthias, Bielefeld: 60.2, 73.3, 85.1. |Brockmeyer, André, Diepholz: 86.2, 86.3, 87.2, 87.3, 87.4, 87.5. |Colourbox.com, Odense: 170.2. |DLR Deutsches Zentrum für Luft- und Raumfahrt, Weßling, OT Oberpfaffenhofen: © contains modified Copernicus Sentinel data (2016), processed by DLR 156.1. |Dölling, Andrea, Berlin: 152.1. |dreamstime.com, Brentwood: Kimberrywood 23.2; Kochergin 172.1; Power, Anne 173.9; Radu Razvan Gheorghe 173.8; Sereda, Tomas 170.4; Stevemcsweeny 73.2; Tr3gi 174.4; Yurikr 68.1. |Earth and Moon Viewer /www.fourmilab.ch/earthview: NASA Blue Marble/Copyright © 1989 by Jef Poskanzer 14.1. |Elvenich, Erik, Hennef: 150.1. |fotolia.com, New York: 36.1, 131.10; Andreas P 144.1; asikkk 170.6; Boggy 58.1; Ckap 171.5; Denis 171.6; Ernst, Daniel 131.6; forcdan 171.4; Frida&Diego 38.1; Hochrainer, Kurt 96.1; hperry 108.1; Instantly 131.11; iofoto 173.5; JFL Photography 170.5; Junker, Denis 131.4; K. Heidemann 174.7; marcus_hofmann 138.1; pico 152.2; Pixeltheater 39.5; Prudek, Daniel 172.3; rcfotostock 106.1; reeel 131.5, 144.2, 150.2; rm 174.3; salparadis 38.3; Schmitt, Henry 171.7; Schwier, Christian 157.1, 157.2, 157.3; snaptitude 25.2; Sunny Forest 113.6; SyB 127.1; ub-foto 170.3; ufotopixl10 131.8; Vasilius 55.2; xtock 10.1. |Frambach, Timo, Braunschweig: 124.1, 127.8, 127.11, 133.1, 136.1. |Gaffga, Peter, Vollmersbach: 38.4. |GERB GmbH, Berlin: 93.1. |Getty Images, München: Chip Somodevilla 110.1; DEA/ARCHIVIO J. LANGE 61.1; Gardiner/Bloomberg 67.1; Georges Merillon/Gamma-Rapho 62.2; Koall, Carsten 104.1; MJ Kim 4.2, 103.1. |Getty Images (RF), München: Stocktrek Images 8.1. |Google Earth: 146.1, 146.2, 146.3, 146.4. |Haitzinger, Horst, München: 79.1. |Hochmann, Carmen, Gütersloh: 152.3. |Horsch, Wolfgang, Niedernhall: 117.1. |Imago, Berlin: Eibner Europa 105.2; GranAngularUra 77.4. |Interfoto, München: imagebroker/Florian Kopp 55.1. |iStockphoto.com, Calgary: amriphoto 116.1; Banet12 97.4; blackred 113.2, 113.4, 113.9; bluejayphoto Titel; Bogaerts, Veronica 45.2; borgogniels 43.1; Burba, George 113.7; Carnemolia, John 172.5; Delany, Brendan 38.6, 108.2; FredFroese Titel; fredrocko 127.4; gbh007 42.1; generacionx 53.1; golero 145.1; Guenter Guni 3.2, 41.1; guenterguni 39.6, 44.2; Gutjahr, Manuel 28.1; heckepics 33.4; Hostettler, Loretta 174.2; ImagineGolf 70.1; Kseniya Ragozina 38.5, 174.6; Kyrylyuk, Volodymyr 173.4; Malsbury, Peter 171.8; MartinGood 59.2; marugod83 133.4; MaxTopchij 43.3; neil bowman 46.1; ninette_luz 64.3; NNehring 64.2; Pavliha 171.1; Phototreat 54.1; piranka 170.7; pixzzle 33.2; Raisbeck, Brian 45.1; ranplett 33.3; Regalia, Marco 87.1, 198.1; RonMasessa 82.1; rotofrank 17.1, 17.2, 17.3, 17.4; Saro17 64.1; sumnersgraphicsinc 173.1; the_guitar_mann 130.1; Thurtell 133.5; Tree4Two 18.3; uchar 89.2, 100.1; van Beets, Robert 172.7; Videowok_art 79.2; villy_yovcheva 64.4; Wavebreakmedia 160.1; Zarivny, Andrew 173.7; zhaojiankang 172.4. |Karto-Grafik Heidolph, Dachau: 9.1, 21.2, 27.2, 51.1, 90.2, 93.3, 113.10, 124.2. |Kartographie Michael Hermes, Hardegsen Hevensen: 97.3, 119.2, 128.1, 129.1, 130.3, 133.6, 199.1. |laif, Köln: Arcticphoto 75.3; Laurent GRANDGUILLOT/REA 73.1. |Langner & Partner Werbeagentur GmbH, Hemmingen: 131.7, 161.1. |Latz, Wolfgang, Linz: 50.1. |Marckwort, Ulf, Kassel: 152.4. |Ministerium für Umwelt, Naturschutz und Verkehr des Landes Nordrhein-Westfalen, Düsseldorf: 131.1. |Mithoff, Stephanie, Egestorf: 10.2, 10.3, 10.4, 14.2, 14.3, 14.4, 14.5, 31.1, 47.2, 97.1, 121.1, 121.2, 121.3, 121.4, 131.3, 132.1, 132.2, 138.2, 157.4. |Müller, Walter, NIEDERZISSEN: 98.1. |NASA: 11.1, 11.2, 44.1. |NASA - Earth Observatory: 110.3; image by Robert Simmon, using Suomi NPP VIIRS data from Chris Elvidge, NOAA National Geophysical Data Center 3.1, 7.1. |OKAPIA KG - Michael Grzimek & Co., Frankfurt/M.: H.G.Heyer/Naturbild 25.1. |PantherMedia GmbH (panthermedia.net), München: E., Walter 44.4; gyuszko 33.1; Ingrid H. 171.3; serenethos 99.3. |Picture-Alliance GmbH, Frankfurt a.M.: AP Photo/Abdeljalil Bounhar 62.3; AP/Morenatti, Emilio 101.2; Bildagentur-online/Schoening 174.1; blickwinkel/M. Lohmann 75.2; dpa Infografik GmbH 120.1; dpa/epa Nordfoto 94.1; dpa/Gentsch, Friso 27.1; dpa/Gerten, Martin 101.1; dpa/Gollnow, Sebastian 127.6; dpa/Google GeoEye 91.1, 91.2; dpa/Hildenbrand, Karl-Josef 138.3; dpa/Jiji Press Photo/Taqa, Morio 100.2; dpa/Karmann, Daniel 53.3; dpa/Park, Nicky 109.1; dpa/W. Weihs 18.1; dpa/Weller, Tom 4.3, 122.1; Koene, Ton 56.1, 57.1; Photoshot 90.1; Rothermel, Winfried 133.2; Schuster, Stefanie / dpa 127.2; Wildlife/Muller 47.1; ZUMAPRESS.com | Noaa 110.2. |Reimers, Silke, Mainz: 86.1. |Rossel, Hans, Gent: Foto, Illu: Matthias Berghahn 77.2. |Schmeinck, Daniela, Köln: 143.1, 143.2, 143.3, 143.4, 143.5. |Schobel, Ingrid, Hannover: 111.1, 111.2, 111.3. |Schönauer-Kornek, Sabine, Wolfenbüttel: 26.2. |Schwarzstein, Yaroslav, Hannover: 21.1, 22.1, 22.2, 25.3. |Science Photo Library, München: Alean, Dr. Juerg 75.1. |Shutterstock.com, New York: Alohaflaminggo 30.1; arda savasciogullari 89.1; Boswell, Christopher 173.3; Brian Kinney 115.1; Christophersen, Chris 108.3; Everett Collection 95.1; Frazao, Gustavo 174.5; gary yim 174.8; Guate, Francisco Sandoval 52.1; Jake Dow 70.2; Japan_mark3 59.1; Jurkovska, Anna 16.1; luigi nifosi 147.1; McIntyre, R. 114.1; mikaelawill13 77.1; O_Lypa 68.3; Pavel L Photo and Video 67.2; RZ Design 84.1; Schier, Thorsten 39.4; Tihonovs, Alex 65.1; Vlad Galenko 43.2; Wead 4.1, 81.1; Wegewijs, Dennis 49.2; Zastavkin, Serg 35.1. |Southern California Earthquake Center, Los Angeles, CA: 92.1, 92.2. |Spitzbergen.de/Rolf Stange, Dresden: 76.1. |stock.adobe.com, Dublin: agrarmotive 24.1; Alexander, U. J. 130.2; asife 126.1; Aumann, Thomas 39.2; Bell, Joanne 23.4; Bilkova, Helena 173.2; BirgitMundtOsterw. 39.3; Blackosaka 113.3; Cobalt 23.3; Don Pixel 53.2; ehrenberg-bilder 119.1; Fotoldee 113.1, 113.5, 113.8; hecke71 127.3; Kara 127.7; koss13 127.10; mahey 127.5; maho 131.9; majonit 127.9; Maltinti, Gabriele 23.1; Mark 38.2; Nikolais 68.2; perfectmatch 20.1; Pixeltheater 44.3; Richter, Philip 173.6; Rochau, Alexander 18.2; schulzie 134.1; Smileus 125.1; steffendia 109.2; Teteline 24.2; ThomBal 99.4; Waldukat, Heinz 99.2. |Stuttmann, Klaus, Berlin: 112.1. |Tomicek/www.tomicek.de, Werl: 155.1.

Hilfreiche Sätze beim Beantworten von Aufgaben

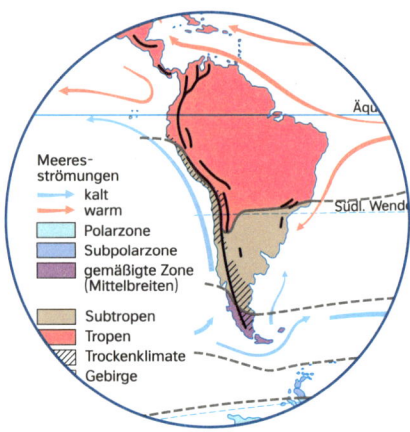

Beim Bearbeiten von Karten

Die physische Karte von ... .
Die thematische Karte informiert über ... .
Die Kartenunterschrift heißt ... .
Die Karte stellt ... dar.
Die Region erstreckt sich ... .
Das Gebiet liegt ... (tief / hoch / nördlich von / ...).
Die Landschaft ist ... (flach / hügelig / gebirgig / ...).
Die Stadt liegt (am / im) ... .
Städte liegen ... (verstreut / gebündelt / wie an einer Perlenschnur aufgereiht /...).
Die Grenzen verlaufen ... .
Die Flüsse ... (verlaufen / entspringen / münden / durchqueren / ...).
Die Stadt liegt etwa ... Kilometer (südlich / nördlich) von ... .

Beim Bearbeiten von Texten

Der vorliegende Text beschäftigt sich mit ... .
Es wird berichtet, wie ... .
Der Text enthält Informationen zu/über ... .
Im Text geht es um ... .
Im Text werden Beispiele zu ... genannt.
Im Text werden Argumente zu ... genannt.
Zusammenfassend ist festzuhalten: ... .
Das bedeutet, dass ... .
Die Absicht des Verfassers ist, ...

Beim Bearbeiten von Bildern und Zeichnungen

Das Foto / das Bild / die Zeichnung zeigt ... .
Auf dem Foto / Bild / der Zeichnung ist ... zu erkennen.
Mithilfe der Bildunterschrift kann man feststellen, ...
Das Foto ist ein Schrägluftbild / Senkrechtluftbild / Erdbild.
Das Wichtigste auf dem Foto / dem Bild / der Zeichnung ist ... .
Das Foto / das Bild / die Zeichnung macht deutlich, dass ... .
Besonders eindrucksvoll ist, ...
Im Vordergrund sieht man ... .
In der Mitte erkennt man ... .
Im Hintergrund sieht man ... .
Die Landschaft ist ... .